법학개론

조성종 저

학 연 사

개정판을 내면서

법은 살아 있는 生物이며 사회적 제도의 근거를 제공하는 수단이다. 따라서 법은 수시로 제 · 개정을 통해 성장 · 발전 · 소멸한다. 그 동안 국내외적으로 충격적인 많은 어려움을 겪으면서 빠른 속도로 사회적 상황이 변화되고 있다.

수년간 부족함이 많은 졸작을 가지고 강의를 하면서 전반적으로 부족한 부분에 대한 보완을 하고 실무적인 부분에 관한 내용도 보충하였으며, 특히 우리 호주제도의 폐지와 관련해서 민법의 많은 부분이 변경되어 개정작업이 불가피하게 되었다.

민법의 개정된 내용 중 이 책에서는 호주제도에 관한 내용을 모두 삭제하고 신설된 가족관계등록제도를 중심으로 하여 가족의 범위, 새로운 친양자제도 등에 관한 내용들을 보충하고자 하였다. 하지만 항상 그러했듯이 뭔가 부족함에 대한 아쉬움이 남는 것은 어쩔 수 없이 다음 기회로 미루게 되었다.

미국발 금융쇼크로 인한 경제적 어려움이 채 해결되기도 전에 그리스로부터 시작된 세계적 경제 악재는 우리나라의 경제질서에 미치는 영향이 적지 아니한 것 같고, 이러한 불황과 교재에 관한 구매력 저조 현상으로 많은 어려움을 겪고 있는 와중에서도 개정판을 낼 수 있도록 허락해 주신 한언사 사장님과 신속하고 세밀한 배려로 출판작업에 열과 성을 다해 수신 편집부 직원 여러분께 다시 한번 감사의 인사를 드린다.

2010. 5.

소백산 끝자락에서

서사 씀

머 리 말

법학을 공부하고자 하는 사람이라면 누구나 가장 먼저 접하는 책이 법학개론 또는 법학통론이다. 법학개론은 법학을 공부하기에 앞서 반드시 익혀 두어야 할 가장 중요하고도 가장 기본적인 법의 기초이론을 개괄적으로 설명하는 책이다. 따라서 법학을 제대로 공부하기 위해서는 무엇보다도 확실히 해 두어야 하는 것이 법학개론인데, 가끔 법학개론이나 법학통론을 공부하거나 강의하시는 분들 중에 법학개론을 경시하거나 하찮게 생각하는 분들이 있다. 법학개론을 다년간 강의해오면서 법학개론의 중요성을 확실히 깨달은 저자는 법학에 입문하는 학생이나 비법학도가 법학을 처음 접하는 경우 부담없이 법학에 접근할 수 있도록 최대한 쉬운 문구를 사용하고 사례를 들어 설명하고자 노력하였다.

이 책은 제1편 법학총론과 제2편 법학각론으로 구성하였으며, 법학총론에서는 법학공부에 있어 반드시 익혀야 할 기초적인 법이론을 사례와 함께 가능한 쉽게 이해할 수 있도록 풀어서 설명하였고, 제2편 법학각론에서는 기본6법을 중심으로 기본 원칙을 간단히 설명하여 개별적으로 단일법을 공부하기에 앞서 사전 지식을 얻을 수 있도록 하였다.

최선을 다하여 여러 차례 교정을 보고 보완한다고 하였지만 아직도 많이 부족하고 미흡하다는 생각에 아쉬움이 남는다. 그러나 독자 여러분과 선배 교수님들의 충고와 비평을 겸허히 받아들여 앞으로 보다 훌륭한 책을 출간할 것을 약속하고, 이미 선배 교수님들이 출간하신 많은 서적들을 많이 참고하고 인용하였으며 이에 대하여 다시 한번 진심으로 감사드린다.

장기적인 불황속에서 특히 출판업계의 어려움이 많은 이때 이 책의 출판을 흔쾌히 허락하시고 여러 모로 많은 도움을 주신 학연사 사장님과 편집 및 교정 등 출판작업에 수고하신 직원 여러분께도 진심으로 감사드린다.

2006년 2월

관악산 자락에서

저자 씀

차 례

제1편 법학총론

제1장 法의 개념

제5장 法의 분류

제9장 권리의 구제

제10장 法의 제재

제11장 국가

제2편 법학각론

제1장 헌법

제4절 각종의 죄 · 276

제4장 민법

제1절 서설 · 296

제2절 총칙 · 301

제3절 물권법 · 320

제4절 채권법 · 325

제 1 편 법학총론

제1장 法의 개념

제1절 法의 의의

Ⅰ. 法의 정의

法(ius, law, Recht, droit)의 概念(개념)을 정확하게 파악하는 것은 쉬운 일이 아니며, 역사적으로 보면 法의 개념 내지 법의 본질문제에 관하여 自然法論者(자연법론자)와 法實證論者(법실증론자)의 이론적 대립이 치열하였으나, 지금도 그에 대한 결론을 내리지 못하고 있다.

法에 관한 정확한 개념을 정립한다는 것은 法學(법학)의 가장 기본적인 문제인 동시에 핵심적인 문제를 해결하는 것과 같은 것이다. 그러나 현재까지 사회적 · 실증적으로 연구 · 발표된 유력한 學說(학설)에 의하면 法이란 인류사회의 規範(규범)이며, 조직적인 國家權力(국가권력)에 의해 강행되는 社會規範(사회규범)이다.

1. 규범성

「法」은 인간사회의 질서를 유지하기 위해 존재하는 사회규범이다. 사물을 지배하는 法則(법칙)에는 自然法則(자연법칙)과 規範法則(규범법칙)이 있는데, 규범법칙을 일반적으로 「規範(규범)」이라 부르며, 이는 사회구성원인 인간들의 행동기준이 된다. 인간은 사회적 동물이며 문명생활을 시작한 인류는 집단생활의 이점을 스스로 깨닫게 되었으며, 집단의 규모가 확대되고 다양하게 변하면서 秩序(질서)의 편리함을 느끼게 되고, 이러한 질서를 유지하기 위해 인류는 스스로 法, 慣習(관습), 道德(도덕), 宗敎(종교) 등과 같은 행동기준으로서의 규범을 발전시켰다. 이러한 사회규범 중의 하나인 法은 遵守(준수)의 强制性(강제성)이 가장 강한 규범인 반면에 보통사람들이 지킬 수 있는 사회의 합목적적 견지에서 사회의 구성원인 인간의 사회생활을 규제하는 상대적 實踐規範(실천규범)이다.

2. 강제규범성

「法」은 國家公權力(국가공권력)에 의해 강행되는 규범이다. 法規範(법규범)은 조직적인 국가공권력에 의해 강행된다는 점에서 관습, 도덕, 종교 등과 같은 다른 사회규범과 큰 차이점이 있다. 「법규범」이란 본래 그 위반에 대한 가능성을 전제로 하여 보통사람이 준수하도록 국가공권력이 강제하는 규범으로서 인간의 조직적인 사회생활의 질서를 계속적으로 유지시키기 위한 인위적 창조물이다.

3. 행위규범성

法은 사회의 공동목적을 실현하기 위해 그 사회의 구성원인 인간 개인에게 일정한 행위를 요구하거나 금지하는 하나의 行爲規範(행위규범)이다. 즉, 法은 作爲(작위) 또는 不作爲(부작위)를 명하는 「행위규범」이다.

Ⅱ. 法의 본질

法의 本質(본질)을 한마디로 규명한다는 것은 法의 개념을 한마디로 표현하는 것과 같으며, 이는 거의 불가능한 일이다. 그러나 종래의 많은 학자들은 나름대로 여러 가지 측면에서 法의 본질에 관한 定義(정의)를 내리기 위해 부단히 노력하였으나 아직 객관적으로 인정받을 만한 견해는 나오지 않고 있으며 장래에도 크게 기대할 만한 것은 못된다고 본다. 따라서 여기에서는 종래의 학자들의 견해를 중심으로 法의 본질에 관해 살펴보기로 한다.

1. 신의설

이 學說(학설)은 절대자인 神(신)의 神意(신의)가 직접 또는 간접적으로 계시된 것이 法이라는 見解(견해)로서 세계에서 가장 오래된 Hammurabi법전과 인도의 Manu법전 그리고 Moses의 법률 등은 신의 계시로 만들어졌다고 한다.

Augustinus는 그의 저서 「神學論(신학론)」에서 "이 세상은 원래 神法(신법)에 의해 지배되는 단일의 神國(신국)이어야 하나, 인류의 타락으로 말미암아 인간이 제정한 人定法(인정법)이 행해지는 지상인국의 출현을 보게 된 것이다"라고 기록하였고, 이탈리아의 신학자이며 철학자인 Thomas Aquinas는 "法은 神意(신의)에 근거하는 것이며, 이러한 法에는 人定法(인정법)과 自然法(자연법)의 두 가지가 있다"고 하였다.

이 학설은 法의 근거를 신의에 둔 것으로서 결국 신을 떠나서는 法의 존재를 논할 수 없게 된다. 이와 같은 이유에서 볼 때 이는 종교적 산물이라고 할 수 있으며, 과학이 발달한 현대사회의 法을 설명하기에는 설득력이 약하다.

2. 자연법설

法은 인위적인 것이 아니라 자연의 산물이기 때문에 인간이 제정한 인정법 또는 현실법은 가상적인 法에 불과하고, 진정한 法은 자연적으로 존재하는 것, 즉 法은 神의 힘에 의해서만 존재한다고 하는 18세기의 법이론이다. 신의설은 法은 곧 신의 계시에 의한 신의의 표현이라는데, 비하여 자연법설은 자연의 존재사실 그 자체를 神의 능력으로 보았다. 영국의 Thomas Hobbes는 "자연상태에서는 고립된 개인들만이 있고, 사회도 法도 없다"라고 하여 인정법의 존재를 무시하고 자연법의 존재만을 인정하려 하였으며, 독일의 Immanuel Kant는 "법이론은 도덕이론의 일부이며, 法은 실천이성 내지 의지의 자율성에 기초하고 있다"고 하여 이른바 이성법(Vernunftrecht)을 고창 하였다. 따라서 이들은 「自然法學者(자연법학자)」라 할 수 있다. 그러나 순수한 자연법이론은 지나치게 관념적이고, 추상적이므로 자연법칙은 설명할 수 있으나, 인간사회의 질서유지를 위해 존재하는 법규범을 설명하기에는 이론적 근거가 부족하다.

3. 명령설

法은 主權者(주권자)가 人民(인민)에 대하여 일정한 행위를 청구하는 命令(명령)이라고 하는 견해가 命令說(명령설)이다. 이 설은 전제군주국가에서나 타당하며, 현대 자유민주주의국가에서는 인정받을 수 없는 이론이다. 이러한 이론에 동조한 학자로서는 영국의 Thomas Hobbes, Jeremy Bentham, John Austin, 독일의 Binding 등이 있는데, 주로 영국에서 많이 발전하였음을 알 수 있다. Thomas Hobbes는 "法이란 權力者(권력자) 또는 主權者(주권자)가 인민에 대하여 행해야 할 것과 행하지 말아야 할 것을 요구하는 명령이다"라고 하였으며, Jeremy Bentham은 "法의 制定(제정)을 여러 계층의 사람으로 구성된 위원회에 맡기면 혼란이 생기기 때문에 일반 민중이 선출한 한사람에게 맡겨야 한다"고 하였다.

4. 강자법설

강자가 약자를 지배할 수 있다는 것은 법률상 正當(정당)하다고 하는 견해가 强者法說(강자법설)로서 이는 약육강식의 원시림의 법칙이 그대로 적용된 법이론으로서 實力說(실력설)이라고도 한다. 이 학설을 지지하는 학자로는 프랑스의 Spinoza, 스위스의 Haller가 있으며, 詩聖(시성) Goethe도 이 이론을 주장하였다.

이 학설은 法의 실력적 요소만을 지나치게 강조하여 法의 實效性(실효성)에 대한 근거를 설명하는 데는 유리하다고 할 수 있으나, 法의 내면적 妥當性(타당성) 또는 當爲性(당위성)의 근거를 설명하기 어렵다는 단점이 있다.

5. 역사법설

法은 인간들의 생활 속에서 역사의 변천에 따라 자연적으로 발생하는 역사적 산물이라고 하는 19세기적 법이론이다. 즉, 민족의 법적 확신에서 그 효력의 근거를 찾고자 하였다. 이 학설은 독일의 Leibniz, 영국의 Bacon, 프랑스의 Bodin 등에 의해 제창되고, 독일의 Savigny에 의해 그 체계가 확립되었다. 이 학설은 法의 당위성을 판단하는 기준으로서의 法의 사회적 합목적성이나 시대의 변천에 따라 요구되는 法의 기술성을 고려하지 못하였다는 비판을 받을 수 있다.

6. 계약설

인류상호간의 契約(계약), 즉 사회구성원의 합의에 의하여 성립된 사회생활의 규칙이 法이라는 견해가 契約說(계약설)이다. Rousseau가 그의 民約論(민약론, Du Contrat social ouprincipes du droit politigue)에서 "인간의 意思(의사)는 자기를 위한 의사와 남을 위한 普遍意思(보편의사)의 두 가지가 있으며, 국가는 보편의사의 합치로 성립한다"고 하였으며, 영국의 Thomas Hobbes는 "사회계약에서 정치권력이 나오고 정치권력을 통해서 모든 법규가 나온다"고 하였다. 처음에는 이와 같은 사회계약을 역사적 사실로 보았으나 Rousseau 및 Kant에 와서는 본래 자유로운 인간이 국가 안에 있어서 권력의 구속하에 놓이는 것을 시인하기 위해서는 이론적으로 국가 그 자체의 존립기반을 국민의 자발적인 합의에서 구할 필요가 있다고 하는 경향으로 되어 국가계약은 사실의 문제가 아니고 權利(권리)의 문제라고 생각하기에 이르렀다.

7. 사견

위에서 종래의 학자들의 法의 본질에 대한 학설을 살펴보았다. 그러나 모두 法의 일면만을 이론적으로 설명하고 있을 뿐 法의 본질을 규명하기에는 부족함이 많이 있다고 생각된다. 특히 신의설의 경우는 그 내용이 너무 종교적, 추상적인 측면에 치우친 감이 있고, 명령설이나 강자법설은 그 당시에는 인정될 수도 있었을지 모르나 현대 사회에서는 도저히 인정될 수 없는 원시적이고 비민주주의적 차원의 법이론이라고 할 수 있겠다.

생각건대, 인류사회는 수많은 인간들의 집단이며, 이 집단은 구성원들의 직접 또는 간접적 의사에 의한 합의로 창출된 일정한 행동기준에 의하여 규제 받으면서 살아가고 있다. 현대사회에서는 개인의 권리와 자유가 무엇보다도 중요시되고, 국가는 그 국민들의 권리와 자유를 보호해 줄 義務(의무)를 부담하는 것이 일반적이다. 그러나 이러한 것들은 순간적이거나 자연적인 어떤 현상에 의한 것이 아니며, 인간에 의해 인류공동의 목적인 평화와 행복을 위해 가장 합리적이고 公平(공평)·妥當(타당)하게 인위적으로 정해진 행동원칙이라고 생각된다.

Ⅲ. 法과 자연법칙

法은 크게 自然法則(자연법칙)과 規範法則(규범법칙)으로 나누어지는데, 「자연법칙」은 우주만물의 존재의 질서를 규율하는 法이고, 「규범법칙」은 인간사회의 질서를 규율하는 法이라고 할 수 있다. 사회의 구성원인 인간은 권리의 주체로서의 自然人(자연인)이다. 즉 인간도 자연의 일부라고 할 수 있으며, 한시도 자연을 떠나서는 존재할 수 없다. 따라서 자연인으로 존재하기 위해서는 자연의 법칙을 지키지 않으면 안 된다. 우주는 나름대로 자연스럽게 존재하기 위해 스스로의 일정한 법칙을 가지고 있으며 이러한 존재법칙을 자연법칙이라고 하는데, 이는 인간의 사회규범인 法과 여러 측면에서 차이점을 가지고 있다.

1. 자연법칙

「자연법칙」은 현실적으로 존재하는 우주의 현상을 일정한 원칙에 의해 규율하는 법칙으로서 「존재(Sein)의 법칙」이라고 할 수 있다. 또한 자연법칙은 일정한 원인이 있으면 그에 대한 일정한 결과가 당연히 발생하는 「因果法則(인과법칙)」 또는 「必然法則(필연법칙)」이라고 할 수 있다.

자연법칙은 선험적 이성에 의해 인식되고, 시간과 공간을 초월하는 영구불변의 초경험적이고 이상적인 법칙이다. 따라서 인간사회의 변화로부터 아무런 영향도 받지 아니하고 자연적으로 존재하게 된다. 이러한 자연법칙은 보통 「이러 이러 하다」 또는 「A는 B이다」라는 형태로 표현할 수 있다. 즉 자연법칙은 예외를 인정하지 않는다.

2. 法

인간사회의 질서유지를 목적으로 존재하는 규범법칙은 일반적으로 줄여서 法이라고 한다. 자연법칙을 위반하면 절대로 존재할 수 없으나, 法은 보통사람의 준수가능성과 위반가능성을 전제로 인간자신이 인위적으로 창조한 사회규범이므로 法의 위반과 존재와는 직결되는 것은 아니다. 法은 어떠한 목적사실이 발생하기를 희망하는 법칙이기 때문에 「目的法則(목적법칙)」이며, 또한 이를 지키지 않으면 응분의 대가가 따른다는 점에서 「當爲(당위, Sollen)의 법칙」이라고도 한다. 따라서 法은 「이렇게 저렇게 하여야 한다」 또는 「A는 B이어야 한다」 등으로 표현된다. 法은 인간의 이성적 경험에 의한 인위적인 창조물로서 영구불변의 법칙이 아니라 민족, 역사, 사회적 여건 등에 의해 유동적으로 나타나는 법칙이다. 인간은 입법자적인 주체의 입장이면서 한편으로는 受法者(수법자)인 객관적 입장이 된다.

Ⅳ. 법규범의 구조

「法의 구조」는 受範者(수범자)를 기준으로 일반인을 수범자로 하는 행위규범과 法官(법관)을 수범자로 하는 裁判規範(재판규범)의 2중구조로 볼 수도 있으나, 일반적으로 法은 行爲規範(행위규범), 裁判規範(재판규범), 組織規範(조직규범) 등의 복합적 3중구조를 이루고 있다고 할 수 있다.

1. 행위규범

「행위규범」은 행위의 기준을 정하는 당위의 법칙으로서 일정한 作爲(작위) 또는 不作爲(부작위)를 명령하는 사회규범의 전형적 형태이며, 이는 재판규범의 전제가 된다. 여기서 작위를 명하는 것은 「要求規範(요구규범)」이라 하고, 부작위를 명하는 것은 「禁止規範(금지규범)」이라고 한다.

이러한 행위규범은 원칙적으로 사회일반인을 대상으로 하는 규범으로서, 모든 국민이 지켜야 할 규범이며, 이는 일반적으로 「～하라」, 「～하지 말라」 등의 「定言命令(정언명령)」의 형식으로 표현된다.

2. 재판규범

「재판규범」은 행위규범에 불복하거나 위반한 작위 또는 부작위에 대하여 일정한 效果(효과)를 부여할 것을 규정하는 것으로서 제재규범 또는 「强制規範(강제규범)」이라고도 일컫는다. 이는 재판규범이 행위규범을 강제하고 행위규범을 어기는 작위 또는 부작위에 대하여 制裁(제재)를 가한다는 의미에서 나온 말이다. 형법 제329조는 竊盜(절도)

에 관하여 「타인의 재물을 절취한 자는 6年이하의 懲役(징역) 또는 1,000만원 이하의 罰金(벌금)에 처한다」라고 규정하고 있는데, 이는 남의 물건을 훔치지 말라는 도덕적 행위규범을 전제로 하여 이에 대한 위반행위에 대해 刑罰(형벌)을 가한다는 재판규범이며, 法院(법원)은 이 재판규범을 기준으로 하여 재판의 대상인 행위를 판단하게 된다. 따라서 이는 法官(법관)을 대상으로 하는 규범이다. 즉, 행위규범은 모든 국민이 준수하여야 할 규범인데 반해 재판규범은 법관이 지켜야 할 규범이다.

이러한 재판규범은 행위규범의 위반상태인 법적 요건이 충족되면 그에 대한 일정한 법적 효과를 부여할 것을 선언한 「假言的 命題(가언적 명제)」라는 점에 특색이 있다. 여기에서 보면 법규범은 도덕규범에 비해 강제성을 띠고 있으며, 도덕규범의 한계성을 극복하기 위해 결국 도덕규범을 법규범화 한 것이라고 할 수 있다.

3. 조직규범

「組織規範(조직규범)」은 법규범의 制定(제정), 適用(적용), 執行(집행)을 담당하는 기관, 즉 國會(국회), 法院(법원), 政府(정부) 등의 조직과 權限(권한)에 관한 기준을 정하는 규범이다. 法은 그 강제력의 원천이 국가조직에 있으며, 法이 행위규범과 재판규범으로서의 그의 임무를 다하기 위해서는 조직규범에 의해 법규범의 제정, 적용, 집행을 담당하는 각 기관의 책임과 권한의 한계를 분명하게 하여야 한다. 이의 실현은 곧 진정한 三權分立(삼권분립)을 의미하는 것이다. 따라서 조직규범은 일반국민에게 일정한 작위나 부작위를 명하는 규범이 아니고, 국가 또는 자치단체의 기관을 수범자로 하는 규범이다.

제2절 法과 다른 사회규범과의 관계

Ⅰ. 개념

인류사회의 질서를 규율하는 규범에는 법, 종교, 도덕, 관습 등 여러 가지가 있다. 처음에는 이러한 社會規範(사회규범)들은 미분화 상태로 존재하고 있었으나, 문명의 발달과 인류집단의 구조적 변화에 따라 세분화 되기에 이르렀다. 각종의 사회규범은 각기 특성을 가지면서도 서로 미묘한 관련성을 가지고 있는데, 특히 법규범은 기타 다른 사회규범과의 관계에서 밀접한 반면 독자적인 특성을 가지는 규범이다. 이하에서는 법규범과 다른 사회규범의 관련성과 차이점을 살펴봄으로써 法의 본질 또는 개념의 규명에 한발 다가가고자 한다.

Ⅱ. 法과 도덕

法과 道德(도덕)은 다른 사회규범보다도 더욱 밀접한 관계로 존재해왔으며, 이들 양자의 구별은 근대사회의 個人主義(개인주의)가 확립되면서 그 동안 위정자들이 인권유린을 위해서 法과 도덕을 혼용하여 그들에게 유리한 쪽으로 해석한 데 반발하여 양자를 분리시켜 시민의 권리를 찾기 위한 수단으로서 학자들이 이론적으로 그 시도를 한 것으로 보인다.

法과 도덕의 구별에 대하여 많은 학자들이 여러 가지 측면에서 그 시도를 하였는데, 이에 대해 Ulpianus는 "法은 正義(정의)에서 나온 正(정)과 善(선)의 기술"이라고 하였으나, Thomasius(1655~1728)는 「도덕적 선(honestum)」과 「법적 정(iustum)」을 대립시켜 倫理(윤리)는 선에 관한 것이고 法은 正에 관한 것이며, 正은 善(선)에 속하지 않는 것이라 하여 法과 도덕을 구별하였다. 그 후 Kant는 Thomasius의 이론을 발전시켜 외면적 合法性(합법성)과 내면적 도덕성의 대립에 의하여 法과 도덕을 구별하였다. 또한 Jhering은 "法과 도덕의 구별 문제는 法哲學(법철학)에 있어서의 희망봉(Caphorn der Rechtsphilosophie)이다"라고 하였다.

20세기에 와서는 法과 도덕을 개념상 구분하고 있으나, 이들 양자의 재융합의 필요성을 강요하여 독일이나 스위스에서는 民法(민법)에 명문으로 이를 명시하고 있다.

1. 法과 도덕의 구분

1) 규율대상에 의한 구분

이는 法은 인간의 외면적 행동을 규율하는 규범이고, 도덕은 인간의 내면적 양심을 규율하는 규범이라고 하여, 그 규율대상을 기준으로 양자를 구분하려는 「對象說(대상설)」의 입장이다. 이 구분은 사상과 의사의 자유를 보장할 수 있는 견해로서 Stammler가 그 대표적 주장자이다. 그러나 Max Weber는 이 구분에 대하여 행위는 주관적 의지와 결부되어야만 인간의 행위로 표현되는 것이며, 외면적 행위는 내면적 의사와 분리할 수 없는 밀접한 관계가 있으므로 法은 외면적 행위뿐만 아니라 내면적 의사까지도 규율하는 것이기 때문에 法과 도덕을 외면성과 내면성으로 구분한다는 것은 문제가 있다고 지적하였다.

이에 Kant는 도덕은 규범에 맞는 심정까지 요구하지만, 法은 그 규정상 적합한 행위만을 요구한다고 하여 合法性(합법성, Legalitat)과 도덕성(Moralitat)을 준별함으로써 앞의 구분이론을 한층 명확히 하였으나, 사실상 法은 인간의 적법한 행위를 요구함으로써 내면적 의사형성을 제재하고, 도덕은 인간의 내적 의사를 규율함으로써 동시에 외적 행동을 규율하게 된다. 즉 인간의 외적 행동과 내적 의사형성을 뚜렷이 구분하는 것은 매우 어려운 일이다. 따라서 Radbruch는 외면성과 내면성의 문제는 이른바 관심의 방향에 관한 문제로서 정도의 차이와 경향의 문제에 불과하다고 하여 Kant의 주장에 이론을 제기하였다.

2) 성질에 의한 구분

Kant는 法은 조직의 강제력에 의한 他律性(타율성, Heteronomie)을 가지는데 반하여, 도덕은 인간의 내면적 양심에 기준한 自律性(자율성, Autonomie)을 가진다고 하여 성질을 기준으로 하여 法과 도덕의 구분을 시도하였는데 이를 「權力說(권력설)」이라고도 한다. 사실상 法이 외부의 조직적 강제력에 의해 강제된다면, 도덕은 조직적인 강제력은 없으나 사회적 요구라는 외적인 힘에 의해 규율되므로 法과 도덕은 모두 외부에서 강요되는 것이며, 그 實效性(실효성)은 다같이 타율적인 것이라고 할 수 있다. 따라서 法과 도덕의 차이점을 자율성과 타율성의 구분으로 단정한다는 것은 부당하다고 본다.

3) 목적에 의한 구분

이 구분은 法은 인간의 「사회생활규범」이므로 인간과 인간의 관계를 대상으로 하여 그 목적이 사회질서의 유지에 있으나, 도덕은 「개인의 생활규범」으로서 자기자신을 그 대상으로 하고, 개인의 인격완성을 그 목적으로 한다는 견해이다. 그러나 法은 사회생활규범이고, 도덕은 개인생활규범이라고 하지만 개인의 인격이 사회를 떠나서는 존재할 수 없으므로 이로써 法과 도덕을 명백히 구분한다는 것은 무리이다.

4) 구조에 의한 구분

法은 권리와 의무의 양면성(Zweiseitigkeit)을 가지는데 비하여, 도덕은 의무만을 요구하는 일면성(Einseitigkeit)을 가지므로 양자는 그 구조적 측면에서 구분된다는 「關係說(관계설)」의 입장이다. 그러나 최근의 입법경향을 보면 社會法(사회법), 즉 勞動法(노동법), 經濟法(경제법), 社會保障法(사회보장법), 社會福祉法(사회복지법) 등과 같은 법규범에서는 의무만을 명하는 규정이 많아지고 있다. 따라서 권리와 의무의 양면성과 일면성을 가지고 法과 도덕을 구분한다는 이론도 현대사회에서는 설득력이 약하다.

5) 강제성에 의한 구분

法은 국가의 조직적인 公權力(공권력)에 의해 그 實效性(실효성)이 보장된다. 그러나 도덕은 그 위반에 대하여 국가의 조직적인 강제력을 행사할 수 없으며, 심리적 비난이 가해질 뿐이다. 이러한 측면에서 法과 도덕은 그 위반에 대하여 국가의 조직적인 강제력을 행사할 수 있는지의 여부에 따라 구분할 수 있다는 것이 「强制說(강제설)」의 입장이다. 그러나 강제성의 정도를 기준으로 法과 도덕의 전체적인 내용이나 본질 그 자체를 구분하기에는 부족하다. 왜냐하면 법규범의 위반에 대한 국가 공권력에 의한 물리적인 강제력과 도덕의 위반에 대한 사회적 비난의 강제성의 정도를 비교할 수 있는 어떠한 기준의 설정이 사실상 불가능하기 때문이다.

2. 法과 도덕의 관련성

앞에서 살펴본 바와 같이 法과 도덕을 명확하게 구분할 수 있는 판단기준은 찾기가 어렵다. 본래 法과 도덕이 중복상태로 존재해 왔으며, 인류사회의 발전에 따라 일정한 목적아래 이를 양자로 구분하고자 많은 학자들이 이론적, 개념적 차원에서 시도하였으나, 사실상 양자는 밀접한 관계를 가지고 있으므로 명백한 구분의 결과에는 도달하지 못하고 있다.

Jellinek는 法과 도덕이 중복되는 규범임을 중시하여 法은 도덕가운데서 그 실현을 강제할 필요가 있는 경우에 성립한다고 하여 法은 최소한의 도덕(Ethisches Minimum)이라고 하였다. 그러나 Schmoller는 法에는 강제력이 있어 도덕보다 그 實效性(실효성)이 확고하여 도덕적 선의 실현이 가능하다는 의미에서, 또한 Radbruch는 法의 도덕의 왕국으로의 귀화와 도덕의 法의 왕국으로의 귀화가 力動的(역동적)으로 일어날 수 있다고 하였다. 여기에서 Jellinek는 내용적 측면에서 法과 도덕을 구분하려 하였으며, Schmoller는 효력적 측면에서 양자의 구분을 시도하였음을 알 수 있다. 따라서 法과 도덕의 내용적 측면과 효력적 측면에서 양자의 관련성을 살펴보면 다음과 같다.

1) 내용상의 관련성

法은 도덕적 요소를 다분히 가지고 있으며, 도덕의 내용이 法의 내용으로 채택된 경우를 흔히 볼 수 있다. 예를 들면 민법 제2조 제1항에서 규정하고 있는 信義誠實(신의성실)의 原則(원칙)은 私法上(사법상)의 모든 권리행사와 의무이행의 기준에 도덕적 내용을 도입한 것이며, 민법 제103조에서는 선량한 풍속에 반하는 法律行爲(법률행위)는

無效(무효)라고 명시하여 도덕적 내용인 선량한 풍속을 실정법적 차원의 사회질서로 규정하였다. 또한 형법 제329조는 타인의 재물을 절취하지 말 것을 규정하고 있는데, 이는 남의 물건을 탐하지 말자는 도덕적 내용을 그대로 반영한 것이라고 할 수 있다.

2) 효력상의 관련성

法은 국가권력에 의한 외부적, 조직적 강제에 의하여 그 실효성이 뒷받침되지만, 도덕은 개인의 양심이나 사회적 비난 등의 간접적 강제는 있으나 조직적 강제는 없다는 점에서 차이가 있다. 그러나 도덕규범 중 특히 중요하고 필요한 것은 法에 의해 강제적인 실효성이 주어지고, 즉 도덕적 내용이 法의 내용으로 규정되고, 반대로 법규범의 실효성은 法을 준수하여야 한다는 도덕규범에 의해 뒷받침된다. 예를 들면 「교통법규」는 「교통도덕」에 의해 지탱되며, 건전한 사회기풍은 건강가정의례의정착및지원에관한법률, 건강가정기본법 등에 의해 강제적 실효성이 주어진다.

「약속은 반드시 지켜져야만 한다」는 도덕적 원칙이 인간의 마음속에 존재하지 않는 한 그 사람은 법규범을 준수해야 할 의미를 인식하지 못하고, 결국 법규범은 그 효력을 상실하게 될 것이다. 따라서 法과 도덕은 효력적 측면에서 볼 때 매우 밀접한 관계로 존재한다는 것을 알 수 있다.

Ⅲ. 法과 종교

「宗敎(종교)」는 영혼의 구원을 목적으로 초인격적인 절대자, 즉 신에게 귀의하기 위한 규범이다. 이러한 종교는 본래 인간의 불안한 상태를 인간 아닌 絶對者(절대자)라는 가공의 대상으로부터 위안 받기 위해 인간으로부터 출발한 것이며, 역사적으로도 신앙공동체라는 사회단체로부터 발생하고, 하나의 사회적 생활규범으로서의 기능을 하여 왔던 것이다. 따라서 종교는 다만 인간의 심적 신앙이라고 하는 단순한 개인의식으로서가 아니라 하나의 사회의식에 기초가 되는 사회규범으로 보아야 한다.

1. 法과 종교의 구분

法과 종교도 法과 도덕의 관계와 마찬가지로 완전히 분리할 수는 없으나 어느 정도의 범위내에서는 양자의 차이점을 찾아볼 수 있다.

1) 성질적 구분

종교는 현실을 초월하는 신비한 「신앙적 규범」인 데 대하여, 法은 국가질서를 위한 「강제적 질서규범」이라는 점에서 그 본질적 차이가 있다고 하겠다.

2) 적용범위에 의한 구분

法은 그 규율범위를 일반사회생활로 하기 때문에 일반국민 전체에 적용하는 것이 타당하지만, 종교는 그 종교를 믿는 신자의 신앙심을 기초로 하는 것이기 때문에 그 종교규범의 적용범위는 그 종교를 믿는 신자에게만 한정된다.

3) 실효성의 보장에 의한 구분

法은 국가권력에 의한 조직적 강제에 의해 그 實效性(실효성)이 담보되지만, 종교규범의 실효성은 신자들의 신앙심의 정도에 따라 보장

여부가 결정된다.

2. 法과 종교의 관련성

고대사회에서는 法과 종교가 혼동되어 구분되지 아니한 상태였으며, 이에 Ulpianus는 "법학은 神事(신사)와 人事(인사)에 대한 지식이다"고 하였는데, 이는 法과 종교의 미분화상태를 표현한 것이라고 할 수 있다. 그러나 중세 서양에서는 종교가 최고의 가치판단의 기준이 되었으며, 따라서 이자의 금지, 이혼의 금지 등에 관한 종교적 계율이 教會法(교회법, Canon Law)에 규정되어 사회생활을 규율하였다. 이는 종교적 계율이 성문화되어 법규범으로 변화된 것을 말하며, 이슬람교권의 종교적 계율은 곧 法으로 통하고, 인도에서는 힌두교의 율법이, 동양에서는 유교사상이 법사상의 根底(근저)가 되고 있음을 볼 때 종교규범은 일찍이 사회생활을 규율해 오면서 사회의 변천에 따라 적용범위의 확대와 실효성의 보장을 위해 법규범화 하는 경향을 보이고 있다. 우리 형법 제250조는 「사람을 살해한 자는 死刑(사형), 無期(무기) 또는 5년 이상의 懲役(징역)에 처한다」고 규정하고, 가사소송법 제50조에서는 이혼심판조정전치주의를 규정하고 있는데, 이는 종교규범에서의 인명존중사상과 이혼금지사상을 實定法(실정법)에 그대로 반영한 것으로 해석된다. 이렇게 볼 때 法과 종교는 깊은 관련성을 가지고 있다고 하겠다.

Ⅳ. 法과 관습

역사적으로 볼 때 慣習(관습)이 발전하여 법규범화 되는 경우는 흔히 찾아볼 수 있으며, 함무라비(Hammurabi)법전[1]도 사실상 成文法(성문법)이라고는 하지만 그 당시의 관습을 성문화시킨 것에 불과하다. 독일의 Simmel(1853~1918)은 "관습은 法과 도덕을 각각 다른 방향으로 출발시키는 미분화상태이다"고 하였는데, 이는 法과 관습의 관계에서 관습의 法으로의 흡수, 즉 관습의 법규범화를 의미하는 것으로 해석할 수 있다.

1. 法과 관습의 구분

1) 형성과정에 의한 구분

「法」은 국가사회의 규범으로서 인위적으로 만들어지는 것이지만, 「관습」은 일정한 부분 사회의 관행 또는 풍습으로서 자연스럽게 생성된다는 점에서 차이점이 있다.

2) 강제성에 의한 구분

「관습」은 부분사회에서 오랜 세월동안 관행되어진 사실에 기초하여

---

1) 함무라비법전은 바빌로니아 왕국의 함무라비 왕(재위 1724~1682년 B.C)이 즉위 38년에 반포한 것으로, 1901년 수사(Susa)에서 프랑스의 모르강(De Morgan) 지휘하의 페르시아 탐험대가 발견하였다. 높이 2.5m, 둘레 1.8m의 이 탑은 상부에 함무라비 왕이 태양신으로부터 법전을 받는 장면이 부조되어 있으며, 총 282조 3,000행의 全文(전문)의 설형문자로 기록되어 있는 최초의 성문법으로서 다음과 같은 특이한 내용을 담고 있다.
① 아들이 그의 아버지를 때렸을 때에는 그 손을 자른다(§195).
② 자유인의 눈을 뺀 자는 그 눈을 뺀다(§196).
③ 자유인의 뼈를 부러뜨린 자는 그 뼈를 부러뜨린다(§197).
④ 천민의 눈을 빼거나 뼈를 부러뜨린 자는 은 1마누의 형에 처한다(§198).
⑤ 자유인이 자유인의 뺨을 치면 은 1마누의 형에 처한다(§203).
⑥ 노예가 자유인의 뺨을 치면 그 귀를 자른다(§205).

그를 지키는 것이 정당하다는 사회의식에 근거하는 것이기 때문에 그 위반에 대해서는 사회적 비난이 따르지만, 「法」은 국가권력에 의해 조직적으로 강제된다는 점에서 구분된다.

3) 적용범위에 의한 구분

「法」은 국가사회의 규범이므로 국민전체에 대하여 타당하여 모든 국민이 준수하여야 하지만, 「관습」은 부분사회의 관행 또는 풍속으로 행해지는 것이므로 그 사회의 구성원에 대하여만 타당하다.

2. 法과 관습의 관련성

1) 보충적 역할

관습은 法의 가장 기초단계로서 法의 보충적 역할을 한다. 즉 「사실인 관습」이 발전하여 慣習法(관습법)이 되고 관습법은 법률의 보충적 역할을 한다. 따라서 관습은 법규범으로 승격되기 위한 최초의 기초단계라고 할 수 있다.

우리 민법 제1조는 「민사에 관하여 법률에 규정이 없으면 관습법에 의하고…」라고 규정하고 있는데, 이는 위의 사실을 실정법으로 확인한 것이라고 할 수 있겠다. 또한 관습을 무시하고 法을 제정한다는 것은 法의 기능과 효용면에서 바람직한 결과를 기대하기 어렵기 때문에 法의 제정에 있어서 관습은 중요한 역할을 한다고 할 수 있다. 이에 대한 적절한 실례로서 1980년에 2대조까지만 제사를 지내도록 가정의례에 관한 법률을 제정하였으나, 이는 실제생활에서 관행상 지켜지지 않아 실효성을 거두지 못하여, 결국 1999년에 폐지된 것을 들 수 있다.

2) 관습의 법적 승격 또는 편입

사실인 관습이 관습법으로 승격되는 경우는 매우 많은데 이는 형식적 차이만 있을 뿐 결국 그 내용은 동일하여 구분이 되지 않게 된다. 예컨대, 과거에 상거래의 관행으로 사용되어 오던 백지어음이 어음법의 내용으로 성문화 되었으며, 타인소유의 토지에 소유자의 허락없이 묘지를 설치하고 아무런 마찰 없이 20년이 경과한 경우 묘지의 관리자는 합법적으로 그 묘지가 설치되어 있는 토지를 사용할 수 있도록 대법원이 판례로서 분묘기지권[2)]을 인정하고 있는데, 이는 사실인 관습이 관습법으로 승격된 경우로서 사실상 사실인 관습의 동일한 내용이 관습법이라는 모습으로 형식적 변형된 경우라고 할 수 있다. 따라서 관습과 법은 매우 밀접한 관련성을 가진다.

---

2) 분묘기지권에 관한 판례

♣ 〈분묘기지권의 성립요건등〉

타인 소유의 토지에 소유자의 승낙 없이 분묘를 설치한 경우에는 20년간 평온, 공연하게 그 분묘의 기지를 점유하면 지상권 유사의 관습상의 물권인 분묘기지권을 시효로 취득하는데, 이러한 분묘기지권은 봉분 등 외부에서 분묘의 존재를 인식할 수 있는 형태를 갖추고 있는 경우에 한하여 인정되고, 평장되어 있거나 암장되어 있어 객관적으로 인식할 수 있는 외형을 갖추고 있지 아니한 경우에는 인정되지 않으므로, 이러한 특성상 분묘기지권은 등기 없이 취득한다. 여기서 「평온한 점유」란 점유자가 점유를 취득 또는 보유하는데 있어 법률상 용인될 수 없는 강포행위를 쓰지 않는 점유이고, 「공연한 점유」란 은비의 점유가 아닌 점유를 말한다(대판 1996. 6. 14. 96다14036).

♣ 〈분묘기지권과 합장〉

분묘기지권은 분묘를 수호하고 봉제사하는 목적을 달성하는 데 필요한 범위 내에서 타인의 토지를 사용할 수 있는 권리를 의미하는 것으로서, 분묘기지권에는 그 효력이 미치는 지역의 범위 내라고 할지라도 기존의 분묘 외에 새로운 분묘를 신설할 권능은 포함되지 아니하는 것이므로, 부부 중 일방이 먼저 사망하여 이미 그 분묘가 설치되고 그 분묘기지권이 미치는 범위 내에서 그 후에 사망한 다른 일방의 합장을 위하여 雙墳(쌍분) 형태의 분묘를 설치하는 것은 허용되지 않으며 單墳(단분)의 형태로 합장하는 것도 허용되지 않는다(대판 2001. 8. 21. 2001다28367, 1997. 5. 23. 95다29086, 29093).

제2장 法의 이념과 기능

제1절 法의 이념

「法의 理念(이념)」이라 함은 法에 의해 달성하고자 하는 法의 일반적 목적을 말하는데, 이는 곧 法이 실현해야 할 궁극적 가치로서, 法의 가치평가의 측도가 된다. 法의 이념은 法의 개념에 내재하는 보다 근원적인 것을 말한다. 따라서 法의 개념이 法의 외형적 문제라면 法의 이념은 法의 내용적, 심리적 문제이며, 근원에 관한 문제라고 할 수 있다. 이러한 法의 이념으로서의 法의 일반적 목적은 학자들에 따라 다르게 표현되었는데, Platon과 Aristotcles는 "法은 正義(정의)를 목적으로 하는 도덕적 생활을 실현함에 있다"고 하고, Fichte는 "法은 개인의 자유 · 평등의 확보와 발달을 기하고 있다"고 하였으며, Bentham은 "法의 목적은 최대다수의 최대행복의 증진에 있다"고 하고, Jhering은 "사회전체가 공존할 수 있는 사회의 이익을 확보하는 것이 法의 목적이다"라고 하였다. 그러나 法의 이념 내지는 목적에 대한 가장 설득력 있고 체계적인 주장을 한 학자가 독일의 Radbruch인데, 그는 法의 이념을 정의, 합목적성, 법적 안정성 등의 세 가지 기본가치적 측면에서 주장하였는데, 이하에서는 이들을 중심으로 法의 이념을 살펴본다.

Ⅰ. 정의

法은 뭔가 실현해야 할 목적이 있으며, 일반적으로 이를 「正義(정의)」라고 일컫는다. 法의 이념으로서의 정의는 어원적으로 보면 라틴어의 「ius」는 法이라는 뜻이고, 「iustum」은 정의라는 뜻으로 사용되며, 독어의 Recht는 法과 정의의 뜻으로 같이 사용하고, 영어의 justice는 정의와 法에 의한 재판 또는 재판관으로 사용되고 있다. 따라서 法과 정의는 불가분의 관계라고 할 수 있다.

아리스토텔레스는 정의를 「평균적 정의」와 「배분적 정의」로 구분하여 전자는 모든 사람은 균등한 능력이 있다는 전제하에 개인간의 평등한 대우로서 조회를 이루는 것이 정의라고 보아 이를 「算術的 正義(산술적 정의)」라고도 한다. 후자는 능력의 차이가 있는 사람에게는 절대적 평등보다는 능력에 맞세 차별적으로 대우하는 섯이 오히려 공평한 것이라고 하여 이를 「幾何學的 正義(기하학적 정의)」라고도 하였다. 키케로와 플라톤은 “정의란 각자에게 각자의 몫을 주는 것이다”라고 하였다.

따라서 法의 이념으로서의 정의는 「主觀的 正義(주관적 정의)」가 아니라 「客觀的 正義(객관적 정의)」를 말하며, 도덕이 선을 실현코자 하는 것과 달리 정의는 법적 강제력에 의해 평등을 실현하고자 하는 것으로 해석된다.

法은 사회생활에 있어서 인간행위의 기준이며, 사회규범으로서 합목적성과 違法性(위법성)을 판단하는 기준으로서 평가적 기준을 가진다. 이러한 법질서의 판단기준으로서 정의가 성립되고, 그 정의의 실현이 곧 法의 목적을 구현하는 것이 된다. 인간이 法을 신뢰하고 준수하는 것은 法이 정의를 내용으로 하기 때문이다. 따라서 法은 그 자체의 존재로서 인간의 행동기준에 대한 근거가 된다.

Ⅱ. 합목적성

「合目的性(합목적성, Zweckmassigkeit)」이라 함은 목적에 맞게 방향을 정하는 원리라는 뜻이며, 法의 이념으로서의 합목적성은 法이 그 일정한 목적을 추구하는데 구체적으로 합치되는 것을 말한다. 즉, 추상적인 정의의 내용을 보완시켜 주는 정당화된 목적이념이다. 이러한 관점에서 Radbruch는 法의 목적이론이 윤리학으로부터 나오는 것으로 보고 합목적성은 法에 의하여 추구하여야 할 도덕적 최고의 선이라고 하였다.

法은 본질적으로 그 法이 존재하는 사회의 구성원들의 총체적 합의로 창조된 제도이다. 따라서 法의 이념으로서의 法의 일반적 목적은 그 사회의 복적과 직결되기 때문에 法의 이념으로서의 합목석성은 그 사회의 목적에 의해 결정된다.

法의 목적이 무엇이냐에 대해서 개인주의적 입장과 단체주의적(국가주의적) 입장에서 각각 견해를 달리하고 있다. 개인주의적 입장에서는 국가로부터 개인의 자유를 최대한 보장하는 法의 목적으로 보고 이를 위하여 權力分立(권력분립)과 권력의 牽制(견제) 및 均衡(균형)을 가장 중시한다. 반면에 단체주의적 입장에서는 국가 또는 사회단체를 최고의 가치로 신봉하기 때문에 개인의 인격은 단체의 부분에 지나지 않는 것으로서 단체의 가치를 실현하는 범위 안에서 인정되고 존중된다고 하고, 이를 위해서 국가의 권력강화, 국가의 안전보장, 질서유지를 法의 목적으로 간주하며, 개인들에게는 비례적인 평등을 실현시키면서 배분적 정의에 중점을 두게 된다. 그러나 法의 목적은 그 사회의 정치적 · 사상적 · 문화적 상황에 따라 그 구체적 내용이 결정되는 것이므로 정의가 法의 내용을 일반화하는 데 반하여, 합목적성은 法을 구체화하는 경향이 있으며, 이에 法의 합목적성은 法이 요구하는 가치관에 따라 法을 현실 또는 구체화하는데 있다고 할 수 있다. 그러므로 현실적인 法의 목적은 개인주의적 입장과 공적 가치를 추구하는 단체주의의 견해의 대립되는 가치관을 조화시키는데 있다고 하겠다.

Ⅲ. 법적 안정성

「法的 安定性(법적 안정성)」이란 法에 의하여 보호되거나 보장받을 수 있는 사회생활의 안정성을 확보해 주는 法의 명확성 또는 부동성을 말한다. 즉, 사회의 구성원들이 法의 권위와 부동성을 신뢰하고, 그에 따라 성립된 法律關係(법률관계)는 그 法에 의해 보장받을 수 있다는 확신을 갖게 하는 상태를 말한다.

Radbruch는 법적 안정성(Rechtssicherheit)의 유지를 정의의 실현보다 중요시 여겼는데, 이는 인간은 法에 따라 생활함으로써 평화를 얻을 수 있고, 그 안에서만 개인은 행복하고 사회는 발전할 수 있기 때문이다. 그러나 사회의 법질서를 유지하기 위하여 법적 안정성이 중요하기는 하지만 질서 그 자체가 올바른 것, 즉 정의를 도외시해서는 안 된다. 또한 Socrates의 "惡法(악법)도 法이다"라는 말은 법적 안정성에 대한 가장 간단하고도 함축적인 표현이라고 할 수 있다.

법적 안정성은 사회질서의 안정성을 의미하는 것이지만, 오히려 法 그 자체의 안정성을 요구하면 이는 결국 法의 實效性(실효성)을 확보하기 위한 전제가 되는 것이다. 그러나 「法의 극치는 不正(부정)의 극치」라는 法言(법언)에서 우리가 알 수 있듯이 극단적인 법적 안정성에 대한 요구는 결국 법질서의 안정이 아니라 정체를 초래할 우려가 있다. 따라서 法의 안정성은 法의 정체성을 거부하고 유동적 사회변천에 순응하고 정의의 요구에 따라 변화할 수 있는 정도의 탄력성을 法에 부여하는 것이 법적 안정성을 유지할 수 있는 방법이 될 수 있다.

法이 안정되지 못하면 사람들은 그것을 지킬 수 없다. 그러므로 法의 안정성을 확보하기 위서는 ① 법내용의 明確性(명확성), ② 법제정에 있어서 立法(입법)의 恣意性 排除(자의성 배제), ③ 보통사람이 지킬 수 있는 法의 制定(제정), ④ 法意識(법의식)에의 합치, ⑤ 현실적 실현 가능성 등의 要件(요건)이 요구된다.

Ⅳ. 법이념의 상호관계

法의 이념으로서의 정의, 합목적성, 법적 안정성 등은 法의 개념과 가치를 결정하는 상호모순 · 보완관계로 존재한다.

① 정의가 이념적인 것이라면 합목적성은 가치적인 것이며, 법적 안정성은 실천적인 것이다.

② 정의는 윤리적 측면을 내용의 바탕으로 하는데, 합목적성은 공리적 내용을 그 바탕으로 한다.

③ 정의나 합목적성은 法의 내용에 관한 것이며, 법적 안정성은 法의 기능에 관한 것이다.

정의는 이념적인 차원에서 합목적성의 방향설정에 대한 기준이 되며, 또한 합목적성의 실천과 발전에 의해 정의는 실현된다. 그러나 법적 안정성은 사회질서의 유지라는 法의 기능적 측면을 강조하기 때문에 정의나 합목적성에 맞지 않는 내용의 강제성을 요구하는 경우도 있다. 따라서 法의 이념으로서 정의, 합목적성 그리고 법적 안정성 사이에 모순과 갈등이 생기게 된다. Radbruch는 이에 대하여 그의 상대주의 이론에 입각하여 "法의 이념인 정의, 합목적성, 법적안정성은 서로 밀접하게 관련되어 있으면서 또한 서로 모순되는데, 이러한 모순은 학문적인 普遍妥當性(보편타당성)의 원칙을 가지고 해결할 수는 없고 실천적, 주관적으로 해결할 수밖에 없다"고 하였다. 그리고 法의 안정성을 질서와 평화를 유지하기 위한 法의 첫 번째 과제이고, 정의와 합목적성은 法의 제2의 과제라고 하였다. 즉 사회의 질서유지를 위해서는 법적 안정성이 정의와 합목적성에 우선할 수도 있다는 것이다.

그러나 사실상 정의와 합목적성은 이상적인 法의 실현을 위해 法의 내용에 대한 기준이 되어야 하고, 법적 안정성은 수법자의 신뢰를 확보할 수 있는 범위내에서 이상적인 法의 준수를 요구하여야 할 것이다. 즉 法의 이념으로서의 정의, 합목적성 그리고 법적 안정성은 별개로 생각할 것이 아니라 상호 모순점을 유지하면서도 상호보완적 역할을 충분히 하여 이상적인 法의 실현을 위해 조화를 이루어야 할 것이다.

제2절 法의 기능

法의 이념은 法의 실재로 그 자체를 현상화 하지는 않으나, 현상으로서의 法의 배후에서 法의 방향을 제시해 주는 기능을 한다. 즉, 法의 이념은 입법과 法의 적용에 대한 가치판단의 기준이 되어 입법자에게 입법의 방향을 제시하고, 행정기관과 법관에게는 法의 해석과 적용의 기준을 제시한다. 이러한 法의 기능은 法과 受法者(수법자)에 따라 지도적 기능과 교정적 기능을 가지고, 효과적인 측면에서 예방적 기능과 보장적 기능을 동시에 가진다.

Ⅰ. 지도적 기능

法은 그 자체적 입장에서 볼 때 수법자의 행동기준을 설정함으로써 수법자의 행동을 일정한 방향으로 유도할 수 있는 기능을 가지는데 이를 「指導的 機能(지도적 기능)이라 한다. 따라서 사회질서와 평화를 유지할 수 있는 것이다. 그러나 法이 이러한 지도적 기능을 다하기 위해서는 평균인이 그 法을 지킬 수 있는 것이어야 하고, 또한 수법자가 그러한 法을 지킬 가치가 있어야 한다. 따라서 法의 이념으로서의 정의와 합목적성이 요구된다.

Ⅱ. 통제적 기능

法은 무엇보다도 국가의 조직적 강제력에 의해 강행되기 때문에 그 實效性(실효성)이 보장된다. 이러한 강제력에 의해 수법자로 하여금 法을 지키도록 하는 것이 法의 「統制的 機能(통제적 기능)」이다.

法의 지도적 기능이 완전한 효과를 발휘한다면 사실상 통제적 기능은 필요로 하지 않는다. 그러나 사회질서와 평화유지를 위한 法이 사회규범으로서 안전하게 존재하고 수법자들이 이를 지키는 데는 무엇보다도 法은 국가의 조직적인 강제력에 의해 수법자의 행동을 통제하기 때문이다. 물론 法의 통제적 기능은 물리적 강제력에 의해 수행되지만, 이에 못지 않게 도덕규범이 하는 역할도 크다. 아무리 국가의 조직적인 강제력으로 인간의 행위를 통제한다하여도 근본적으로 도덕적인 가치관이 결여된 사람에게는 의미가 없는 것이기 때문에 法을 지켜야 할 가치를 인식하지 못한다. 또한 法이 통제적 기능을 발휘하기 위해서는 그 내용이 타당한 것이어야 한다.

Ⅲ. 교정적 기능

法은 보통사람이 지킬 수 있는 범위 내에서 위반가능성을 전제로 하여 만들어지는 인위적인 창조물이다. 따라서 法의 지도적 기능으로 예방하지 못한 위반에 대하여는 제2의 위반을 예방하기 위해 그 위반에 대한 일정한 법적 제재를 가하게 되는데, 이를 法의 「矯正的 機能(교정적 기능)」이라고 한다.

교정적 기능은 국가의 조직적인 강제력에 의해 뒷받침 되며, 통제적 기능에서의 강제력은 행사의 가능성만으로 일정한 역할을 할 수 있는 것이나, 교정적 기능은 실질적인 강제력의 행사로서 수행된다. 따라서 이러한 法의 교정적 기능을 法의 「본질적 기능」이라고도 한다.

法은 이러한 교정적 기능을 통해 사회의 질서와 평화를 유지할 수 있고 따라서 국민의 권리와 자유가 보장된다. 이와 같은 法의 효과적인 측면에서 볼 때 法은 「保障的 機能(보장적 기능)」을 가진다고 할 수 있다.

제3장 법원

제1절 의의

「法源(법원, sources of law, Rechtsquelle)」이란 「bontes juris」에서 그 어원을 찾을 수 있으며, 법적 효력의 근거, 法의 인식자료, 法의 존재형식 등의 의미로 사용되고 있다. 여기서 「법적 효력의 근거」란 法이 法으로서의 구속력을 가지는 근거를 말하고, 法의 인식자료란 法典(법전), 判例集(판례집), 法書(법서) 등과 같은 法의 존재를 인식할 수 있는 자료를 말하며, 「法의 存在形式(존재형식)」이란 憲法(헌법), 法律(법률), 慣習法(관습법), 判例法(판례법) 등과 같이 法이 존재하는 모습을 말한다. 법원은 「法의 淵源(연원)」이라고도 하며, 일반적으로 사용되는 의미는 法의 존재형식으로서, 이는 성문법과 불문법으로 대별된다.

제2절 성문법

Ⅰ. 의의

「成文法(성문법, written law, geschriebenes Recht)」이란 法의 규범적 의사가 문장으로 표현되고, 문서의 형식으로 존재하는 「制定法(제정법)」을 말한다. 이는 일정한 절차에 따라서 그 내용이 제정 · 공포되는 法이다. 일반적으로 대륙법계 국가의 法은 성문법의 형태로 존재하며, 우리나라도 독일, 일본 등과 같이 成文法主義(성문법주의)를 취하고 있다.

II. 성문법의 체계

1. 헌법

「憲法(헌법, constitution, Verfassung)」은 국가의 작용과 통치조직 및 국민의 법적 지위를 정하는 가장 근본적이고 최상위의 성문법규범이다. 이를 「형식적 의미의 헌법」 또는 「成文憲法(성문헌법)」이라고도 하며, 憲法典(헌법전)의 형식으로 존재한다.

우리나라 헌법은 1947년 7월 12일 제정되고 5일 후 17일에 공포·시행되고 그간 9차의 개정을 거쳐 전문과 130개조의 본문 그리고 6개조의 附則(부칙)으로 되어 있다. 이러한 우리 헌법은 그 개정절차를 까다롭게 정하고 있어 硬性憲法(경성헌법)에 속하고, 法律(법률), 命令(명령), 規則(규칙) 등의 하위법규범이 헌법에 위배되면 무효가 되며, 이를 판단하기 위해 憲法裁判所(헌법재판소)를 두고 있다.

2. 법률

「法律(법률, act, Gesetz)」은 헌법이 정한 범위 안에서 국회의 議決(의결)을 거쳐 제정·공포되는 헌법의 하위법규범으로서의 성문법이다. 이는 行政法(행정법), 刑法(형법), 民法(민법), 商法(상법) 등의 형태로 법전에 수록되어 있다. 법률과 법의 개념을 혼동하는 경우가 많은데, 法(law, Recht)은 법률보다 넓은 개념으로서 모든 법규범을 포함하는 의미로 사용된다. 따라서 법률의 제정이나 개정시에는 해당 법전에 「법률 제○○○호」로 명시하고 있다.

3. 명령

「命令(명령, ordonnance, Verordnung)」이란 국회의 의결을 거치지 않고, 행정기관이 단독으로 제정하는 법률의 하위법규범이다. 명령은 그 명령을 발하는 기관에 따라 大統領令(대통령령), 總理令(총리령), 部令(부령) 등으로 구별되며, 총리령과 부령은 대통령령보다 하위규범이지만 총리령과 부령은 동등한 지위에 선다. 또한 명령은 그 내용에 따라 법률을 집행하기 위한 사항을 규정하는 「執行命令(집행명령)」과 법률에서 일정한 범위를 정하여 위임한 사항에 관하여 세칙을 규정하는 「委任命令(위임명령)」으로 구별된다.

4. 규칙

「規則(규칙)」이란 독립된 국가의 특정기관이 법률에 저촉되지 않는 범위 안에서 그 기관의 운영과 내부규율에 관한 사항을 규정하는 법규범으로서, 國會規則(국회규칙)[3], 大法院規則(대법원규칙)[4], 中央選擧

---

3) 국회는 법률에 저촉되지 않는 범위 안에서 議事(의사)와 내부규율에 관한 규칙을 제정할 수 있으며(헌법 제64조, 국회법 제166조), 국회도서관운영에 관한 규칙, 국회사무실배정에 관한 규칙, 국회에서의 중계방송 등에 관한 규칙, 국회정보공개규칙, 국회청원심사규칙 등이 있다.

4) 대법원은 법률에 저촉되지 않는 범위 안에서 訴訟(소송)에 관한 절차, 법원의 내부규율과 사무처리에 관한 규칙을 제정할 수 있는데(헌법 제108조), 이는 司法府(사법부)의 독립성과 자율권을 보장하고, 사법사무에 대한 대법원의 전문성을 살리기 위한 목적에서 인정되며, 이러한 大法院規則(대법원규칙)은 대법관회의의 의결사항으로서(법원조직법 제17조) 법률에 저촉되지 않아야 하므로 위헌 · 위법의 명령 · 규칙 · 처분심사의 대상이 된다.
「소송절차에 관한 규칙」으로는 소년심판규칙, 소액사건심판규칙, 민사소송규칙, 민사조정규칙 등이 있고, 「법원의 내부규율에 관한 규칙」으로는 법원인사규칙, 대법관회의운영규칙, 법관 등 의원사무규칙보수에 관한 규칙 등이 있으며, 「사무처리에 관한 규칙」으로는 경매규칙, 법원재판사무처리규칙 등이 있다.

管理委員會規則(중앙선거관리위원회규칙) 등이 있다.

5. 자치법규

「自治法規(자치법규)」는 지방자치단체가 법령의 범위 안에서 지방의 자치에 관한 사항을 규정하는 법규로서, 條例(조례)와 規則(규칙)이 있다. 「조례」란 지방의회가 제정하는 성문법규범을 말하고, 「규칙」은 지방자치단체의 장이 법령과 조례의 범위 안에서 제정하는 법규범이다. 이는 위에서 설명한 규칙과 구분하기 위해 지방자치단체의 명칭을 붙여서 사용하는 것이 일반적이다. 예컨대, 서울특별시조례와 서울특별시규칙을 들 수 있다.

6. 조약

「條約(조약)」이란 국제법상의 주체인 국가나 국제조직간에 일정한 내용을 정한 합의문서를 총칭하는 것으로, 조약(treaty), 協約(협약, convention), 規約(규약, covenant), 憲章(헌장, charter), 規程(규정, statute), 協定(협정, agreement), 議定書(의정서, protocol), 決定書(결정서, act), 交換文書(교환문서, exchange of note) 등의 다양한 명칭으로 사용되고 있다.

우리나라의 경우 조약은 대통령이 국무회의의 심의를 거쳐 체결하며(헌법 제73조, 제89조 제3호), 이와 같은 절차를 거쳐 체결 · 공포된 條約은 국내법과 동일한 효력을 가진다(헌법 제6조 제1항). 따라서 최근의 WTO협정(Agreement Establishing the World Trade Organization)도 조약에 해당하고, 이는 국내법적 효력을 가지는 법규범의 지위를 가진다.

Ⅲ. 장단점

1. 장점

성문법은 ① 문장의 형식으로 존재하기 때문에 法의 존재, 의미, 내용 등을 명백히 표현할 수 있으며, ② 추상적인 법이념을 문장으로 구체화할 수 있고, ③ 복잡한 절차를 거쳐 제정 또는 개정되기 때문에 쉽게 변경되거나 소멸되지 않아 법생활의 안정성을 도모할 수 있다는 장점이 있다. ④ 또한 불문법주의 국가에서는 제도의 개혁은 의식적 개혁이 전제가 되어야 하기 때문에 매우 까다로우나 성문법주의 국가의 경우는 法의 제정 또는 개정으로 쉽게 제도를 개혁할 수 있다.

2. 단점

성문법은 立法意思(입법의사)가 문장으로 표현되기 때문에 그 문장은 함축된 전문용어로 표현되는 것이 일반적이다. 따라서 ① 法을 제정한 입법자의 정확한 의도를 입법자 이외의 일반국민들이 정확히 이해하기 어렵고, ② 성문법의 장점중의 하나인 法의 고정화는 법생활의 안정성을 도모한다는 이점은 있으나, 빠른 속도로 변하는 사회적 수요를 충분히 반영할 수 없다는 단점으로 나타난다. 따라서 신종범죄의 처벌이 불가능하거나 어려운 경우가 발생하게 된다.

제3절 불문법

Ⅰ. 의의

「不文法(불문법, unwritten law, ungeschriebenes Recht)」이란 성문화되어 있지 않은 法, 즉 문장의 형식으로 표현되지 않고, 입법기관의 일정한 절차를 거치지 않은 法의 존재형식을 말한다. 이는 대부분의 영미법계 국가에서 나타나는 法의 존재형식이다.

Ⅱ. 종류

1. 관습법

「慣習法(관습법, customary law, Gewohnheitsrecht)」이란 국가사회 안에서 자연적으로 형성되어 관습의 형태로 존재하는 규범의 내용이 국가에 의하여 법적 확신을 얻어 법적 효력을 인정받음으로써 法으로 승격된 규범을 말한다. 이는 「사실인 관습」이 불문의 형식은 그대로 유지하면서 그 작용상의 변화만 발생하는 것이다.

사실인 관습이 관습법으로 승격되기 위해서는 일정한 요건을 갖추어야 하는데, 첫째, 사실인 관습이 존재하여야 한다. 이는 바로 관습법의 실체가 된다. 둘째, 사실인 관습은 선량한 풍속 및 사회질서에 합치되어야 한다. 왜냐하면 法의 존재목적은 사회질서유지에 있기 때문이다. 셋째, 사실인 관습이 법적가치를 가진다는 확신이 있어야 하며, 국가권력에 의해 法으로 인정되어야 한다. 이러한 법적 확신은 관습법의 효력발생요건으로서 사실인 관습이 법적 확신을 얻지 못하면 사실인 관습 그 자체에 지나지 않는다.

관습법은 원칙적으로 성문법의 규정이 없는 경우 이를 보충하는 효력을 가진다. 상법 제1조는 「商事(상사)에 관하여 본법에 규정이 없으면, 상관습법에 의하고…」라고 규정하고 있는데, 이는 곧 商法(상법)이라는 성문법의 규정이 없는 경우에는 상관습법을 적용한다는 취지로서 상관습법의 상법에 대한 보충적 효력을 명문으로 규정한 것이다. 그러나 罪刑法定主義(죄형법정주의)의 기본원칙을 채택하고 있는 刑法(형법)에서는 被告人(피고인)에게 불리한 형사관습법은 그 효력이 인정되지 않는다.

2. 판례법

「判例法(판례법, case law, Judikaturrecht)」이란 先例拘束(선례구속)의 원칙(doctrine of stare decisis)에 따라 法院(법원)의 判例(판례)를 통하여 형성되는 불문의 법규범을 말한다. 「裁判(재판)」이란 원래 司法府(사법부)의 법해석작용으로서 이는 구체적인 사건에 따라 다른 모습으로 나타나는 것이 일반적이다. 그러나 일정한 判決(판결)은 유사한 사건에 대하여도 동일한 효력을 가지는데, 이와 같이 특정 사건에 대하여 같은 취지의 판결이 반복되어 일정한 판결의 원칙이 확립되면, 그것은 성문법과 같은 規範力(규범력)을 가지게 된다.

영미법계 국가에서는 판례의 집합체인 普通法(보통법, common law)과 衡平法(형평법, equity)이 1차적 法源(법원)이며, 성문법은 2차적 법원으로서의 효력을 가진다. 이와 달리 대륙법계 국가에서는 판례가 法院(법원)의 재판작용인 法의 해석 또는 적용에 있어 성문법의 보충적 역할을 할 뿐 그에 대한 일정한 명문규정도 없고, 구속력을 가지는 것도 아니다. 그러나 실제에 있어서는 대륙법계 국가의 상급법원의 판례는 하급법원의 재판을 구속하는 형태로 나타나고 있다.

3. 조리

「條理(조리, nature of things, Natur der Sache)」란 국가기관에 의하여 재판에 적용되는 자연법원리, 즉 「자연의 순리」를 말한다. 민법 제1조는 「民事(민사)에 관하여 법률에 규정이 없으면 관습법에 의하고, 관습법이 없으면 조리에 의한다」고 규정하고 있는데, 이를 조리의 法源性(법원성)을 인정하였다는 근거로 해석하는 견해와 반대의 견해가 대립되고 있으나, 이는 민법 제1조가 민사에 관한 법률의 적용순서를 규정한 것이지, 법원의 종류를 규정한 것이 아니기 때문에 이를 가지고 조리의 법원성으로 해석하는 것은 무리가 있다고 본다.

제4장 法의 발전과 법계

제1절 法의 발전

Ⅰ. 法의 생성

원래 法은 다른 사회규범들과 미분화상태로 존재해 오다가 인류사회의 변천에 따라 法도 그 모습을 달리하며 발전해 왔다. 法은 생성, 성장, 소멸의 단계를 거치며 인류사회의 질서와 평화를 유지하기 위해 존재한다. 이러한 法의 발전은 그 시대와 사회의 환경, 문화, 정치, 종교, 의식 등에 따라 각기 다른 모습으로 나타난다. 이와 같은 측면에서 볼 때 法은 역시 역사의 흐름 속에서 인류생활과 함께 자연스럽게 생성되고 성장 · 발전하여 결국 소멸하는 역사적 산물이라고 할 수 있다. 특히 다른 사회규범에 비해 그 변천이 뚜렷한 것이 法이라고 할 수 있는데, 이는 역시 사회규범 중에서도 인간의 사회생활에 가장 많은 영향을 미치는 규범이 바로 法이기 때문이다. 法의 발전은 여러 가지 측면에서 고찰할 수 있으나, 이하에서는 法이 역사적 산물이니 만큼 시대의 흐름에 따라 원시시대의 法, 고대사회의 法, 중세사회의 法, 근대사회의 法 그리고 현대사회의 法 등으로 구분하여 그 발전모습을 살펴보기로 한다.

Ⅱ. 원시사회의 法

원시사회를 규율했던 法은 法으로서보다는 종교와 관습에 가까운

하나의 사회적 習俗(습속)으로 존재하였다. 즉, 다른 사회규범으로부터 법규범의 분화가 거의 미미한 상태였다.

원시사회의 法의 특성은 첫째, 금기(taboo)라는 사회적 금기를 정해 놓았다. 그리고 이러한 禁忌事項(금기사항)을 위반하는 사람에게는 신의 制裁(제재)가 따른다고 보아 이를 지키려 하였다. 둘째, 원시사회의 법위반에 대한 제재는 因果應報的(인과응보적) 복수의 성격을 띠는 것이 특징이며, 제재의 정도는 그 위반으로 인해 발생하는 피해의 정도와 동일하게 하였다. 우리나라는 고조선과 삼한시대에 犯罪(범죄)를 저지르고 제사지역인 소도지역으로 피신하면 범인이 그곳에 있는 이상 신의 영역을 침범하지 않는다는 의미에서 그 범인을 처벌하지 않았으며, 그리스와 로마의 庇護法制度(비호법제도)도 금기의 일종이라고 할 수 있으며, 위반에 대한 처벌로서의 복수는 「눈에는 눈(an eye for an eye), 이에는 이(a tooth for a tooth)」라는 위반행위로 인해 발생한 被害(피해)만큼의 損害(손해)를 위반자에게 가한다는 원칙의 탈리오(talio)가 대표적인 것이다. 이와 같은 원시사회의 法은 나름대로 정의실현을 위한 원시인들의 노력이라고 할 수는 있으나, 너무 복수의 측면에서 위반자를 처벌함으로써 복수가 복수를 부르고, 결국 사회질서가 파괴되는 현상이 우려되었다. 이에 복수의 인정여부와 그 범위의 문제가 대두되었으며, 이를 그 사회의 장로가 결정하도록 하였다. 이것이 裁判制度(재판제도)의 시초이며, 이에 따라 法의 형태를 갖추기 시작하였다고 볼 수 있다.

Ⅲ. 고대사회의 法

고대사회에서는 국가의 정치적 지배력이 형성되면서 권력에 의해 강제되는 규범이 혼연일체의 사회규범으로부터 분화되기 시작하였다. 그러나 이러한 고대사회의 法이 다른 사회규범으로부터 완전히 분화된 것은 아니다. 원시사회의 法에 비하여 분화의 정도가 뚜렷하며, 조직체의 강제력으로 法의 실효성을 보장코자 하였으며, 또한 성문의 형식으로 法典(법전)이라는 합리적인 방법을 선택했다는 점에서 원시사회의 法보다 많은 발전을 보았다고 할 수 있다. 따라서 法이 다른 사회규범과 달리 국가적 강제력에 의해 실효성이 보장되기에 이르렀다. 이를 뒷받침해 주는 것이 세계에서 가장 오래된 法典으로 알려지는 함무라비법전(Code of Hammurabi)이다. 고대사회의 法으로서 가장 발달하였던 것은 역시 로마법이라고 할 수 있다. 초기의 로마법은 慣習法(관습법)으로 성장하였으며, B.C. 450년경 이러한 관습법을 목판에 기록함으로써 로마의 기초적 成文法(성문법)이 탄생하게 되었다. 이러한 로마의 최초의 성문법은 12表法(표법)이라 하는데, 이는 公法(공법)과 私法(사법) 그리고 訴訟法(소송법)뿐만 아니라 제사에 관한 法도 포함하고 있는 것이 특징이다. 이와 같은 12표법을 토대로 A.D. 530년경 로마의 유스티니아누스(Justinianus) 대제가 법률문서를 집대성한 로마법의 대명사인 유스티니아누스 법을 완성시켰으며, 그 후 이는 로마대법전(Corpus Juris Civilis)이라고 불린다. 로마法의 현저한 발전을 일컬어 Jhering은 "로마는 무력과 기독교 그리고 法에 의해 세계를 세 번 정복하였다"고 표현하였다. 로마法은 비록 고대사회의 法이지만 개인주의적이고 합리적인 법체계를 구성하였으며, 대륙제국에 계수

되어 근대법에 많은 영향을 주었다. 뿐만 아니라 오늘날의 大陸法系(대륙법계)의 기초가 되었다. 사실상 함무라비법전은 관습을 그대로 모아서 성문화한 것이며, 로마의 12표법 또한 종교적 내용인 제사에 관한 절차를 그대로 법전에 수록하고 있는 것으로 보아 法이 다른 사회규범으로부터 분화되고 있음을 확인할 수 있다.

Ⅳ. 중세사회의 法

고대사회는 로마法의 전성기라고 한다면, 중세사회는 게르만法의 전성기라고 할 수 있다. 중세봉건사회의 특징은 토지와 결부된 신분적 주종관계에 있다고 하겠다. 이러한 사회적 특징은 法에도 그대로 반영되었으며, 이는 봉건영주와 가신과의 관계를 규율하는 封建法(봉건법, Lehnrecht), 장원영주(봉건영주와 봉신)와 농민간의 관계를 규율하는 장원법(Hofrecht), 각지방의 관습법(Landrecht), 도시의 自治法(자치법)인 都市法(도시법, Stadtrecht) 등의 다양한 모습으로 나타났다. 중세사회에서는 특히 기독교세력이 강력한 힘을 발휘하였으며, 따라서 이들에 의한 教會法(교회법, Canon Law)이 세계를 지배하였다. 그러나 이러한 교회법은 그 내용이 기독교적 사회생활을 규율키 위한 것이기 때문에 특히 당시에 활발하게 성행되었던 상거래에 관한 분쟁을 규율하기에는 역부족이었다. 이에 따라 商慣習法(상관습법)이 별도로 발달하게 되었으며, 도시의 自治法規(자치법규)인 都市法(도시법)으로 그 완성을 보았다.

중세사회를 주도한 민족은 게르만민족이며, 게르만민족은 지역적 특성에 맞게 法을 발전시켰다. 특히 관습법의 많은 발전을 보았다. 따라서 이 시대의 法은 다양한 법체계와 신분에 따라 그 적용 법이 상이한 法의 분열적 성격이 특징이라고 할 수 있다. 이를 Pound는 "신분적, 고정적 내용으로 된 嚴格法(엄격법, strict law)시대"라고 표현하여 중세사회의 法이 탄력성을 상실하였음을 지적하였다.

Ⅴ. 근대사회의 法

근대사회의 특징은 Maine이 "신분에서 契約(계약)으로(from status to contract)"라고 한 데서 잘 나타나 있는 것처럼 중세사회의 신분적 공동사회가 시민혁명으로 인해 타파되면서 중앙집권적 정치와 자본주의 경제체제 그리고 개인의 자유와 평등을 중요시하는 개인적 민주주의사상이 팽배한 사회였다. 따라서 근대법은 「所有權絕對原則(소유권절대의 원칙)」, 「契約自由原則(계약자유의 원칙)」, 「過失責任原則(과실책임의 원칙)」 등의 基本原理(기본원리)를 채택하여 개인의 자유와 평등을 최대한 보장하고자 하였다. 이와 같은 개인적 基本權保障(기본권보장)은 미국헌법(1776)과 프랑스人權宣言(인권선언)(1783)에서 잘 나타나고 있다. 결국 국가는 국민의 인권보장을 근본 목적으로 치안과 외침을 방어하는 야경국가의 형태로 되었으며, 法의 개념은 종래의 의무본위적 사상에서 권리본위의 법률관계로 그리고 국가본위에서 개인본위의 성격으로 변천하였다. 이러한 근대법은 프랑스 루이14세의 商事勅令(상사칙령)(1673), 미국버지니아헌법(1776)[5], 프로이센일반란트법(1894), 프랑스민법(1804), 독일민법전(1896) 등으로 그 입법적 발전을 보았다.

---

5) 「버지니아권리장전」으로서 미국연방헌법의 기초가 된 최초의 근대적 헌법이며, 최초로 인간의 존엄성과 행복추구권을 규정한 헌법이다.

VI. 현대사회의 法

근대사회의 法이 개인의 절대적 자유와 평등을 보장하기 위한 추상적이고 형식적이었다면, 현대사회의 法은 인간의 실질적인 자유와 평등의 보장을 목적으로 하는 복지주의적 성격을 띤다고 할 수 있다. 현대 복지국가 사상은 20세기에 들어오면서 개인주의적 근대사회의 절대적 자유와 평등보장이 결국은 방종과 실질적 불평등을 낳게 됨을 깨닫고 「인간다운 삶」을 보장하기 위해 실질적인 자유와 평등을 보장하려는 이념에서 현대사회의 법적 이념으로 채택되었다. 따라서 근대사회법의 기본원리인 「소유권절대의 원칙」, 「계약자유의 원칙」, 「과실책임의 원칙」 등은 「소유권상대의 원칙」, 「계약공정의 원칙」, 「무과실책임의 원칙」 등으로 그 수정이 불가피하게 되었다. 이러한 현대사회의 法은 복지국가의 건설을 위해 조직적 국가기관에 강력한 통제력을 부여하게 되었으며, 따라서 法은 개인본위에서 단체본위의 성격으로 변화 되었다.

현대복지국가의 사상은 독일의 1919년의 바이마르헌법 제151조에서는 「인간다운 생활(menschenwurdiges Dasein)의 보장」, 동법 제159조에서 「財産權(재산권)은 義務(의무)를 수반한다」라고 규정하여 최초로 헌법적 차원에서 입법으로 채택하였으며, 우리 헌법은 제34조 제1항에서 「모든 국민은 인간다운 생활을 할 權利(권리)를 가진다」고 규정하고, 동법 제23조 제2항에서 「재산권의 행사는 公共福利(공공복리)에 적합하도록 하여야 한다」고 규정하였으며, 또한 동법 제119조 제2항에서는 「균형 있는 국민경제의 발전」을 규정하여 헌법적 차원에서 現代福祉國家思想(현대복지국가사상)을 명문으로 입법화 하고 있다.

제2절 법계

Ⅰ. 법계의 의의와 생성

「法系(법계)」란 동일한 영역에 속하는 법문화권의 성격으로서, 국가나 민족을 초월한 法의 계통을 말한다. 法은 일정한 국가나 민족의 생활과 밀접한 관계를 가지고 생성 · 발전해 왔기 때문에 法은 그 국가나 민족의 시간적, 공간적 특성을 그대로 반영해 주고 있는 것이 일반적이다. 이렇게 생성 · 발전해 온 法은 교통과 통신의 발달로 국제교류가 활발해 지면서 서로 다른 법계 간에 많은 영향을 법계의 보편화현상 또는 세계화현상이 나타나고 있다.

법계는 발생 연대순으로 보아 이집트법계, 바빌로니아법계, 중국법계, 인도법계, 헤브라이법계, 그리스법계, 로마법계, 게르만법계, 교회법계, 이슬람법계, 슬라브법계, 유럽대륙법계, 영미법계 등으로 분류할 수 있는데, 학자에 따라 法을 분류하는 방법은 다양하다. 이러한 법계 중 영향력을 가지고 인류의 사회질서유지에 채택되어 온 것은 대륙법계과 영미법계로 대별되는 것이 일반적이다.

Ⅱ. 대륙법계

1. 의의

「大陸法系(대륙법계)」는 독일 및 프랑스를 중심으로 한 유럽대륙에서 발달한 법계로서, 로마법과 게르만법을 근간으로 생성된 法의 계통이다. 이러한 대륙법계는 成文法主義(성문법주의)를 취하는 것이 일반적이다.

대륙법계는 다시 독일법법계, 프랑스법계, 슬라브법계 등으로 구분되는데, 독일법계에 속하는 국가는 우리나라를 비롯해서 독일, 스위스, 오스트리아, 덴마크, 스웨덴, 노르웨이, 일본 등이고, 프랑스법계에 속하는 국가는 프랑스, 이탈리아, 벨기에, 네덜란드, 스페인, 포르투갈 등이며, 슬라브법계에 속하는 국가는 소련과 그 위성국가들이다.

2. 특징

대륙법계는 첫째, 성문법주의를 채택하여 不文法(불문법)은 보충적 효력만 인정하는 형식상의 특성이 있다. 둘째, 내용상 조직적 · 통일적 개념성을 가지며, 로마법적 요소에 의해 지배되고 있다. 셋째, 裁判上 陪審制度(재판상 배심제도)를 부인하고, 사실문제에 관하여 전문적인 법지식을 가진 法官(법관)이 판단토록 하고 있다.

Ⅲ. 영미법계

1. 의의

「英美法系(영미법계)」란 대륙법계에 대립되는 법문화권으로서, 유럽대륙법의 영향을 받지 않고 혼자서 생성 · 발전한 영국법과 이를 계수한 미국법의 계통을 말한다. 영국법은 게르만법의 영향을 받아 오랜 관습과 判例(판례)를 기초로 일반적 규범으로서의 새로운 법체계를 성립하였는데, 이것이 英美法(영미법)의 근간이 되는 普通法(보통법, common law)이다.

이와 같은 영미법계에 속하는 국가로는 영국, 미국, 캐나다, 오스트레일리아, 뉴질랜드 등이 있다.

2. 특징

영미법계는 첫째, 법원상 不文法主義(불문법주의)를 채택하고 있다. 둘째, 법계통상 게르만법적 특성을 가진다. 셋째, 내용이 判例法(판례법)으로 이루어져 있기 때문에 구체적 특성을 가지며, 또한 普通法(보통법)과 衡平法(형평법)의 이원적 내용으로 구성되어 있다. 넷째, 재판에 있어서 법률문제는 법관이 판단하고, 사실문제는 陪審員(배심원)이 결정하도록 하는 陪審制度(배심제도)를 채택하고 있다.

제5장 法의 분류

제1절 法의 분류기준

法은 일정한 조직체계를 이루고 존재하는데, 학자들에 따라 이를 분류하는 기준은 여러 가지 모습으로 나타나고 있다. 이는 實定法(실정법)의 표현형식으로서 편의상 형식적으로 法의 종류를 구분하는데 불과하며, 본질적인 法의 분류는 아니다. 法은 일반적으로 일정한 제정절차를 거쳤느냐의 여부에 따라 自然法(자연법)과 實定法(실정법)으로 대별되고, 실정법은 다시 國際法(국제법)과 國內法(국내법)으로 대별된다. 이하에서는 法의 성질, 적용범위, 내용, 효력 등을 기준으로 실정법 중에서도 국내법체계를 살펴본다.

제2절 자연법과 실정법

Ⅰ. 자연법

「自然法(자연법, natural law, Naturrecht)」이란 시간과 공간을 초월하는 영구불변의 초경험적인 이상적인 法을 말한다. 즉, 자연현상에 의해 자연적으로 발생하며, 인위적인 영향을 전혀 받지 않는 초실정적인 법규범이다. 자연법은 우주의 존재질서를 규율하는 보편타당한 원칙으로서, 정의의 이념을 그 내용으로 하고 있기 때문에 法의 근원이 된다. 자연법론은 고대 그리스의 Platon과 Aristoteles에 의해 이론화가 시도되고, Stoa학파와 Schola학파에 의해 이론적 체계가 완성되었다.

Ⅱ. 실정법

「實定法(실정법, positive law, positives Recht)」은 인간사회의 질서 유지를 목적으로 사회적 상황에 따라 생성·발전되어 왔다. 경험적, 역사적인 사실에 의해 성립되고, 현실적인 제도로서 시행되고 있는 制定法(제정법), 慣習法(관습법), 判例法(판례법) 등이 실정법에 해당한다. 이는 인간에 의해 일정한 목적을 위해 이 세상에 존재하는 인위적인 法이다. 따라서 실정법은 국가적, 역사적, 시대적 상황에 따라 다른 모습으로 변천, 발전하였다. 19세기초에 이르러 법사상적 관심은 실정법으로 집중되고, 따라서 法實證主義(법실증주의)는 자연법의 법적 효력에 대하여 부정적인 입장을 취하였다. 그 결과 法을 형식적, 논리적으로 이해하고자 하였다.

제3절 실정법의 분류

Ⅰ. 국내법과 국제법

1. 국내법

「國內法(국내법, municipal law)」이란 한 국가의 주권이 미치는 범위 내에서만 효력을 가지는 法으로서 그 국가의 일정한 절차에 의해 효력이 인정되어야 한다. 또한 국내법은 사인간의 法律關係(법률관계)나 사인과 국가 또는 공공단체간의 법률관계를 규율하는 法이다. 이와 같은 국내법은 구분 기준에 따라 여러 가지로 분류될 수 있는데, 자세한 것은 후술한다.

한 국가의 국민과 외국인의 생활관계, 즉 섭외적 생활관계에 관하여 어느 국가의 法을 적용할 것인가를 결정하는 法은 國際私法(국제사법, private international law, internationales Privatrecht)인데, 이는 國際法(국제법)이 아니라 국내법에 속한다.

2. 국제법

「國際法(국제법, international law, internationales Recht)」은 여러 국가 또는 국제조직에 의해 인정되고, 그들에 의해 효력을 가지는 法이다. 국내법에 비하여 국제법은 그 위반에 대한 制裁力(제재력)이 약하고, 그의 입법에 대한 일정한 원칙이 확립되지 않고 있어 입법기관이나 입법절차가 불완전하다. 국제법에서는 관습법이 많은 역할을 하고 있으며, 國際條約(국제조약)과 國際慣習法(국제관습법)은 동일한 효력을 가진다.

II. 공법, 사법, 사회법

공법과 사법을 구분하는 학설에는 利益說(이익설), 主體說(주체설), 性質說(성질설), 法律關係說(법률관계설), 區別否認說(구별부인설) 등이 있으나, 이들 중 어느 하나 만으로 공법과 사법을 완전히 구분하기는 어렵다. 따라서 공 · 사법을 구분함에 있어서는 이익의 주체 및 성질, 법률관계 등을 복합적으로 고려하여야 한다.

1. 공법

「公法(공법, public law, offentliches Recht)」은 일반적으로 공익적 또는 국가적 관계를 규율하는 法이다. 憲法(헌법), 行政法(행정법), 刑法(형법), 訴訟法(소송법) 등이 공법에 속하는데, 자세한 내용은 각론에서 후술한다. 이와 같은 공법은 그 내용이 强行規定(강행규정)으로 구성되어 사법에 비하여 강제성이 강하다는 특색이 있다.

2. 사법

「私法(사법, private law, Privatrecht)」은 사인간의 이해관계를 규율하는 法으로서, 평등과 당사자의 의사가 존중되는 법규범이다. 사법에는 民法(민법), 商法(상법) 등이 있다. 이와 같은 사법은 그 내용이 대부분 任意規定(임의규정)으로 되어 있으나, 강행규정의 형태로 규정되는 경우도 있다. 따라서 사법은 공법에 비해 자율성을 가진다는 특색이 있으나, 사법의 모든 내용이 당사자간의 자율에 맡겨지는 것은 아니고, 일정한 내용은 모든 수법자가 반드시 이행해야만 하도록 규정되어 있다.

3. 사회법

「社會法(사회법, Social law, Sozialrecht)」은 資本主義社會(자본주의 사회)의 모순을 해결하고, 모든 국민의 인간다운 생활을 보장하기 위해 국가 또는 일정한 자의 義務(의무)를 주된 내용으로 규정한 法이다. 사회법은 독일의 1919년 바이마르헌법에서 「인간다운 생활의 보장」과 「재산권의 의무수반」을 명문으로 규정하면서 최초로 등장하였다. 복지국가의 건설을 목적으로 하는 사회법은 그 성질이 공법도 아니고, 사법도 아닌 새로운 제3의 法域(법역)이다. 사회법에는 다음과 같은 勞動法(노동법), 經濟法(경제법), 社會保障法(사회보장법) 및 社會福祉法(사회복지법) 등이 있다.

「노동법」은 勤勞基準法(근로기준법), 勞動組合(노동조합) 및 勞動關係調整法(노동관계조정법)[6] 등으로 세분화 되며, 이는 노사관계에 있어서 경제적 약자인 근로자의 지위를 보장하여 노동자들의 인간다운 생활을 보장하기 위한 法이다. 따라서 노동법의 내용은 대부분 사용자의 의무규정으로 이루어져 있다.

「경제법」은 銀行法(은행법), 對外貿易法(내외무역법)[7], 農地法(농지법)[8], 緊急金融措置法(긴급금융조치법) 등으로 세분화되며, 이는 국민경제의 균형 있는 발전을 위하여 資本主義經濟(자본주의경제)의 범위 내에서 경제질서를 규율하는 法이다.

「社會保障法(사회보장법)」은 국민의 生存權(생존권)을 확인하고, 그 생활을 보장하기 위한 국가의 의무를 규정한 法으로서, 헌법 제34조 제1항, 제2항, 제5항 등에 근거하여 제정된 法이다. 이에 관한 法으로 1963년 11월 5일 사회보장에관한법률이 제정되어 시행되었으나, 1995년 12월 30일 社會保障基本法(사회보장기본법)을 제정하고, 기존의 사회보장에관한법률을 폐지하였다.

「社會福祉法(사회복지법)」은 빈곤에 빠진 국민이나 그러한 우려가

---

6) 과거 노동조합법과 노동쟁의관계조정법을 통폐합하여 새롭게 제정한 법.

7) 과거 무역법을 폐지하고 제정한 법.

8) 농지법은 과거 농지개혁법, 농지개혁사업정리에관한특별조치법, 농지의보전및이용에관한법률, 농지임대차관리법, 지력증진법을 폐지하고 이들을 통합하여 제정된 법이다.

있는 국민을 보호 또는 예방하기 위해 국가 또는 지방자치단체가 해야 할 의무를 규정한 法으로서, 공무원연금법, 국민건강보험법, 국민건강증진법, 국민기초생활보장법, 국민연금법, 아동복지법, 모·부자복지법 등이 있다. 사회복지법은 헌법 제34조 제2항에 근거하여 사회복지 또는 사회복지사업에 관하여 규정한 法이라 할 수 있다.

Ⅲ. 일반법과 특별법

1. 구분기준

法의 효력이 미치는 범위가 일반적·보편적인가 아니면 특수한 범위에만 한정적으로 적용되는가를 기준으로 하여 전자를 일반법이라 하고, 후자를 특별법이라 한다. 이와 같이 양자를 구분하는 실익은 일정한 사항에 관하여 적용될 수 있는 法이 병존하는 경우 일반적으로 인정되는 特別法優先原則(특별법우선의 원칙)을 효율적으로 적용하는 데 있다.

일반법과 특별법을 구분하는 것은 상대적인 것이며 절대적인 것은 아니다. 예컨대, 商法(상법)은 사적 법률관계 중에서도 商事關係(상사관계)만을 규율한다는 점에서 일반적인 사적 법률관계를 보편적으로 규율하는 민법에 대하여 특별법적 지위에 서지만, 상사관계 중에서도 세부적인 특정 상사관계에 관하여 규율하는 銀行法(은행법), 保險業法(보험업법), 信託法(신탁법) 등에 대하여는 일반법적 지위에 선다.

2. 일반법

「一般法(일반법, general law, gemeingultiges Recht)」이란 모든 사

람 · 장소 · 시간 · 사항 등에 대하여 일반적으로 적용되는 法을 말한다. 즉, 일반인들의 刑事犯罪(형사범죄)에 일반적으로 널리 적용되는 刑法(형법)은 군인이라는 특수한 신분을 가진 자의 형사범죄에 한정적으로 적용되는 軍刑法(군형법)에 비해 일반법이다. 또한 서울특별시조례는 서울특별시에서만 한정적으로 적용되는데 반해 地方自治法(지방자치법)은 국가전역에 대하여 두루 적용되므로 이때 지방자치법은 서울특별시조례에 대해 일반법적 지위에 선다.

3. 특별법

「特別法(특별법, special law, Spezialrecht)」이란 특수한 신분을 가진 사람, 특정 장소 · 시간 · 사항 등에만 제한적으로 적용되는 法을 말한다. 이는 특별법이라는 용어를 사용하는 경우도 있고, 그렇지 않은 경우도 있는데, 5 · 18민주화운동등에관한특별법의 경우는 전자에 해당하고, 상법이 민법에 비하여 특별법의 지위에서는 것은 후자에 해당된다.

Ⅳ. 실체법과 절차법

1. 구분기준

실체법과 절차법은 法의 규정내용을 기준으로 법률관계의 발생 · 변경 · 소멸에 관한 내용을 정한 法은 실체법, 실체법의 내용을 실현하기 위한 절차를 정한 法은 절차법으로 분류하는 방법이다.

그러나 이는 형식상의 분류방법에 지나지 않으며, 이로써 法을 완전히 분류하는 것은 어려운 일이다. 왜냐하면 실체법인 상법의 내용에도 절차법적 내용인 법인의 설립절차가 규정되어 있고, 절차법인 不動産登記法(부동산등기법)의 내용 중에도 등기의 효력과 같은 실체법적 내용이 규정되어 있기 때문이다. 또한 기능적인 측면에서 보더라도 절차법은 실체법의 내용을 실현시키는 중요한 기능을 하고 있다.

2. 실체법

「實體法(실체법, substantive law, materielles Recht)」은 權利 · 義務(권리 · 의무)의 종류 · 성질 · 내용 · 효과 · 변동 등을 규정하는 法이다. 이는 권리 · 의무의 실체를 규정하는 法이란 점에서 실체법이라 하고, 절차법에 의해 그 내용이 실현된다는 점에서 「主法(주법)」이라고도 한다. 헌법, 형법, 민법, 상법 등은 실체법에 해당한다.

3. 절차법

「節次法(절차법, adjective law, formalles Recht)」은 실체법의 내용을 구체적으로 실현하기 위한 절차, 즉 실체법상의 권리를 실행하거나 의무를 실현시키기 위한 保全(보전) · 履行(이행) · 强制(강제)의 절차를 규정한 法이다. 절차법은 실체법의 내용을 실현하는 기능을 한다는 점에서 「形式法(형식법)」 또는 「助法(조법)」이라고도 한다. 刑事訴訟法(형사소송법), 民事訴訟法(민사소송법), 不動産登記法(부동산등기법), 民事執行法(민사집행법), 非訟事件節次法,(비송사건절차법) 등이 이에 해당한다.

Ⅴ. 강행법과 임의법

1. 구분기준

강행법과 임의법은 그의 적용에 있어서 私的自治原則(사적자치의 원칙)이 인정되느냐 인정되지 않느냐의 여부에 따라 사적자치의 원칙이 인정되지 않는 경우는 강행법, 인정되는 경우는 임의법으로 구분하는 방법이다. 일반적으로 法令(법령) 중에 「… 하여야 한다」라는 문구가 있으면 강행법이고, 「당사자의 특별한 意思表示(의사표시)가 없으면」 또는 「다른 의사표시가 없으면」이라는 문구가 있으면 임의법이다. 그러나 이와 같은 명백한 표현이 없는 경우는 강행법과 임의법을 일률적으로 구분하는 기준은 없으며, 법령의 내용, 성질, 입법취지 등을 종합적으로 검토하여 결정하여야 할 것이다.

2. 강행법

「强行法(강행법, imperative law, zwingendes Recht)」은 그의 적용에 있어 사적자치의 원칙이 인정되지 않는 法, 즉 당사자의 의사와 상관없이 강제적으로 적용되는 法이다. 憲法(헌법), 行政法(행정법), 刑法(형법), 民事訴訟法(민사소송법), 刑事訴訟法(형사소송법), 民事執行法(민사집행법) 등의 公法(공법)은 대부분 강행법에 속한다. 그러나 민사소송법 제29조의 合意管轄規定(합의관할규정)은 임의규정에 해당한다.

3. 임의법

「任意法(임의법, dispositive law, nachgebieges Recht)」은 그 적용에

있어 사적자치의 원칙이 인정되는 法, 즉 당사자의 합의로서 그의 적용을 배제할 수 있는 法을 말한다. 私法(사법)인 민법과 상법의 규정은 대부분 임의법으로 되어 있다. 그러나 민법 제185조의 物權法定主義(물권법정주의)나 상법 제33조의 상업장부의 보존의무는 강행규정이다.

VI. 원칙법과 예외법

1. 구분기준

원칙법과 예외법은 일반법과 특별법의 경우와 같이 그의 적용범위를 기준으로 구분되는데, 전술한 일반법과 특별법은 법령간의 구분인데 반해 원칙법과 예외법은 동일한 법령 또는 동일한 조문 내에서 구분되는 것이 일반적이다. 예컨대, 법령의 본문과 但書(단서)는 하나의 條文(조문)으로 되어 있으나, 전자는 원칙법, 후자는 예외법으로 구분된다.

예외법은 엄격하게 해석해야 한다는 원칙 때문에 확장해석이 인정되지 않으며, 立證責任(입증책임)에 있어서 원칙법의 경우는 原告(원고)의 부담이고 예외법의 경우는 被告(피고)의 부담으로 하는 것이 원칙이다. 이러한 점에서 원칙법과 예외법의 구분실익이 있다.

2. 원칙법

「原則法(원칙법, Grundsatzrecht)」이란 일정한 사항에 대하여 일반적으로 적용하는 法이다. 민법 제5조는 「미성년자가 법률행위를 함에는 법정대리인의 동의를 얻어야 한다」고 규정하고 있는데, 이는 판단능력이 정상인에 미치지 못하는 미성년자가 법률행위로 인해 손해를 입는 것을 방지하기 위해 일반적으로 적용할 원칙을 규정한 것이다.

3. 예외법

「例外法(예외법, Ausnahmerecht)」은 일정한 사항에 대한 예외를 인정함으로써 원칙법의 적용을 배제하는 法을 말한다. 민법 제5조 단서는 「그러나 권리만을 얻거나 의무만을 면하는 행위는 그러하지 아니하다」고 규정하여 미성년자라 하더라도 권리만 얻거나 의무만을 면하는 경우는 미성년자에게 유리한 경우이기 때문에 법정대리인의 동의가 필요 없어 이 경우는 민법 제5조 본문에서 정한 원칙을 적용하지 않는다는 예외를 인정하고 있다. 따라서 민법 제5조의 본문과 단서는 원칙법과 예외법의 관계에 있다고 할 수 있다.

Ⅶ. 고유법과 계수법

1. 구분기준

고유법과 계수법은 法의 생성근거를 기준으로 구분된다. 즉, 일정한 국가나 민족의 고유한 문화적 산물로 생성된 法인가 아니면 다른 국가나 민족으로부터 고유하게 생성된 法을 국내법으로 받아들였는가를 기준으로 구분한다. 이와 같은 고유법과 계수법은 그 생성근거에 따라 연구방법을 달리한다는 점에서 구분의 실익이 있다.

2. 고유법

「固有法(고유법, indigenous law, heimisches Recht)」은 일정한 국가나 민족의 고유한 역사적 흐름 속에서 관습, 도덕 등 사회적 여건을 기초로 하여 자연적으로 생성된 法이다. 독일민법은 독일에서 자연스럽게 형성되고 독일의 국내법으로 적용되고 있는데 이러한 경우 독일의 민법은 독일의 고유법에 해당한다. 그리고 우리나라의 주택임대차보호법, 상가건물임대차보호법, 傳貰權(전세권)에 관한 규정 등은 우리나라의 관습에 의해 자연스럽게 형성되고 적용되고 있기 때문에 우리의 고유법에 해당한다.

3. 계수법

「繼受法(계수법, adapted law, rezipiertes Recht)」은 다른 국가나 민족으로부터 생성된 法을 받아들여 국내법으로 적용하는 法을 말하며, 계수 전의 法을 「母法(모법)」이라 하고, 계수 후의 法을 「子法(자법)」이라 한다. 우리나라는 일반적으로 현대에 들어와서 독일, 프랑스 등의 法制(법제)를 계수 하였으며, 그 이전에는 唐律(당률)이나 明律(명률)과 같은 中國法(중국법)을 계수 하였고, 최근에는 英美法(영미법)을 계수 하는 경우도 많다.

Ⅷ. 조직법과 행위법

1. 구분기준

조직법과 행위법은 그 규율대상을 기준으로 구분된다. 즉, 규율대상을 사회의 제도나 조직을 주로 하는 경우는 조직법, 사회의 구성원인 사람의 행위 자체를 규율대상으로 하는 경우는 행위법으로 구분한다. 조직법은 강행법적 성질을 가지고, 행위법은 임의법적 성질을 가지는 경우가 많으나 반드시 그러한 것은 아니며, 양자는 매우 밀접한 관계를 가진다.

2. 조직법

「組織法(조직법, Organizationsrecht)」은 사람의 행위의 기초 또는 수단이 될 사회의 제도나 조직에 관한 질서를 규율하는 法이다. 憲法(헌법), 國會法(국회법), 政府組織法(정부조직법), 法院組織法(법원조직법) 등은 국가의 기관 및 그 작용에 관한 내용을 규정하고 있으므로 조직법에 해당한다.

3. 행위법

「行爲法(행위법, Verhaltungsrecht)」은 사람의 행위 그 자체의 準則(준칙)을 정하는 法이다. 민법, 상법, 형법 등은 그 내용의 대부분이 행위법에 해당하는데, 그 중에는 조직법적인 규정도 있다. 상법은 상거래의 기초 또는 수단에 관한 규정을 두고 있고, 민법은 物權變動(물권변동)에 관한 규정을 두고 있는데, 이들은 조직법적 규정에 속한다.

제6장 法의 효력

제1절 개념

「法의 效力(효력)」이란 일정한 法이 그 내용대로 실현될 수 있는 힘, 즉 「法的 拘束力(법적 구속력)」 또는 「規範力(규범력)」을 말한다. 이와 같은 法의 효력은 실질적 효력과 형식적 효력으로 나누어 볼 수 있는데, 전자는 法의 妥當性(타당성) 및 實效性(실효성)의 문제이며, 후자는 法의 효력범위 또는 적용범위에 관한 문제이다. 이하에서는 法의 효력을 실질적 효력과 형식적 효력으로 구분하여 구체적으로 살펴본다.

제2절 실질적 효력

Ⅰ. 의의

法이 그 구체적인 내용을 실현할 수 있는 규범력을 가진다는 것은 受法者(수법자)로 하여금 그 法을 지키도록 강제하는 구속력을 가진다는 의미이다. 法이 이러한 규범력을 가지기 위해서는 규범적 타당성과 사실적 실효성이 조화롭게 결합되어 있을 것이 요구된다. 사실적 실효성을 가진 法이라 하더라도 규범적 타당성이 결여된 경우에는 惡法(악법)의 문제가 발생하여 그 法의 시행에 있어 많은 저항이 발생할 수 있고, 또한 규범적 타당성을 가진 法이라 하더라도 사실적 실효성이 결여되면 그 法은 사회규범으로서의 실정법적 역할을 기대하기 어렵게 된다. 따라서 일정한 法이 실질적 효력을 가지기 위해서는 사회적으로 실효성을 가지는 동시에 규범으로서의 타당성을 가져야 한다.

Ⅱ. 법적 타당성

1. 의의

法은 일반적으로 수법자가 저항 없이 그 法을 지켜 그 내용이 실현될 것을 요구한다. 그러나 경우에 따라서는 그 法이 무시 · 위반되는 경우가 있는데, 이러한 경우에도 法은 그 내용대로 실현되어야 한다는 강행성이 요구되는데, 이러한 요구를 「法的 妥當性(법적 타당성)」이라고 한다.

2. 근거

법적 타당성의 근거를 어디에 둘 것인가 하는 것은 역사와 사회적 현상에 따라 다음과 같이 여러 가지로 표현되고 있다.

1) 자연법설

법적 타당성의 근거를 자연법으로 보는 견해가 「自然法說(자연법설)」이다. 이는 實定法(실정법)의 根源(근원)을 자연법으로 보고 실정법이 시간과 공간을 초월하는 영구불변의 법칙인 자연법과 일치하기 때문에 효력을 가진다는 주장이다. 이와 같은 自然法則(자연법칙)은 관념적 · 추상적이며, 시대에 따라 고대에는 영구불변의 자연의 섭리, 중세에는 神意(신의), 근대에는 합리적인 인간의 본성 또는 이성으로 각각 인식되어 왔다.

따라서 자연법이 실정법의 가치평가의 기준이 된다는 점에서는 중요한 역할을 한다고 볼 수 있으나, 자연법을 실정법의 법적 타당성의 단적인 근거로 인정한다는 것은 무리가 있다.

2) 신의설

「神意說(신의설)」은 절대적 존재인 신의 뜻이 직접 또는 간접적으로 계시된 것이 法이기 때문에 그것은 普遍妥當(보편타당)한 것이므로 인간은 절대적으로 복종하여야 한다는 견해이다. 이는 종교적 신앙에 영향을 받은 것으로 法의 근원을 神意(신의)에서 구하고 있기 때문에 결국 종교적 신앙을 떠나서는 法의 존재를 설명할 수 없게 된다. 따라서 과학문명이 고도로 발달한 현대사회에서 신의설에 의해 법적 타당성을 설명하는 것은 매우 곤란하다고 본다.

3) 역사법설

법적 타당성의 근거를 국민 또는 민족의 法的 確信(법적 확신)에서 구하고자 하는 견해가 「歷史法說(역사법설)」이다. 이는 국민 또는 민족의 특수성이 法의 생성에 중요한 역할을 담당하는 것으로 보고, 法은 마치 언어처럼 한 국가나 민족의 생활 속에서 경험에 의해 자연스럽게 생성되는 역사적 산물이라는 것이다.

역사법설에 의하면 法은 제정되는 것이 아니라 발견되는 것이다. 이렇게 되면 결국 慣習法(관습법)만이 유일한 法源(법원)이 된다. 그러나 관습법 이외에도 合目的性(합목적성)과 合理性(합리성)의 요청에 따라 제정되는 수많은 制定法(제정법)이 존재하는 것이 현실이다. 따라서 성문법주의하에서는 특히 역사법설로서 법적 타당성을 설명하는 것은 설득력이 매우 약하다고 하겠다.

4) 실력설

「實力說(실력설)」은 법적 타당성의 근거를 지배자의 실력에서 구하려는 학설로서, 法은 강자가 약자를 억압하고 지배하는 수단이라고 보았다. 이는 그리스의 소피스트에 의해 "實力(실력)은 權力(권력)이다", "실력은 法에 우선한다", "힘이 正義(정의)다"라는 형태로 주장되었다.

이와 같은 실력설에 의하면 法을 파괴하는 폭력이 오히려 法으로 인식되는 모순을 가져올 수 있으며, 경우에 따라서는 法의 실효성의 근거를 설명하기에는 유력하겠지만, 법적 타당성의 근거를 설명하기에는 문제가 있다.

5) 명령설

「命令說(명령설)」은 法의 본질을 주권자의 命令(명령)으로 보고, 법적 타당성의 근거를 명령의 발동에서 구하려는 학설이다. 이는 의식적으로 발달된 법제만을 그 대상으로 하고 주권자의 명령만을 法으로 본다. 따라서 이에 의하면 관습법과 같이 국가의 적극적인 의사에 의하지 않고 성립하는 不文法(불문법)을 설명할 수 없으며, 또한 헌법과 국제법도 法이 될 수 없다는 비판이 가해진다.

6) 승인설

「승인설」이란 法은 국민에 의해 사회규범으로서 승인한 것이기 때문에 지켜야 한다는 학설로서, 법적 타당성의 근거를 수법자의 승인에서 구하려는 견해다. 法은 사회의 구성원인 인간에 의해 창조되고, 이러한 法의 제정에 관여한 사람은 그에 대하여 승인한 것으로 볼 수 있다. 그러나 모든 일반인들이 그 사회의 모든 法을 시시·승인한 것이라고는 할 수 없다. 물론 강제적 승인이나 비자발적 승인 또는 비의욕적 승인도 승인에 해당하는 것으로 보려는 견해도 있지만 반드시 그러한 것은 아니다. 따라서 이 학설도 법적 타당성을 설명하는데 어느 정도는 유력하지만 전적으로 강제적 승인까지 승인으로 보아 법적 타당성의 근거를 설명하기에는 무리가 있다고 본다.

7) 사회의식설

법적 타당성의 근거를 그 사회구성원의 공통된 사회의식에서 구하고자 하는 학설이 「社會意識說(사회의식설)」로서, 그 사회의 의식을 法으로 인식하려는 견해이다. 이에 의하면 일정한 방식에 의해 표현된 의사는 사회의사이며, 따라서 사회의식의 내용인 法은 사회구성원을 구속하므로 그 法을 지키게 된다는 결론이 나온다. 그러나 어떠한 의사가 공통된 의사인지 그 기준이 모호하고, 또한 개인간의 복잡 · 다양한 이해관계로 얽힌 현대사회에서 공통된 의사를 기대할 수 있는지에 대해서는 의문의 여지가 많다.

8) 여론설

「輿論說(여론설)」은 법적 타당성의 근거를 수법자의 의사, 즉 수법자의 여론에서 구하려는 학설이다. 그러나 여론이라고 해서 그것이 그 사회의 대다수의 지지를 얻는 것은 아니다. 따라서 다수의 신념이 소수의 여론에 눌려서 法을 제정할 수 없는 경우도 발생할 수 있다. 특히 대중매체가 발달한 현대사회에서는 소수의 뜻이 대중매체의 기술적인 힘을 빌려 여론으로 조성될 가능성이 다분하다. 이렇게 조성된 여론에 의해 法이 제정되는 경우 그것이 과연 법적 타당성을 가진다고 볼 수 있는지의 여부가 의심스럽다.

9) 법단계설

「法段階說(법단계설)」은 켈젠(H. Kelsen)에 의해 주장된 학설로서, 법적 타당성의 근거를 근본규범에서 구하고자 하였다. 이에 의하면 국가의 法은 상위의 法으로부터 하위의 法으로 단계적으로 구성되어 있는데, 그 최상위의 규범을 근본규범으로 하여 그 이하에 憲法(헌법), 法律(법률), 命令(명령), 處分(처분) 등의 순으로 위계적 질서를 이루고 있다고 한다. 따라서 법적 타당성의 근거는 최상위의 규범인 근본규범에 있다는 것이다. 이러한 이유에서 이 학설을 「根本規範說(근본규범설)」이라고도 한다. 그러나 사실상 成文法主義(성문법주의) 국가에서 최상위의 규범으로 인정되고 있는 헌법의 상위규범인 근본규범에 대하여 명확한 설명이 없어 결국 이 학설도 형식적 이론에 불과하다는 비판을 받게 된다.

Ⅲ. 법적 실효성

「法的 實效性(법적 실효성)」이란 사회규범으로서의 법규범이 국가의 조직적인 강제력에 의해 그 내용이 실현되는 상태를 말한다. 따라서 형식적으로 존재는 하지만 사회에서 실제로 그 내용이 실현될 수 없는 法은 실효성을 가진다고 할 수 없다. 이와 같은 법적 실효성은 경찰 또는 法院(법원)을 통한 公權力(공권력)의 행사에 의해 보장되며, 경우에 따라서는 한정적으로 사적 실력에 의해 보장되기도 한다.

제3절 형식적 효력

Ⅰ. 의의

「法의 形式的 效力(형식적 효력)」이란 法의 적용범위를 말하며, 이는 사회적 · 역사적 요인에 의해 제한되어 왔다. 즉, 法은 시적 · 인적 · 장소적 요인에 의해 그 효력이 미치는 범위가 일정하게 제한된다. 法의 시적 효력은 法이 언제부터 언제까지 효력을 가지느냐의 문제이고, 法의 인적 효력은 法을 누구에게 적용할 것이냐의 문제이다. 그리고 法의 장소적 효력이란 法이 어떤 지역에 대하여 적용되느냐의 문제이다.

Ⅱ. 시적 효력

1. 개념

「法의 時的 效力(시적 효력)」은 法이 시간적 요인에 의해 그 적용범위에 있어서 일정한 제한을 받는 것을 말하며, 이는 法이 언제부터 언제까지 그 효력을 가지느냐의 문제로 나타난다. 일반적으로 制定法(제정법)은 施行日(시행일)로부터 효력을 발생하여 廢止日(폐지일)에 그 효력을 상실하게 된다. 따라서 法은 시행일에서 폐지일까지만 그 효력을 가지게 되는데, 이 기간을 「시행기간」 또는 「有效期間(유효기간)」이라 한다. 法의 효력은 또한 法律不遡及原則(법률불소급의 원칙) 및 經過法(경과법)의 제정에 의해서도 그 적용범위가 제한된다.

2. 法의 시행과 폐지

1) 法의 시행

法이 그 내용을 실현할 수 있는 힘, 즉 법적 효력을 가지는 상태를 「法의 施行(시행)」이라 한다. 成文法(성문법)은 制定(제정), 公布(공포) 후 일정기간 동안 일반국민들에게 그 제정법의 존재를 알린 후 시행되는 것이 일반적이다. 이와 같은 일정한 기간을 「施行猶豫期間(시행유예기간)」 또는 「周知期間(주지기간)」이라고 하며, 시행에 관한 구체적인 내용은 그 法의 附則(부칙)이나 施行法令(시행법령)에 명시한다. 法의 시행형태는 세 가지가 있는데, ① 공포와 동시에 시행하는 형태로서, 이 경우는 그 法의 부칙이나 시행법령에 「공포와 동시에 시행한다」고 명시한다. ② 공포일로부터 시행일까지 일정한 기간을 두는 형태인데, 이 경우는 일반적으로 그 法의 부칙이나 시행법령에 「이 法은 공포 후 ○月이 경과한 날부터 시행한다」고 명시하거나 「이 法은 19○○년 ○월 ○일부터 시행한다」고 명시한다. ③ 시행에 대하여 아무런 정함이 없는 경우로서, 이 경우는 헌법 제53조 제7항에 의해 공포한 날로부터 20일이 경과되면 효력이 발생한다.

2) 法의 폐지

法은 일반적으로 폐지에 의해 그 효력을 상실한다. 폐지의 방법에는 폐지의 내용을 명확히 표시하는 「明示的 廢止(명시적 폐지)」와 명확히 폐지의 내용이 명시되지는 않았으나 일정한 사유에 의해 法이 그 효력을 상실하는 「默示的 廢止(묵시적 폐지)」가 있다.

(1) 명시적 폐지

法이 명시적으로 폐지되는 경우는 限時法(한시법)[9]의 제정과 폐지된 법령을 구체적으로 나열하는 두 가지가 있다. 한시법은 제정당시에 시행기간이 정해지므로 그 시행기간의 만료로 효력을 상실하게 된다. 한시법은 期限附立法(기한부입법)으로서 내적 폐지원인에 의해 효력을 상실한다.

또한 法은 외적 폐지원인에 의해 명시적으로 폐지되는 경우가 있는데, 새로운 법령으로 일정한 법령의 폐지를 정하는 형태로 나타난다. 예컨대, 형법부칙 제10조는 폐지된 형법조항을 구체적으로 명시하고 있다.[10]

---

9) 2005. 5. 26. 제정된 부동산소유권이전등기에관한특별조치법은 부칙 제1조에 시행시기를 2006. 1. 1.로 규정하고, 부칙 제2조에서는 폐지시기를 2007. 12. 31.로 규정하고 있어 동법의 폐지에 관한 내용을 명시하고 있다.

10) 형법 부칙 제10조에서 규정하고 있는 폐지법규는 다음과 같다.

1. 구형법
2. 구형법시행법
3. 폭발물취체벌칙
4. 외국에서유통하는화폐, 은행권의위조, 변조와모조에관한법률
5. 우편법 제48조, 제55조 제1항중 제48조의 미수범, 동조 제2항, 제55조의 2와 3
6. 인지범죄처벌법
7. 통화와증권모조취체법
8. 결투죄에관한건
9. 폭력행위등처벌에관한법률
10. 도범등의방지와처벌에관한법률
11. 미군정법령 제70호(부녀자의매매또는그매매계약의금지)
12. 미군정법령 제120호(벌금의증액과특별심판원의관할권등)
13. 미군정법령 제172호(우량한수형자석방령)
14. 미군정법령 제208호(항명죄와해적죄기타범죄)

(2) 묵시적 폐지

舊法令(구법령)에서 규정한 사항과 동일한 사항에 관하여 저촉되는 내용을 갖는 新法令(신법령)이 제정, 공포된 경우에는 특별한 규정이 없더라도 그 구법령은 新法優先原則(신법우선의 원칙)[11]에 의해 효력을 상실하게 되는데, 이를 「默示的 廢止(묵시적 폐지)」라 한다. 이는 신법과 구법이 동일한 순위에 있는 경우에만 적용되고, 新法과 구법이 一般法(일반법)과 特別法(특별법)의 관계에 있을 경우는 「일반법은 특별법을 개폐하지 못한다」는 원칙 때문에 적용되지 않는다.

또한 法의 목적이 소멸되면 그 法의 폐지에 대한 특별한 규정이 없더라도 효력을 상실한다. 法이 그 목적을 완전히 달성하였거나, 자연적으로 그 목적이 소멸되면 그 法의 규율 대상이 완전히 소멸되기 때문에 따라서 그 法의 효력도 소멸한다.

3. 법률불소급의 원칙

1) 의의

法은 그 시행 후의 사항에만 적용되며, 특별한 규정이 없는 한 그 시행 전의 사항에는 적용되지 못한다는 원칙이 「法律不遡及原則(법률불소급의 원칙)」이다. 이 원칙은 舊法(구법)에 의해 발생한 法律關係(법률관계), 특히 旣得權(기득권)을 보호하고, 법적 생활의 안정을 기하기 위한 것이다.

---

11) 「신법우선의 원칙」은 동일한 사항에 대하여 적용될 수 있는 복수의 법이 존재하는 경우 최근에 제정된 신법이 과거에 제정된 구법에 우선하여 적용된다는 원칙으로서 이는 동등한 지위에 있는 법이 충돌하는 경우에만 적용되고, 신법이 일반법이고 구법이 특별법인 경우는 신법우선의 원칙이 적용되지 않는다. 즉, 일반법은 특별법을 개폐하지 못한다.

2) 예외(소급효의 인정)

사회적 또는 국가적으로 특별히 필요한 경우에는 예외적으로 소급하여 법적 효력을 인정하고 있는데, 이는 법률불소급의 원칙에 대한 예외라고 할 수 있다. 예컨대, 민법부칙 제2조의「본법은 특별한 규정이 있는 경우 외에는 본법 시행일 전의 사항에 대하여도 이를 적용한다」는 규정과 상법시행법 제2조 제1항의「상법은 특별한 규정이 없으면 상법시행 전에 생긴 사항에도 적용한다」는 규정 및 형법 제1조 제2항은「범죄 후 법률의 변경에 의하여 그 행위가 犯罪(범죄)를 구성하지 아니하거나 형이 구법보다 經(경)한 때에는 新法(신법)에 의한다」는 규정 등은 遡及效(소급효)를 인정하고 있다. 따라서 이 규정들은 법률불소급의 원칙에 대한 예외규정이라고 할 수 있다.

4. 경과규정

구법하에서 발생한 사항이 신법하에서 종료된 경우 신법과 구법 중 어느 것을 적용하여야 하느냐 하는 문제가 발생하게 되는 데, 이러한 문제는 그 법령의 부칙 또는 시행법령에 특별규정을 두어 해결하는 것이 보통이다. 이를「經過規定(경과규정)」또는「時際法(시제법)」이라고 한다. 예컨대, 민법부칙 제15조는「본법 시행일 전의 賃貸借契約(임대차계약)에 약정기간이 있는 경우에도 그 기간이 본법 시행 당시에 만료하지 아니한 때에는 그 존속기간에는 본법의 규정을 적용한다」고 규정하여 신법과 구법 중 적용할 法을 명확하게 정하고 있다.

Ⅲ. 인적 효력

1. 속인주의와 속지주의

1) 의의

法을 어떤 사람에게 적용할 것인가에 대한 문제가 法의 인적 효력의 문제이다. 法의 인적 효력에 대한 원칙으로는 속인주의와 속지주의 원칙의 두 가지가 있는데, 「屬人主義(속인주의)」는 국적을 표준으로 하여 거주지와 상관없이 자국의 국적을 가진 사람에 대하여 法의 효력이 미친다고 하는 원칙이고, 「屬地主義(속지주의)」는 영토를 표준으로 일정한 영토내에 있는 모든 사람과 물건에 대하여 국적에 상관없이 法의 효력이 미친다는 원칙을 말한다.

2) 양자의 관계

속인주의와 속지주의는 별개의 원칙으로서 적용상 충돌의 문제로 나타난다. 외국에 거주하는 自國民(자국민)에 대하여 法을 적용해야 하는 경우에는 자국법을 적용하려는 속인주의와 자국민이 체류하고 있는 국가의 法을 적용하려는 속지주의가 적용에 있어서 저촉된다. 이러한 문제에 대하여 오늘날 국제사회에서 서로의 영역을 존중한다는 차원에서 속지주의를 원칙으로 하고, 보충적으로 속인주의를 적용하는 것이 일반적이다. 이를 「屬地主義優先(속지주의우선)의 원칙」이라고 한다. 형법 제2조는 「본법은 대한민국영역 내에서 죄를 범한 내국인과 외국인에게 적용한다」고 규정하여 속지주의를 채용하고, 형법 제3조에서는 「본법은 대한민국영역 외에서 죄를 범한 내국인에게 적용한다」고 규정하여 속인주의를 채용하고 있다.

2. 인적 효력의 제한

1) 치외법권에 의한 경우

외국인이 체류지법의 적용으로부터 면제되고, 본국법에 따르는 국제법상의 특권을 「治外法權(치외법권)」이라고 한다. 이와 같은 치외법권에 의해 屬地主義原則(속지주의원칙)이 제한된다. 국제관례상 이와 같은 치외법권이 인정되는 자는 외국원수, 外交使節(외교사절) 및 그 가족 · 수행원, 타국의 영해상에 있는 군함의 승무원 등은 체류국의 課稅權(과세권), 警察權(경찰권), 裁判權(재판권) 등으로부터 면제된다. 또한 외국에 주둔하는 군대에 관해서는 양국간의 협정에 의하여 치외법권의 인정 여부가 결정된다. 예컨대, 우리나라의 승인을 받고 한국 영역 내에 주둔하는 외국 군대나 군함은 치외법권을 누리는데, 주한미군의 경우는 韓美行政協定(한미행정협정) 및 그 시행에 따른 法令 등에 의하여 우리나라의 民事裁判權(민사재판권)만 면제받을 수 있으며, 刑事裁判權(형사재판권)은 면제되지 않는다.[12)]

---

12) 이 협정(The ROK-US Agreement on Status of Force in Korea)은 다음과 같은 주요 내용을 담고 있다.

① 공익사업과 용역(제6조), ② 출입국(제8조), ② 통관과 관세(제9조), ③ 선박과 항공기의 기착(제10조), ④ 기상업무(제11조), ⑤ 과세(제14조), ⑥ 노무(제17조), ⑦ 외환관리(제18조), ⑧ 군사우체국(제20조), ⑨ 회계절차(제21조), ⑩ 형사재판권(제22조), ⑪ 차량과 운전면허(제24조), ⑫ 보건과 위생(제26조) 등.

이 중 형사재판권은 중요한 문제이며 협정 제22조에 의하면, '주한 미국군대의 구성원 · 군속 및 그들의 가족이 한국 내에서 죄를 범한 경우에 그것이 미국법령에 의해서는 처벌할 수 있으나 한국법령에 의해서는 처벌할 수 없는 범죄(미국의 안전에 관한 범죄 포함)일 때에는, 미국이 전속적 재판권을 행사할 권리를 가진다. 또한 한국법령에 의해서는 처벌할 수 있으나 미국법령에 의해서는 처벌할 수 없는 범죄일 때에는, 한국이 전속적 재판권을 행사할 권리를 가진다. 한편 재판권을 행사할 권리가 경합하는 경우에는, 미국의 재산이나 안전에 대

2) 특수한 신분에 의한 경우

속지주의와 속인주의에 의하면 우리나라의 영토 내에 있는 모든 사람과 외국에 거주하는 우리 국민은 우리 法의 적용을 받는 것이 원칙이다. 그러나 특수한 신분을 가진 대통령과 국회의원은 일정한 경우 헌법에 의해 형사상의 免責特權(면책특권)이 인정되는데, 이는 속지주의와 속인주의의 원칙이 특수한 신분에 의해 제한되는 경우이다.

대통령은 헌법 제84조에 의해 內亂(내란) 또는 外患(외환)의 죄를 범한 경우를 제외하고는 재직 중 형사상의 訴追(소추)를 받지 아니한다. 그리고 국회의원은 헌법 제44조 제1항에 의해 現行犯(현행범)인 경우를 제외하고는 회기 중 국회의 동의 없이 逮捕(체포) 또는 拘禁(구금)되지 아니하는 特權(특권)을 가진다. 그러나 이는 형사상의 특권이며, 민사상의 책임까지 면제되는 것은 아니다.

3) 특별법에 의한 경우

法은 아무런 제한 없이 속지주의와 속인주의에 의해 모든 국민에게 평등하게 적용되어야 하는 것이 원칙이다. 그러나 國家公務員法(국가공무원법)은 국가공무원에게만, 軍刑法(군형법)은 군인에게만, 船員法(선원법)은 선원에게만 적용되도록 규정하고 있다. 이와 같이 特別法(특별법)에 의해 그 효력의 범위가 제한되는 경우가 있다.

한 범죄와 미국군대 · 군속 및 그 가족의 신체나 재산에 대한 범죄, 공무집행 중의 작위 또는 부작위에 의한 범죄에 대해서는 미국이 제1차적 재판권을 가지며, 기타의 범죄에 대해서는 한국이 제1차적 재판권을 가진다. 그러나 합의의정서에서는 한국측은 미국군 당국의 요청이 있을 때 재판권행사가 중요하다고 결정하는 경우를 제외하고는, 이 1차적 권리를 포기한다고 규정하고 있다.

Ⅳ. 장소적 효력

1. 원칙

「法의 場所的 效力(장소적 효력)」은 法이 시행되는 지역적 범위에 관한 문제로서, 한 국가의 法은 그 국가의 모든 영역, 즉 영토, 영해, 영공 등에 일률적으로 미치는 것이 원칙이다. 따라서 이러한 영역 내에서는 국적에 상관없이 그 국내법의 적용을 받게 된다.

2. 예외

1) 특별법에 의한 제한

한 국가의 法은 그 국가의 모든 영역에 적용되는 것이 원칙이지만, 장소에 관한 특별법으로서 일정한 지역에서만 적용되는 경우가 있다. 즉, 국토의계획및이용에관한법률 및 지방자치단체의 自治法規(자치법규)는 일정지역에 대해서만 그 효력이 미친다. 따라서 이러한 경우는 특별법에 의해 法의 장소적 효력이 제한되는 경우이다.

2) 영토의 연장

자국의 군함, 선박, 항공기가 공해 또는 타국의 영토 내에 있을 때는 그를 소유국의 영토의 연장으로 간주하므로 그 군함, 선박, 항공기 내에서 발생한 문제에 대해서는 외국인에 대하여도 그 군함, 선박, 항공기 등의 소유국의 法이 적용된다. 따라서 우리 형법도 제4조에서 이를 명문으로 규정하고 있다.

제7장 法의 해석과 적용

제1절 法의 해석

Ⅰ. 의의

실정법은 복잡 · 다양한 사회생활관계를 일정한 형식에 의해 일반적 · 추상적으로 표현한 것이기 때문에 그 내용은 매우 함축적이다. 따라서 구체적인 사실에 대하여 法을 적용 또는 집행하기 위해서는 일반적 · 추상적인 법규범의 내용과 의미를 명확히 밝혀야 하는데, 이를 「法의 解釋(해석)」이라고 한다.

法의 해석은 단순히 법규범의 문법적 해석에 그치는 것이 아니라 구체적인 현실에 대하여 합리적으로 적용할 수 있도록 해석되어야 한다. 따라서 일반적 · 추상적인 法을 구체적인 사회현상에 체계적으로 적용시킴으로써 法은 그 기능을 다할 수 있게 된다. 또한 시대적 상황에 따라 변천하는 法思想(법사상)에 의해 法의 해석은 많은 영향을 받게 된다.

Ⅱ. 방법

1. 유권해석

「有權解釋(유권해석, authentic interpretation)」은 일정한 權限(권한)을 가진 국가기관에 의해 공적으로 法의 의미를 명백히 밝히는 작용을 말한다. 이는 국가기관에 의해 공적으로 해석되기 때문에 일정한 구속력을 가지며, 해석의 주체인 국가기관에 따라 입법해석, 행정해석, 사법해석 등으로 구분된다. 따라서 이와 같은 해석방법을 「公權解釋(공권해석)」이라고도 한다.

1) 입법해석

「立法解釋(입법해석, legislative interpretation)」은 일정한 법규의 내용을 명백히 밝히기 위해 입법기관이 새로운 法을 제정하는 것으로서, 立法府(입법부)의 입법작용으로 나타난다. 입법해석은 동일한 법규의 내용 중에 해석규정으로 표현하는 것이 일반적이지만, 그 附屬法令(부속법령)에 새로운 규정을 두는 경우도 있다. 즉, 민법 제768조에서 「자기의 直系尊屬(직계존속)과 直系卑屬(직계비속)을 直系血族(직계혈족)이라 하고, 자기의 형제자매와 형제자매의 직계비속, 직계존속의 형제자매 및 그 형제자매의 직계비속을 傍系血族(방계혈족)이라 한다」고 규정한 것은 전자의 경우라고 할 수 있고, 수표법부칙 제66조에서 「본법에서 휴일이라 함은 국경일, 공휴일, 일요일 기타의 일반휴일을 이른다」고 규정한 것은 후자의 경우라고 할 수 있다.

2) 행정해석

「行政解釋(행정해석, administrative interpretation)」은 法의 집행기관인 행정부가 法의 집행을 위해 법규의 의미를 명확히 밝히는 것으로서, 행정작용의 형태로 나타난다. 이와 같은 행정해석은 일정한 행정기관이 직접 法을 해석 · 집행하는 경우도 있고, 상급관청의 回答(회답), 訓令(훈령), 指示(지시), 指令(지령) 등과 같은 형태로 해석되는 경우도 있다.[13] 행정해석이 사법해석, 즉 法院(법원)의 行政訴訟(행정

13) 국가기록원이 법제처에 대하여 노무현 전 대통령측의 e지원 복사본 제작과 관련한 문의

소송)에 의해 취소되는 경우가 있다. 따라서 행정해석은 司法解釋(사법해석)에 비하여 하위에 있다고 할 수 있다. 예컨대, 일정한 行政處分(행정처분)이 행정소송의 대상이 되어 법원의 재판에 의해 취소되는 경우 그 행정처분은 구속력을 가지지 못하게 된다.

3) 사법해석

「司法解釋(사법해석, judicial interpretation)」은 사법기관인 법원이 일정한 사실에 대하여 法을 적용하는 사법작용으로 나타난다. 즉, 법원이 재판을 통해 일정한 사실과 법규의 내용이 일치함을 확인하는 해서방법이다. 상급법원의 판결인 法의 해석은 하급법원을 구속하는 효력이 있다. 이는 판례법의 성격을 띠게 되는데, 성문법주의를 채택하고 있는 우리나라에서 원칙적으로는 판례법을 인정하지 않지만 실제에 있어서는 결과적으로 판례법을 인정하는 효과가 발생하고 있다.

2. 학리해석

「學理解釋(학리해석, doctrinal interpretation)」은 이론적 방법으로 법규의 내용을 밝히는 것으로서 주로 학문적 목적으로 이용된다. 이는 사적 주체에 의한 해석이므로 직접적인 구속력은 가지지 않지만, 학리해석은 간접적으로 입법 · 사법 · 행정해석에 많은 영향을 미치게 된다. 학리해석은 직접적인 구속력이 없다는 점에서 「無權解釋(무권해석)」이라고도 하는데, 이는 문리해석과 논리해석으로 구분된다.

에 대하여 “대통령기록물관리법상 열람의 범위에 사본제작은 포함되지 않는다”고 회신한 것(http://www.donga.com/5bin/output?n=200809220188top20=1)이 좋은 예라고 할 수 있다.

1) 문리해석

「文理解釋(문리해석, grammatical interpretation)」은 법규의 의미를 문법적 방법으로 밝히는 1차적 해석방법이다. 따라서 이는 모든 해석의 기초가 된다. 그러나 일반적 · 추상적인 법규의 내용과 의미를 문리해석만으로 명확히 밝히는 것은 무리이므로 불완전한 해석방법이다.

2) 논리해석

「論理解釋(논리해석, logical interprettion)」은 법규의 내용과 의미를 문법적인 해석뿐 만 아니라 立法趣旨(입법취지), 타 법규와의 관계, 객관적 타당성, 효과 등을 고려하여 합리적으로 법규의 내용과 의미를 밝히는 방법이다. 일반적으로 사용하는 法의 해석은 논리해석을 지칭하는 경우가 대부분이다. 이와 같은 논리해석은 구체적인 해석방법에 따라 다음과 같이 여러 가지로 구분된다.

(1) 확장해석

「擴張解釋(확장해석, ausdehnende Auslegung)」은 법규의 내용을 이루고 있는 문구의 본래의 의미보다 넓게 해석함으로써 그 법규의 합리적 타당성을 확보하려는 해석방법이다. 법규의 문구는 함축적이고 전문적인 용어로 규정되는 것이 일반적이기 때문에 그 문구의 본래의 의미로만 해석할 경우 그 법규의 입법취지에 어긋나거나 불합리하게 해석될 우려가 있는 경우는 그 문구의 본래의 의미보다 넓게 해석하여 합리적으로 그 법규의 내용과 의미를 밝히는 것이 타당하다.

(2) 축소해석

「縮小解釋(축소해석, restricktive interpretation)」은 확장해석의 반대

로서 법문의 본래의 의미보다 좁게 축소시켜 해석하는 방법이다. 이는 일정한 法의 입법취지에 따라 그 적용범위를 축소시켜 법규의 의미를 밝힘으로써 합리적인 法의 적용을 가능케 하는 해석방법이다. 왜냐하면 법문의 의미대로 해석하는 경우 그 法의 입법취지와 달리 부당하게 그 法이 적용될 수 있기 때문이다.

(3) 반대해석

「反對解釋(반대해석, argumentum a contrario)」은 법문에 표시되지 아니한 내용에 대해서는 그 法의 입법취지에 비추어 법문에 명시된 法律效果(법률효과)의 반대되는 효과로 해석하는 방법이다. 예컨대, 민법 제4조에서 「만 20세로 성년이 된다」고 규정하고 있기 때문에 만 20세가 되지 아니하면 성년의 법적 효과가 발생하지 않는다는 반대해석이 가능하다.

(4) 물론해석

「勿論解釋(물론해석)」은 법문의 내용에 명시되지 아니한 사항이라도 사물의 본성이나 입법취지로 보아 당연히 그 규정에 포함되는 것으로 해석하는 방법이다. 이 해석방법은 반대해석과 마찬가지로 포괄적인 사회현상을 함축적인 문장으로 표현해야 하는 입법기술에 의해 표현된 법규를 합리적으로 해석하기 위한 방법이라고 할 수 있다.

(5) 연혁해석

「沿革解釋(연혁해석)」이란 法의 성립배경을 고찰함으로써 그 法의 의미를 명확히 하려는 해석방법을 말한다. 이는 일반적으로 법안의 이유서, 제안자의 의견, 의사록, 입법정책상의 이유 등의 자료를 참작하여 그 法의 정확한 의미를 찾는 형태로 나타난다.

(6) 보정해석

「補正解釋(보정해석)」은 법규의 문자나 문장을 문리해석에 의해 그 의미를 밝히게 되면 그 法의 입법목적과 명백하게 배치되는 경우, 그 法의 진정한 의미를 입법목적과 논리에 맞게 밝히기 위해 法意(법의)에 맞게 내용을 보충하여 바르게 해석하려는 방법이다. 이는「變更解釋(변경해석)」 또는「補充解釋(보충해석)」이라고도 하며, 자칫 法的安定性(법적 안정성)을 해칠 수 있는 우려가 있으므로 그 해석에 있어서 엄격성이 요구된다. 예컨대, 민법 제7조는「法定代理人(법정대리인)은 未成年者(미성년자)가 아직 法律行爲(법률행위)를 하기 전에는 전2조의 동의와 허락을 취소할 수 있다」고 규정하고 있는데, 여기서「取消(취소)」는 법의상「撤回(철회)」로 해석하는 것이 타당할 것이다.

(7) 유추해석

「類推解釋(유추해석, analogy, Analogie)」은 일정한 사항에 대하여 적용할 법규가 흠결인 경우 그 사항과 유사한 사항에 대하여 규정한 법규를 적용하여 동일한 법적 효과를 인정하려는 해석방법이다. 예컨대, 컴퓨터범죄에 대하여 적용할 직접적인 법규가 없는 경우 형법 제225조 이하에서 규정하고 있는「문서에 관한 죄」를 유추 적용하는 경우가 이에 해당한다고 할 수 있다.

유추해석은 확장해석 및 법규의 준용과 구별하여야 한다. 유추해석은 법규의 欠缺(흠결)을 보충하는 해석방법인데 반해, 확장해석은 법문을 토대로 그 범위를 확장시켜 그 법규의 진정한 의미를 밝히려는 것이고,「법규의 準用(준용)」은 동일한 내용이 반복되어 법규의 내용으로 규정되어야 하는 경우 편의상 뒤의 법규에서는 앞에서 규정되어 반복되는 내용을 생략하는 방법이다.

제2절 法의 적용

Ⅰ. 개념

1. 의의

「法의 適用(적용)」이란 사회생활에서 발생하는 구체적인 사실이 일정한 법규의 내용과 일치하는지 여부를 판단하는 과정으로서, 이는 법원에 의한 재판의 형태로 나타난다. 法은 그 성질상 일반적, 추상적으로 규정되기 때문에 그 法의 정확한 해석을 통해 확정된 구체적 사실에 대하여 법적 가치판단을 실행하는 것은 매우 중요하다.

2. 법적용의 단계

법원의 재판, 즉 法의 적용은 단계적으로 이루어지는 것이 일반적인데, 이는 구체적 사건의 내용을 확정하는 사실문제의 단계와 그 사건에 관한 법규의 의미나 내용을 확정하는 법률문제의 단계를 거쳐 법적 판단을 내리는 法의 적용이 실현된다.

Ⅱ. 사실의 확정

1. 원칙

法을 적용하기 위해서는 일정한 사실이 존재하여야 한다. 따라서 일정한 사실의 존재여부나 존재형태를 정확하게 판단하는 것은 매우 중요한 일이다. 형사소송법은 제307조에서 證據裁判主義(증거재판주의)를 규정하고 있는데, 이는 「사실의 確定(확정)」에 대한 원칙을 정한 것이다. 즉, 사실의 존재여부나 그 형태의 명확한 판단은 증거에 의해야 한다는 것이다. 여기서 말하는 「사실」이란 法律要件(법률요건)에 해당하는 사실로서 법적으로 중요한 사실을 말한다. 일정한 사실의 존재여부나 그 형태를 명확히 밝히기 위해 증거를 제시하는 것을 입증이라 하는데, 일반적으로 입증책임은 그 사실을 주장하는 자의 부담으로 하고 있다. 증거는 사실을 확정하기 위한 모든 인적·물적 자료를 말한다.

2. 예외

세상사는 매우 복잡 다양하기 때문에 경우에 따라서는 일정한 사실이 존재하는 것은 분명하나 그에 대한 입증이 곤란하거나 불가능한 경우가 있다. 이러한 경우 증거재판주의원칙에만 의존하게 되면 사회적으로 오히려 부당한 경우가 된다. 따라서 법적 생활의 안정성을 위하여 推定(추정)과 看做(간주)·擬制(의제)의 제도를 인정하고 있다.

1) 추정

「推定(추정)」이란 일정한 사실에 대한 입증이 곤란하거나 불가능한 경우 주변 상황으로 일정한 사실을 가정하고 그에 대한 法的效果(법적효과)를 인정하는 것이다. 그러나 추정에 의해 인정된 사실은 反證(반증)에 의해 번복될 수 있다. 예컨대, 처가 혼인 중에 임신한 자녀는 그 남편의 자녀로서의 법적 효과를 가진다(민법 제844조 제1항). 그러나 그 자녀가 남편의 자녀가 아님을 입증하면 그 자녀는 남편의 자녀로서의 법적 효력을 상실한다(민법 제846조).

2) 간주

「看做(간주)」란 공익 또는 정책적 목적을 위해 사실의 진실여부와는 상관없이 일정한 사실을 인정하고 반증에 의해서도 번복될 수 없는 강력한 효력을 인정하는 방법으로서 「擬制(의제)」라고도 한다. 이는 일반적으로 「… 로 간주한다」 또는 「… 로 본다」로 표현되고 있다. 민법 제28조는 「失踪宣告(실종선고)를 받은 자는 … 사망한 것으로 본다」고 규정하고, 형법 제60조는 「刑(형)의 선고유예를 받은 날로부터 2년을 경과한 때에는 免訴(면소)된 것으로 간주한다」고 규정하고 있다.

Ⅲ. 法의 발견

1. 의의

일정한 사실에 대하여 적용할 法을 찾아내는 것을 「法의 발견」 또는 「法의 檢索(검색)」이라고 한다. 이는 사실의 확정에 후속 되는 법적용의 단계로서 정확한 法의 발견을 위해서는 그 法의 의미와 내용을 명백히 할 필요가 있는데 이를 「法의 해석」이라고 한다.

2. 法의 흠결

法의 적용을 위해 일정한 사실이 확정되었으나 그에 적용할 法이 존재하지 않는 경우를 「法의 欠缺(흠결)」이라 한다. 이는 국제사법상 외국법을 적용해야 할 경우나 사회의 변화에 따른 신속한 입법이 따르지 못하는 경우에 발생한다.

재판의 전제가 된 사실에 대하여 法의 흠결이 발생한 경우 法의 유추적용이나 條理(조리)에 의할 수 밖에 없는데 罪刑法定主義(죄형법정주의)를 채택하고 있는 경우 형사재판에서는 이러한 유추적용이나 조리에 의한 형사재판이 인정되지 않는 것이 원칙이어서 문제가 된다.

제8장 법률관계

제1절 개념

법률에 의해 규율되는 인간의 사회생활관계를 法律關係(법률관계)라 하는데, 이는 法律行爲(법률행위)에 의해 발생하며, 권리와 의무의 양면성을 가진다. 따라서 법률관계를 「권리와 의무의 관계」라고도 한다.

「權利(권리)」는 의무의 반면이며, 양자는 서로 대응관계에 있는 것이 일반적이지만 항상 권리가 의무를 수반하는 것은 아니다. 예컨대, 우측통행의 의무는 권리를 수반하지 않는다.

제2절 권리

Ⅰ. 권리의 개념

1. 의의

일상생활 속에서 權利者(권리자)가 특정의 생활이익을 향수할 수 있도록 보호하는 수단으로서 法으로부터 부여받은 힘을 「權利(권리)」라 한다.

2. 구별개념

1) 권한

「權限(권한)」이란 타인을 위하여 일정한 法律效果(법률효과)를 발생케 하는 행위를 할 수 있는 법률상의 자격 또는 지위로서, 代理權(대리권), 법인 이사의 代表權(대표권) 등이 이에 속한다.

2) 권능

권리의 내용을 이루고 있는 각각의 법률상의 힘으로서 所有權(소유권)의 내용을 이루고 있는 處分權(처분권), 使用權(사용권), 受益權(수익권) 등이 「權能(권능)」이다.

3) 권원

「權原(권원)」은 일정한 법률상의 행위나 사실상의 행위를 정당화시켜 주는 법률상의 힘으로서, 타인의 지상에 건물을 설치하는 행위를 정당화시켜 주는 地上權(지상권)이나 賃借權(임차권)이 이에 해당한다.

Ⅱ. 권리의 행사

1. 의의

法에 의하여 보호되는 힘인 권리의 내용을 실현하는 과정으로서 소유권자가 처분권을 실현하여 소유물을 처분하는 것은 소유권자의 권리행사라고 할 수 있다. 그러나 소유권자가 자신에게 소유권이 있음을 타인으로부터 승인케 하는 것은 「권리의 주장」으로서 「권리의 행사」

와 구분된다.

2. 방법

1) 지배권

「支配權(지배권)」은 物權(물권)의 내용을 실현하는 과정으로서 권리의 객체를 직접 지배하는 것을 내용으로 하는 권리행사방법으로서 물권의 객체인 물건의 사용, 수익, 처분 등이 이에 해당한다.

2) 청구권

「請求權(청구권)」은 債權(채권)의 내용을 실현하는 과정으로서 특정의 債務者(채무자)에게 일정한 행위를 청구하는 것을 내용으로 하는 권리행사방법으로서 물품매매계약상의 賣渡人(매도인)이 買受人(매수인)에게 매매대금을 청구하는 권리행사방법과 같이 특정인에게만 청구가 가능한 「債權的 請求權(채권적 청구권)」과 누구에게나 청구할 수 있는 「物權的 請求權(물권적 청구권)」이 있다.

3) 형성권

「形成權(형성권)」은 權利者(권리자)의 일방적인 意思表示(의사표시)에 의하여 이미 형성된 기존의 법률관계의 변동을 발생케 하는 권리행사방법으로서 계약의 解除(해제)나 無能力者(무능력자)의 법률행위의 取消(취소) 등이 이에 해당한다.

4) 항변권

「抗辯權(항변권)」은 請求權者(청구권자)의 권리행사에 대하여 그 작용을 저지 또는 거절하는 것을 내용으로 하는 권리행사방법으로서, 연기적 항변권인 「同時履行 抗辯權(동시이행의 항변권, 민법 제536조)」과 영구적 항변권인 「상속의 한정승인의 항변권(민법 제1028조)」이 이에 해당한다.

Ⅲ. 권리행사의 제한

1. 제한의 필요성

사회의 평화와 질서를 위해 권리가 가지는 사회성과 公共性(공공성)을 실현하기 위한 범위 안에서만 권리의 행사가 허용되며, 그 범위를 벗어나서 행사하는 것은 제도적으로 제한되고 있다. 즉, 법에 의해 보호되는 권리의 행사가 법의 존재목적을 벗어나서 보호될 수는 없기 때문에 결국 법이 추구하는 목적의 범위 내에서만 권리의 행사가 가능하게 된다.

2. 신의성실의 원칙

1) 의의

모든 사람은 사회공동생활의 일원으로서 서로 상대방의 신뢰를 헛되이 하지 않도록 성실히 행동하여야 하다는 원칙을 「信義誠實原則(신의성실의 원칙)」[14]이라 한다.

14) 신의성실의 원칙 위반(대판 2005. 9. 30. 2003다63937)
영업실적이 없다는 이유로 직권으로 폐업조치 되고 법인설립허가가 취소되었으며 파산선고

2) 효과

권리행사가 신의성실의 원칙에 위반하면 權利濫用(권리남용)이 되어 無效(무효)이며, 義務履行(의무이행)이 신의성실의 원칙에 위반하면 의무불이행이 되어 성실하게 의무이행을 다시 하여야 한다.

3) 파생원칙

(1) 사정변경의 원칙

계약관계에서 계약을 체결할 당시에는 계약당사자가 예측하지 못하였으나, 그 후 현저한 사정의 변화가 발생하여 기존의 계약관계로부터 발생한 채무의 이행을 강요하는 것이 사회적으로 부당하다고 판단되는 경우, 그 계약을 해제할 수 있다는 원칙을 「事情變更原則(사정변경의 원칙)이라고 한다.

(2) 실효의 원칙

「失效原則(실효의 원칙)」이란 권리의 효력은 권리의 종류에 따라 일정한 기간 내에만 유효하며, 그 기간이 지나면 그 권리의 효력이 소멸한다는 원칙으로서, 이를 내용으로 하는 법률제도가 「消滅時效制度(소멸시효제도)」이다. 따라서 소멸시효가 완성되도록 정당한 사유 없이 권리를 행사하지 않으면, 그 권리는 효력을 잃게 된다.

(3) 금반언의 원칙

까지 받은 의료법인이 그 사용 부동산에 관한 강제경매절차에서 기본재산 처분에 관하여 주무관청으로부터 허가를 받아 주어야 할 입장에 있음에도 불구하고 그 부동산을 낙찰받아 운영해 오고 있는 의료법인에 대하여 위 부동산에 관한 소유권이전등기가 주무관청의 허가 없이 이루어진 것이라는 이유로 그 말소를 구하는 것은 신의칙에 위배된다.
관련법규 : 의료법 제41조 제3항, 민법 제2조 등.

「禁反言原則(금반언의 원칙)」은 처음의 意思表示(의사표시)가 진실에 반하였다는 이유로 그것을 번복할 수 없다는 원칙으로서 거래 상대방의 신뢰를 보호함으로써 거래안정을 도모하기 위해 인정되는 원칙이며, 이 원칙도 결국 신의를 바탕으로 한다는 점에서 신의성실의 원칙으로부터 파생된 원칙이라고 할 수 있다.

3. 권리남용금지의 원칙

1) 의의

「權利濫用禁止原則(권리남용금지의 원칙)」[15]이란 권리를 법률상 인정되는 사회적 목적에 반하여 부당하게 행사하는 것, 즉 사회성과 공공성에 반한 권리행사는 권리남용에 해당되어서 허용될 수 없다는 것을 말한다.

2) 효과

권리남용금지의 원칙에 반한 권리행사는 그 효력이 발생하지 않는다.

---

15) 권리남용(대판 2005. 9.15. 2005두3257)
부동산실권리자명의등기에관한법률시행령 제4조의 2 단서는 조세를 포탈하거나 법령에 의한 제한을 회피할 목적이 아닌 경우에 과징금의 100분의 50을 감경할 수 있다고 규정하고 있고, 이는 임의적 감경규정임이 명백하므로, 감경사유가 존재하더라도 과징금 부과관청이 감경사유까지 고려하고도 과징금을 감경하지 않은 채 과징금 전액을 부과하는 처분을 한 경우에는 이를 위법하다고 단정할 수는 없으나, 행정행위를 함에 있어 이익형량을 전혀 하지 아니하거나 이익형량의 고려대상에 마땅히 포함시켜야 할 사항을 누락한 경우 또는 이익형량을 하였으나 정당성 · 객관성이 결여된 경우에는 그 행정행위는 재량권을 일탈 · 남용한 위법한 처분이라고 할 수밖에 없다.
관련법규 : 부동산실권리자명의등기에관한법률 제10조 제1항, 동법 시행령 제4조의 2, 행정소송법 제26조[증명책임], 제27조 등.

제3절 의무

Ⅰ. 의의

자신의 의사와는 상관없이 일정한 행위(작위 또는 부작위)를 해야 하는 법적 강제 또는 구속을 「義務(의무)」라고 한다.

Ⅱ. 본질

1. 의사설

「意思說(의사설)」은 의무를 法에 의해 정해진 의사의 구속이라고 주장하는 견해로서, 이에 의하면 意思能力(의사능력) 없는 유아나 心神喪失者(심신상실자) 등의 의무를 설명할 수 없다.

2. 책임설

「責任說(책임설)」이란 의무를 법률상의 책임으로 보는 견해로서, 이는 의무와 책임을 혼동한 것으로 의무는 원칙적으로 책임을 수반함으로써 그 이행을 강제하는 구속력을 가지게 되는데, 의무와 책임이 항상 결합되어 있는 것은 아니며, 消滅時效(소멸시효)가 완성된 후의 채무와 같이 책임이 없는 의무의 경우도 있는데, 이 견해는 이러한 경우의 의무를 설명할 수 없다.

3. 법적 구속설

「法的 拘束說(법적 구속설)」은 의무란 일정한 作爲(작위) 또는 不作

爲(부작위)를 해야 할 법적 구속이라는 견해로서 현재의 가장 유력한 견해이다.

Ⅲ. 의무의 분류

1. 공의무

1) 국내법상의 공의무

「국내법상의 公義務(공의무)」는 국가가 국민에 대하여 부담하는 국민의 自由權(자유권) 보장 및 參政權(참정권)의 인정 의무와 같은 「국가공의무」와 국민이 국가에 대하여 부담하는 納稅義務(납세의무), 國防義務(국방의무), 勤勞義務(근로의무) 등과 같은 「국민의 공의무」가 있다.

2) 국제법상의 공의무

「국제법상의 공의무」란 국가 또는 개인이 국제법상의 주체로서 다른 국가에 대하여 부담하는 공의무로서 國際條約(국제조약)에 의해 외국 원수의 治外法權(치외법권)을 인정해야 하는 의무가 이에 해당한다고 할 수 있다.

2. 사의무

「私義務(사의무)」란 사법상 주체의 法律行爲(법률행위)에 의해 성립된 法律關係(법률관계)로 인해 발생하는 의무, 즉 私法關係(사법관계)에서 존재하는 의무를 말하는데, 재산법상의 債務(채무), 가족법상의 부부의 同居義務(동거의무), 상거래관계에서 발생한 商事債務(상사채무) 등이 이에 속한다.

3. 사회의무

「社會義務(사회의무)」란 社會法關係(사회법관계)에서 발생하는 의무로서 사용자가 근로자의 團體行動權(단체행동권)이나 團體交涉權(단체교섭권) 등을 보장해야 하는 의무나 근로자가 團體協約(단체협약)을 준수해야 하는 의무 등은 이에 해당한다고 본다.

여기서 「사회법관계」란 勞動法(노동법), 經濟法(경제법), 社會保障法(사회보장법) 등과 같은 사회법이 적용되는 법률관계로서 노동자와 사용자의 관계 또는 소비자와 기업간의 거래관계에서 대부분 발생하게 된다.

4. 적극적 의무와 소극적 의무

1) 적극적 의무

「積極的 義務(적극적 의무)」란 의무의 이행에 있어서 채무자의 적극적인 행위를 필요로 하는 의무로서, 代金支給義務(대금지급의무), 物品引渡義務(물품인도의무), 勞動力提供義務(노동력제공의무) 등이 이에 해당한다. 이를 일정한 행위를 해야 하는 의무라는 점에서 「作爲義務(작위의무)」라고도 한다.

2) 소극적 의무

「消極的 義務(소극적 의무)」란 의무자가 일정한 행위를 하지 말아야 하는 의무로서 이를 「不作爲義務(부작위의무)」라고도 한다. 상법상의

競業避止義務(경업피지의무)[16]가 이에 해당한다.

제4절 권리 · 의무의 주체와 객체

Ⅰ. 주체

「권리 · 의무의 주체」란 그 권리 · 의무를 부여받은 특정인을 말하며, 권리 · 의무의 주체에는 자연인과 법인이 있다. 그리고 이와 같은 권리 · 의무의 주체가 될 수 있는 지위 또는 자격을 「권리 · 의무의 능력」 또는 「人格(인격)」이라고 한다.

1. 자연인

유기적인 육체와 정신을 가지고 자연적인 생활을 하는 사람을 「自然人(자연인)」이라고 하는데, 이러한 자연인은 누구나 평등하게 권리, 의무의 주체가 될 수 있다.

2. 법인

사람의 집단(사단) 또는 재산의 집단(재단)으로 일정한 법적 요건을 갖추고, 일정한 법적 절차를 거쳐 권리 · 의무의 주체로서의 자격을 얻은 단체를 「法人(법인)」이라 한다.

---

16) 경업피지의무란 의무를 부담하는 자가 일정한 경쟁적인 행위나 그와 유사한 행위를 하지말아야 할 의무로서 상법 제17조에서는 상업사용인의 경업피지의무를 규정하고 있고, 상법 제41조에서는 영업양도인의 경업피지의무를 규정하고 있다.

Ⅱ. 권리 · 의무의 객체

권리 · 의무의 내용 또는 목적의 성립을 위하여 필요한 일정한 대상이 되는 물건을 「권리 · 의무의 객체」라 하는데, 생명, 신체, 자유, 정조, 물건, 저작 등이 이에 해당한다. 물론 이 때의 물건은 유 · 무형의 물건을 모두 포함한다. 단 권리 · 의무의 객체가 되기 위한 물건은 독립성, 排他的支配可能性(배타적지배가능성) 및 管理可能性(관리가능성)의 요건을 갖추어야 한다.

제5절 권리 · 의무의 변동

Ⅰ. 의의

인간의 사회생활관계인 法律關係(법률관계)는 끊임없이 변동하는데, 이 법률관계는 주로 권리 · 의무의 관계로 나타나고, 이러한 권리 · 의무의 변동은 권리 · 의무의 발생(취득) · 변경 · 소멸(상실) 등으로 나타난다.

1. 권리 · 의무의 발생

1) 절대적 발생

과거에는 존재하지 않던 새로운 권리 · 의무가 어떤 일정한 원인에 의하여 최초로 발생하는 현상을 「권리 · 의무의 절대적 발생」 또는 「原始取得(원시취득)」이라고 한다.

예컨대, 신축 건물의 소유자가 그 건물에 대한 保存登記(보존등기)를 함으로써 그 신축건물에 대하여 최초로 발생한 권리 · 의무를 원시적으로 취득하게 되고, 이를 권리 · 의무의 입장에서 보면 절대적 발생이 된다.

2) 상대적 발생

「권리 · 의무의 상대적 발생」이란 어떤 원인에 의하여 기존의 권리 · 의무가 그 본질적인 내용은 변함없이 다만 그 주체가 바뀌는 현상으로서, 이를 「承繼取得(승계취득)」이라고도 한다. 상속에 의한 財産權(재산권)의 취득이나 부동산매매로 인한 부동산의 소유권 취득 등이 이에 해당한다.

2. 권리 · 의무의 변경

권리 · 의무가 그 동일성을 유지하면서 그 주체, 내용, 작용 등의 변경을 가져오는 현상이 「권리 · 의무의 변경」이다.

1) 주체의 변경

「주체의 변경」이란 권리 · 의무의 본질적인 내용은 변함없이 권리 · 의무의 주체가 바뀌는 현상으로서, 이는 전술한 권리 · 의무의 상대적 발생 또는 승계취득과 동일한 현상이라고 할 수 있다.

2) 내용의 변경

「내용의 변경」이란 권리 · 의무의 주체는 변함없이 객체의 수량 또는 성질만이 바뀌는 현상으로서 「권리 · 의무의 객체의 변경」이라고도 한다. 예컨대, 債權(채권)의 일부면제에 의한 채권액의 감소, 물건인도의무자의 물건훼손으로 물건인도의무가 損害賠償義務(손해배상의무)로 내용이 바뀌는 현상을 말한다.

3) 작용의 변경

「작용의 변경」이란 일정한 절차를 거침으로써 권리 · 의무의 법적효력이 바뀌는 현상을 말한다. 예컨대, 부동산임차권은 채권으로서 계약당사자 간에만 대항력이 있으나, 민법 제621조에 의한 등기절차를 거치게 되면 물권적 효력을 가지므로 제3자에게 대항할 수 있게 된다.

3. 권리 · 의무의 소멸(상실)

권리 · 의무가 일정한 원인에 의해 권리 · 의무의 주체로부터 분리되는 현상을 「권리 · 의무의 소멸」 또는 「권리 · 의무의 상실」이라고 하는데, 이에는 절대적 소멸과 상대적 소멸이 있다.

1) 절대적 소멸

「절대적 소멸」이란 권리 · 의무가 그 주체로부터 분리되어 그 후에는 누구에게도 속하지 않고 완전히 존재하지 않는 상태, 즉 권리 · 의무의 객체가 완전히 없어짐으로써 권리 · 의무의 주체와 객체가 분리되는 현상을 말한다. 건축물의 철거로 인한 소유권의 소멸이나 소멸시효 완성으로 인한 채권의 소멸 등이 이에 해당한다. 이를 「객관적 소멸」이라고도 한다.

2) 상대적 소멸

「상대적 소멸」이란 일정한 권리 · 의무의 본질적인 내용은 변함없이 그 주체가 바뀜으로써 기존의 주체에게 속해 있던 권리 · 의무가 소멸되는 현상으로서 「주관적 소멸」이라고도 한다. 이는 권리 · 의무의 주체의 변경이나 권리 · 의무의 상대적 발생과 동일한 효과로 나타난다.

Ⅱ. 권리 · 의무의 변동원인

권리 · 의무의 변동은 法이 일정한 요건을 갖추었을 때, 그 효과로서 생겨나며, 이때 권리 · 의무의 발생을 생기게 하는 요건을 「法律要件(법률요건)」이라고 하고, 법률요건에 의하여 발생하는 권리 · 의무의 변동을 「法律效果(법률효과)」라 한다.

1. 법률요건

「法律要件(법률요건)」이란 일정한 법률효과를 발생케 하는 사실을 말하며, 법률요건 중 가장 중요한 것은 法律行爲(법률행위)이다. 이러한 법률행위는 일정한 법률효과의 발생을 목적으로 하는 단일 또는 복수의 意思表示(의사표시)를 불가결의 구성요소로 하는 법률요건을 말한다.

2. 법률요건과 법률효과와의 관계

법규는 법률관계를 규정함에 있어서 대개 「어떠한 사실이 있으면 어떠어떠한 효과가 발생한다」라는 이론적 구조형태를 취하는데, 이러한 이론적 구조의 앞의 원인을 「법률요건」이라 하고 뒤의 결과를 「법률효과」라 한다. 따라서 권리 · 의무의 변동, 즉 권리 · 의무의 발생, 변경, 소멸 등의 원인이 되는 것이 법률요건이다. 그리고 법률요건에는 법률행위뿐만 아니라 不法行爲(불법행위), 事務管理(사무관리), 不當利得(부당이득) 등이 있다.

제9장 권리의 구제

제1절 권리의식과 도덕적 양심

「權利(권리)」는 사회질서 유지를 위해 주어지는 법적인 힘이다. 따라서 이러한 권리를 행사하는 것은 사회질서 유지에 부합되는 행위라고 할 수 있다. 그러나 우리나라의 경우는 예로부터 양보의 미덕을 권장하는 사회적 풍토가 깊이 자리 잡고 있기 때문에 쉽게 권리를 포기하는 경우가 많다. 이러한 일은 동양에서뿐만 아니라 서양의 경우에서도 찾을 수 있다. 즉 「너의 오른쪽 뺨을 때리면 다른 쪽 뺨도 돌려대고, 너를 고소하여 하의를 달라고 하면 상의도 벗어주어라」(마태복음 5장 39-40절, 44절 및 9절)고 하는 성경의 의미는 순간적인 평화만을 강조할 뿐 그로 인해 파생될 사후의 영향에 대하여는 너무나 단순하게 생각한 데서 발생된 사고의 한 예라고 할 수 있다. 그러나 개인주의적 사상에 의해 내가 타인에게 잘하면 타인도 나에게 잘할 것이라는 순수한 도덕적 이론은 무색해진 지 오래인 것 같다.

이에 위의 성경에 대하여 法治主義社會(법치주의사회)는 「너의 권리를 다른 사람의 발에 밟히게 하여서는 아니 된다. 자기를 벌레로 만드는 자는 남의 발에 밟혀도 호소할 데가 없다」(칸트)라고 하여 權利侵害(권리침해)에 대한 權利行使(권리행사)를 강조하고 있다. 이는 징벌적 차원을 떠나 범죄의 재발을 예방한다는 차원에서 그 가치를 찾을 수 있다고 할 수 있다. 권리침해에 대한 救濟(구제)는 권리자의 확고한 權利意識(권리의식)에서 실현될 수 있다.

제2절 권리침해에 대한 구제

Ⅰ. 기본권 침해에 대한 구제

1. 의의

基本權(기본권)은 원래 국가권력으로부터의 부당한 침해를 배제하여 그 본연의 자유와 권리를 누리는 것이다. 따라서 헌법 제2장은 이를 명문으로 규정하고 있다. 국민의 基本權侵害(기본권침해)는 立法府(입법부)의 違憲立法(위헌입법), 行政府(행정부)의 法執行(법집행)에 의한 국민의 기본권 침해, 司法府(사법부)의 誤判(오판) 등 作爲(작위)에 의한 침해와 헌법적 요청에 의한 입법에 대한 立法不作爲(입법부작위), 행정부의 헌법적 의무인 복지행정의 불이행, 사법부의 재판지연 등의 不作爲(부작위)에 의한 국민의 기본권 침해 등이 있다.

2. 사전적 구제

1) 청원권

「請願權(청원권)」은 국가의 행위에 대하여 適法與否(적법여부) 및 不當與否(부당여부)에 대하여 국민이 희망을 개진할 수 있는 권리, 즉 法律(법률), 命令(명령), 規則(규칙) 등의 制定(제정) 또는 改正(개정)에 관한 요구를 말한다. 이에 대하여 국가는 審査義務(조사의무)를 부담한다(헌법 제26조).

2) 行政節次

「行政節次(행정절차)」란 행정청이 행정에 관한 1차적 결정을 함에 있어 집행이전에 이해관계자와의 교섭절차를 요구하는 제도로서, 行政作用(행정작용)의 民主化(민주화), 適正化(적정화), 能率化(능률화)를 위해 영미법계에서 발달된 제도이다.

3) Ombudsman제도

「Ombudsman제도」는 스웨덴에서 처음 제도화된 것으로 의회에 ombudsman이라는 공무원(호민관)을 두고 그로 하여금 法令(법령)이 행정기관에 의하여 적정하게 집행되는지를 감시하고, 부당한 행정작용에 대한 국민의 민원을 접수하여 그에 대한 是正(시정)을 권고하는 제도로서 「護民官制度(호민관제도)」 또는 「行政監察制度(행정감찰제도)」라고도 한다.

3. 사후적 구제

1) 형사보상청구권

「刑事補償請求權(형사보상청구권)」은 刑事被疑者(형사피의자)나 刑事被告人(형사피고인)[17]으로 拘禁(구금)되었던 者가 재판결과 無罪判決(무죄판결)을 받거나, 不起訴處分(불기소처분)[18]을 받은 경우 그가

---

17) 형사사건에서 고소를 하는 사람은 「고소인」이라 하고, 고소를 당하는 사람은 「피고소인」이라 하는데, 고소가 있으면 수사기관에서 고소인과 피고소인을 불러 조사를 하여 고소인의 고소내용에 따라 피고소인의 행위의 위법여부를 판단하게 되는데, 수사기관에서 수사를 하는 동안은 피고소인을 「형사피의자」라고 칭하고, 수사가 종결되어 형사피의자의 행위가 범죄행위에 해당된다고 판단되는 경우 검사가 법원에 기소를 하게 되면 형사피의자는 법원에서 재판을 받는 동안 「형사피고인」으로 칭하게 된다.

18) 검사가 형사사건에 대하여 수사한 결과 형사피의자등의 행위가 형사범죄에 해당하지 않거나 그 내용이 경미하여 법적 처벌을 필요로 하지 않는다고 판단하여 법원에 재판청구를 하지 않는 경우를 말한다.

입은 정신적, 물질적 손해를 보상해 줄 것을 국가를 상대로 청구할 수 있는 권리(헌법 제28조)를 말한다.

이 제도가 시행되어 무고한 시민이 국가의 행위로 인해 부당한 기본권 침해로부터 조금이라도 그 손해를 전보받을 수 있다는 점에서는 매우 바람직한 제도라고 할 수 있으나 아직 현실적으로 충분한 보상이 이루어지지 않고 있어 현실적인 보상이 요구되고 있는 실정이다.

2) 국가배상청구권

「國家賠償請求權(국가배상청구권)」은 공무원의 직무상 不法行爲(불법행위)로 국민에게 손해를 가한 경우는 국민은 국가나 공공단체를 상대로 그에 대한 배상을 청구할 수 있는 헌법상의 권리를 말한다(헌법 제29조).

3) 손실보상청구권

「損失補償請求權(손실보상청구권)」이란 공공의 필요에 따라 개인의 재산을 收用(수용), 使用(사용) 및 制限(제한)하는 경우 그에 대한 재산적 손해의 보상을 청구할 수 있는 국민의 권리(헌법 제23조 제3항)를 말한다.

여기서 「報償(보상)」과 「賠償(배상)」의 차이는 그 원인 행위가 適法行爲(적법행위)이냐 아니면 違法行爲(위법행위)이냐에 따라 구분되며, 적법행위로 인해 발생한 손해를 전보해주는 것은 「보상」이라 하고, 위법행위로 인한 손해를 전보해 주는 것은 「배상」이라 한다.

Ⅱ. 개인에 의한 권리침해에 대한 구제

1. 형법상의 구제

개인으로부터 형사상 권리의 침해를 받은 경우는 가해자에 대하여 刑事告訴(형사고소) 및 告發(고발)의 방법을 통해 수사기관에 그 사건에 관한 수사를 요구할 수 있고 수사기관의 수사와 법원의 재판을 통해 가해자를 처벌함으로써 구제받을 수 있다.

2. 민법상의 구제

민법상의 권리를 침해당한 자는 법원에 訴(소)를 제기하여 민사상의 損害賠償(손해배상), 慰藉料(위자료) 또는 기타의 행위를 청구하여 민사상 손해를 塡補(전보) 받음으로써 피해를 구제받을 수 있다.

Ⅲ. 자력구제

法은 원래 권리의 침해로 인한 피해가 발생한 경우 국가기관을 통해 구제받도록 하고 개인의 自救行爲(자구행위)를 인정하지 않는 것을 원칙으로 하고 있으나, 권리침해의 구제에 대한 법적 구제를 기다릴 여유가 없는 급박한 경우 권리의 침해를 당할 위기의 당사자에 대해서는 특별히 자구행위는 일정한 범위 내에서 예외적 · 제한적으로 인정하고 있다.

1. 형법상의 자력구제

刑法(형법)은 현재의 부당한 침해를 방위하기 위한 자구행위는 「正

當防衛(정당방위, 형법 제21조)」와 현재의 급박한 危難(위난)을 피하기 위한 행위를 「緊急避難(긴급피난, 형법 제22조)」으로 인정하여 이들 행위가 이유 있다고 판단될 경우 위법성을 조각시켜 그 사건에 대한 수사는 하되 處罰(처벌)은 하지 않는다.

2. 민법상의 자력구제

民法(민법)은 私法一般(사법일반)에 대하여 자력구제를 인정치 않고, 오직 占有者(점유자)에 대해서만 일정한 경우 「自力防衛權(자력방위권)」과 「自力奪取權(자력탈취권)」을 인정하고 있다. 민법 제209조 제1항은 「점유자는 그 점유를 부정히 侵奪(침탈) 또는 妨害(방해)하는 행위에 대하여 자력으로써 이를 지킬 수 있다」라고 규정하고, 제2항에서 「점유물이 침탈되었을 경우에 부동산일 경우에는 점유자는 침탈 후 즉시 가해자를 배제하여 이를 탈환할 수 있고, 동산일 때에는 점유자는 현장에서 또는 추적하여 가해자로부터 이를 탈환할 수 있다」고 규정하고 있다.

제10장 法의 제재

제1절 제재의 개념

Ⅰ. 제재의 의의

「法의 制裁(제재)」란 法의 규정을 위반한 자에 대하여 가하는 일정한 법적 강제수단을 말한다. 法은 그 목적달성을 위하여 受範者(수범자)에게 여러 가지 형태의 의무를 부과하고 이를 이행치 않을 경우 그에 대한 강제를 가하게 되는데, 이러한 강제에는 死刑(사형), 懲役(징역), 罰金(벌금), 損害賠償(손해배상) 등의 방법이 있다.

Jhering은 「강제를 수반하지 않는 法은 타고 있지 않는 불과 같이 그 자체 모순이 있다」라고 하여 法의 본질은 강제에 있음을 강조하였다.

Ⅱ. 제재의 필요성

法의 존재목적은 사회질서유지와 정의실현에 있다. 그러나 法이 강제력을 가지지 못하면 그 위반에 대한 아무런 조치가 취해질 수 없게 된다. 즉, 강제력이 없는 法은 장식용에 불과한 것이 된다. 따라서 法의 實效性(실효성)을 확보하기 위해서는 반드시 다른 사회규범과 달리 강력한 강제력을 가져야 한다. 뿐만 아니라 法은 그 이념인 正義(정의)·合目的性(합목적성)·法的 安定性(법적 안정성)의 실현을 위해서도 제재를 가하지 않으면 안 된다.

제2절 국내법상의 제재

Ⅰ. 공법상의 제재

1. 헌법상의 제재

「헌법상의 제재」는 헌법을 위반한 자에 대한 제재로서 대통령 또는 기타 국가기관에 대한 제재로 나타나는 것이 보통이며, 이는 사실상 직접적인 강제력이 미약한 편이다.

헌법상의 제재로는 대통령, 국무총리, 국무위원, 법관 등 법률이 정한 공무원이 헌법이나 법률을 위반한 경우 국회에 의한 彈劾訴追(탄핵소추) · 審判(심판), 정당의 목적이나 활동이 민주적 기본질서에 위배될 때에 憲法裁判所(헌법재판소)에 의한 政黨解散(정당해산), 국회의원의 징계, 국회의 국무총리 · 국무위원에 대한 해임건의 등이 있다.

2. 행정법상의 제재

「행정법상의 제재」는 행정법규를 위반한 자에 대한 강제로서 공무원과 사인에 대한 제재가 있다. 행정법규의 위반행위는 행정행위에 의해 부가된 행정상 의무의 위반행위가 대부분이며, 즉시강제의 경우와 같이 행정행위 없이 직접 행정법상의 의무위반행위가 되는 경우도 있다.

1) 공무원에 대한 제재

(1) 직무집행에 대한 제재

공무원이 직무상 명령 또는 처분이 법규에 위반하는 경우 그것을 취소 또는 변경할 수 있는데, 이를 「공무원의 직무집행에 대한 제재」라 한다.

(2) 신분에 대한 제재

행정법규를 위반한 공무원에 대하여 「직위해제」[19], 「파면」[20], 「해임」[21], 「정직」[22], 감봉(1~3월 동안 보수의 2/3 지급), 「견책」[23] 등과 같은 징계처분을 가하게 된다.

2) 사인에 대한 제재

(1) 행정강제

「行政强制(행정강제)」란 행정목적을 달성하기 위해 私人(사인)의 신체나 재산에 실력을 가하는 행정작용으로서 강제집행과 즉시강제로 나누어 볼 수 있다.

① 강제집행

「强制執行(강제집행)」는 행정법규나 행정처분을 위반한 자에 대하여 강제력을 행사하는 행정작용으로서 대체적 작위의무를 위반한 자에 대하여 행정기관 또는 제3자가 대신 이행하고 그 비용을 징수하는 강제집행, 예컨대, 불법광고물을 철거하고 그에 대한 비용을 징수하는

---

19) 6월 이내의 기간 동안 봉급의 80%를 지급하고 6월 이상 직위를 부여받지 못하면 당연퇴직으로 간주하는 제재를 말한다.

20) 공무원의 신분을 박탈하고 연금지급에 제한이 가해지는 제재.

21) 공무원의 신분만 박탈하고 연금은 지급하는 제재 방법.

22) 1~3월 동안 봉급의 1/3만 지급하고, 직무에 종사하지 못하게 하는 제재.

23) 훈계하고 회개시키는 가장 경미한 제재방법이지만 인사고가에 반영되어 승진심사에 있어 악영향을 미치는 원인이 될 수 있다.

행위인 「代執行(대집행)」, 대체 불가능한 작위의무를 위반한 자에 대하여 금전적 부담을 지우는 제재로서 우리나라에서는 인정하지 않고 있는 「執行罰(집행벌)」, 대집행이나 집행벌로서 행정목적을 달성할 수 없는 경우 의무자의 신체 또는 재산에 실력을 가하는 강제집행인 「直接强制(직접강제)」, 행정법상의 금전지급의무를 불이행한 자에 대하여 의무자의 재산을 강제적으로 압류 · 매각하는 행정상의 「强制徵收(강제징수)」 등으로 구분된다.

② 즉시강제

「卽時强制(즉시강제)」는 의무이행을 기다릴 시간적 여유가 없이 긴급한 행정상의 목적을 달성하기 위해 취하는 행정행위로서 경찰관직무집행법 제10조의 4의 「무기사용」, 전염병예방법 제29조의 「강제격리」, 소방법 제78조의 「소방상 필요한 처분」 등이 이에 해당된다.

(2) 행정벌

「行政罰(행정벌)」은 행정법상의 의무위반에 대하여 국가 또는 공공단체가 일반통제권에 의하여 과하는 제재로서 행정기관이 절차상의 간편, 신속을 위하여 罰金(벌금) 또는 科料(과료)의 납부를 명령하는 행정형벌로서 관세범, 출입국사범, 교통사범 등에 인정하는 通告處分(통고처분)[24], 20만원이하의 벌금, 구류 또는 과료에 해당하는 경미한 행정사범에 대한 행정형벌인 卽決審判(즉결심판) 등이 있다

24) 통고처분은 범죄의 심증이 확실한 경우 상대방의 동의를 조건으로 행정기관이 행하는 준사법적 행정행위로서 소정의 기간내에 위반자가 통고처분의 내용을 이행하면 확정판결과 동일한 효력이 발생하지만 불이행시는 지체없이 고발하여야 한다.

3. 형법상의 제재

1) 사형

「死刑(사형)」은 형법상의 의무를 위반한 자에 대하여 생명을 박탈하는 생명형으로서 법률 선진국에서는 대부분 폐지된 후진국형 刑罰(형벌)의 일종이라고 할 수 있다.

2) 신체형

「身體刑(신체형)」은 일정한 형법상의 범죄행위를 범한 자에 대하여 신체적 자유를 박탈하는 형벌로서, 「自由刑(자유형)」이라고도 한다. 이에는 1일 이상 30일 미만의 기간동안 형사범법자의 신체의 자유를 구속하는 「拘留(구류)」, 30일 이상의 신체형에 해당하는 「懲役(징역)」, 30일 이상의 신체형이라는 점에서는 징역과 동일하나 定役(정역)에 복무하지 않는다는 점에서 징역과 구분되는 「禁錮(금고)」 등이 있다.

3) 자격형

「資格刑(자격형)」은 무기징역과 무기금고의 경우는 「資格喪失(자격상실)」, 유기징역과 유기금고의 경우는 「當然停止(당연정지)」와 「宣告停止(선고정지)」 등의 명예형을 부과할 수 있는 형벌이다.

4) 재산형

「財産刑(재산형)」은 일정한 형법을 위반한 자에 대하여 재산상의 징수를 명하는 형벌로서 50,000원 이상의 재산형인 「벌금」(형법 제45조), 2,000원 이상 50,000원 미만의 재산형에 해당하는 「科料(과료)」[25], 다른 형벌에 부가하여 일정한 재산을 빼앗는 「沒收(몰수)」 등이 있다.

II. 사법상의 제재

1. 손해배상

「損害賠償(손해배상)」이란 채무불이행 또는 불법행위로 인해 타인에게 손해를 입힌 경우는 그를 없었던 상태로 塡補(전보)시키는 것을 말한다.

2. 강제집행

채무자의 임의적 채무불이행에 대하여 국가의 공권력으로 채무의 이행을 강제하는 法의 제재를 「强制執行(강제집행)」이라 한다.

강제집행의 대상은 채무자의 재산이며, 집행의 방법은 실현되어야 할 請求權(청구권)의 종류에 따라 「金錢執行(금전집행)」, 「非金錢執行(비금전집행)」으로 나눌 수 있고, 재산의 종류에 따라 「動産執行(동산집행)」, 「不動産執行(부동산집행)」, 「船泊執行(선박집행)」 등으로 나눌 수 있다.

3. 실권

「失權(실권)」이란 일정한 권리나 자격을 가진 자가 法을 위반한 경

---

25) 과태료는 행정벌로서 형벌인 벌금이나 과료와 구분된다.

우 그 권리나 자격을 상실시키는 제재로서 「親權(친권)의 喪失(상실)」, 「代理權(대리권)의 喪失(상실)」 등이 이에 속한다.

제3절 국제법상의 제재

「국제법상의 제재」란 국제법규를 위반한 행위에 대하여 국제법규에서 규정한 일정한 강제를 말한다. 그러나 조직화되지 못한 오늘날 국제법상의 제재는 사실상 그 강제력이 매우 미약하고, 결국 정치적 협상에 의해 결정되고 있는 실정이다.

국가에 의한 국제법상의 제재로는 경제적 단교, 관계자의 처벌, 추방, 외교사절에 대한 퇴거 요구, 선박의 압류, 봉쇄, 평시점령, 복구, 전쟁 등이 있고, 국제조직에 의한 제재로는 특히 국제연합에 의한 제명, 권리와 특권의 정지, 비군사적 조치, 군사적 조치 등이 있다.

제11장 국가

제1절 法과 국가의 관계

法이란 국가의 구성원인 국민의 합의로 창출되어 국가의 조직적 강제력에 의해 그 실효성이 보장되는 사회규범으로서 다른 사회규범에 비해 국가의 조직적 강제력이 동원된다는 특징을 가진다. 즉 국민의 합의는 국가의 존재를 그 전제로 하는 것이며, 또한 法이 가지는 조직적 강제력은 국민의 합의를 전제로 하는 것이다. 따라서 法이 法으로서의 가치를 실현하기 위해서는 조직적 강제력을 필요로 하며, 이러한 조직적 강제력은 국민적 합의를 근거로 발생되고, 국민적 합의는 국민을 그 구성원으로 하는 국가의 존재를 전제로 하여 발생하는 것이라고 할 수 있다. 이렇게 볼 때 法은 결국 국가의 존재를 전세로 하는 것이므로 「국가 있는 곳에 法이 존재한다」는 결론에 도달하게 된다.

이러한 이유에서 法을 공부하기 위해서는 우선 국가의 개념을 명백히 이해할 필요가 있다고 하겠다.

제2전 국가의 개념

국가의 개념적 특징은 시대와 장소에 따라 그 실태가 다양하게 나타나지만 일반적으로 일정한 공간인 영토와 그 위에 살고 있는 국민 그리고 국민에 대하여 명령하고 강제할 수 있는 최고 독립의 權力(권력)

인 主權(주권) 등을 그 구성요소로 하여 결합된 통일적 조직체라는 데서 찾을 수 있는데, 자세히 살펴보면 다음과 같다.

Ⅰ. 지역적 조직체

국가는 그 구성요소로서 일정한 공간으로서의 지역을 그 존립의 기초로 하는 조직체이다. 이러한 지역은 그 주변인 영해 및 영공을 포함하는 개념으로서 영역이라고 하는데, 이것은 국가를 구성하는 필수적 요소이므로 아무리 강력한 조직을 가진 민족단체라 하더라도 영역이 없으면 국가라고 할 수 없다. 이러한 점에서 일정한 지역을 존립요건으로 하지 않는 회사나 다른 사회단체와 국가는 구별된다.

Ⅱ. 인적 조직체

국가는 일정한 공간 위에 定住(정주)하는 다수의 사람을 그 구성요소로 하는 인적 조직체이다. 이러한 다수의 사람을 「국민」이라고 하고 국가의 구성원으로서의 국민을 중요시하는 뜻에서 「nation」이라는 용어를 사용하기도 한다. 인적 조직체의 구성원인 국민은 그 수에 있어서나 민족적 동일성에 대한 제한을 받지 않는다. 단 국민이 국가의 구성원으로서 가지는 국적의 취득 또는 상실은 그 국가의 法律(법률) 또는 條約(조약)에 의해 정해진다. 따라서 대한민국 헌법은 제1조 제2항에서 「대한민국의 주인이 국민」임을 규정하고 제2조 제1항에서 「대한민국의 국민이 되는 요건은 법률로 정한다」고 규정하고 있다.

Ⅲ. 통치적 조직체

국가는 주권이라는 일정한 統治權(통치권)을 그 구성요소로 하는 통치적 조직체이다. 이 주권은 국가의사를 결정하는 최고의 원동력으로서 대내적으로 최고성을 가지며, 또한 그 국가를 대외적으로 독립적 조직체로 인정받게 하는 국가의 필수적 구성요건이다. 뿐만 아니라 국가이기 위해서는 주권이외에 국가적 조직체를 유지하고 국가적 목적 실현을 위한 통일된 의사로서의 힘인 支配權(지배권)이 필요한데, 그러한 지배권이 바로 「통치권」이다.

국가는 이러한 통치권에 의해 국민에게 명령, 강제할 수 있으며, 국민은 이에 대하여 개인의 의사에 관계없이 따르지 않으면 안 된다. 따라서 국가는 통치권이 있기 때문에 통치자와 被治者(피치자)의 관계가 발생하고 따라서 독립된 강력한 통치조직으로 존재하게 된다.

제3절 국가의 본질

국가의 본질을 한마디로 정의한다는 것은 어려운 문제이며, 이에 대하여 학자들의 견해는 여러 가지로 표현되고 있으나 그 중 중요한 학설을 보면 다음과 같다.

Ⅰ. 도덕설

이 학설은 국가를 윤리적 단체 또는 도덕의 최고의 발현상태 또는 인류의 도덕을 완성하기 위한 제도라고 하는 견해로서 Platon,

Aristoteles, Hegel 등에 의해 주장되었다. 특히 Hegel은 그의 저서 「법철학 강요(Grundlinien der philosophie des Rechts)」에서 국가를 「윤리적 이념의 실현이며 객관적 정신의 최고의 발전단계」라고 하였다. 따라서 이 견해를 너무 지나치게 강조하게 되면 국가의 집권자까지도 옹호하는 보수이론으로 흘러 자칫 독재정치를 옹호하게 될 위험이 있다.

Ⅱ. 착취설

「搾取說(착취설)」은 국가를 지배자로서의 强者(강자) 또는 유산계급이 약자 또는 무산계급을 억압, 착취하는 지배형태로 보는 견해로서 Oppenheimer, Engels 등에 의해 주장되었으며, 「實力說(실력설)」 또는 「階級國家說(계급국가설)」이라고도 한다. Oppenheimer는 이에 대하여 "형식상 국가는 우승의 인간군에 의하여 열패의 인간군에 부과된 제도이며, 내용적으로도 국가는 최소수단의 원칙에 따라 상층군이 하층군을 지배하는 관계로서 가능한 한 최소경비로써 최대의 이익을 획득하려는 경제적 착취"라고 하였으며, Engels는 "국가는 제일 유력한 경제적 지배계급의 국가이며, 이 지배계급은 국가에 의하여 동시에 정치상의 지배계급이 되고 피지배계급을 억압, 착취하는 새로운 수단을 획득한다"라고 하였다.

이 학설은 결론적으로 국가를 나쁜 측면에서 보아 국민으로 하여금 그에 대한 반발심리를 유도하여 국가를 타도하려는 혁명이론으로 이용될 위험이 있다.

Ⅲ. 유기체설

「有機體說(유기체설)」은 국가와 국민의 관계를 유기체와 세포의 관계에 비유하여 국가는 국민을 구성요소로 하면서도 그와 별개, 독립의 생명 및 의사를 가진 단일체라고 주장하는 견해로서 「철학적 유기체설」, 「심리학적 유기체설」, 「생물학적 유기체설」 등으로 세분된다.

이 학설은 Gierke, Spencer 등에 의해 주장되었다. 세포는 유기체와 불가분의 관계를 가지지만 국민은 국가의 구성요소이기는 하지만 국민개개인은 국가와 불가분의 관계를 가지는 것이 아니라 개인각자의 독자적인 의사를 가지는 사회적 존재이다. 이러한 점에서 볼 때 이 학설은 생명체로서의 유기체를 비유해 국가를 설명코자 하였으나, 법적 존재인 국가와 그 구성원으로 존재하는 각자의 독자적인 국민의 성격을 잘못 판단한 점에서 국가의 본질을 설명하기에는 설득력이 약하다.

Ⅳ. 국가법인설

「國家法人說(국가법인설)」은 유기체설이 인격 또는 의사에 대한 법학적 개념과 사회학적 개념을 구분하지 못한 점을 바로잡기 위해 19세기 독일에서 강조된 학설로서 「국가는 권리와 의무의 주체인 法人體(법인체)」라고 하는 견해이다. Albrecht, Gerber, Jellinek 등이 이 학설을 시시하였나. 특히 Jellinek는 법학적 인격개념과 사회 현상적 집단개념을 구분하여 국가에 관한 양면설(Zweiseitenstheorie des Staates)을 취하면서도 국가의 목적적, 주관적 단일성을 주장하여 그의 유명한 「국가법인설」을 주장하였다. 즉 국가는 국민을 그 구성요소로 하면서도 국민개개인과는 다른 독립, 고유의 법인격과 의사를 가진 公法人

(공법인)이라는 것이다. 법인은 실정법상의 권리, 의무의 주체로서 人格(인격)이 주어져야 하므로 국가를 무조건 공법인이라고 하는 것은 부당하다. 영국의 경우 국왕(crown)과 왕(king)을 구별하여 전자를 단독법인으로 취급할 뿐 Jellinek의 국가법인론은 취급하지 않고 있다. 따라서 Jellinek의 주장은 각국의 실정법적 입장을 도외시한 견해라는 비판을 받는다.

Ⅴ. 다원적 국가론

「다원적 국가론(Pluralistic theory of the state)」은 사회를 「전체사회(community)」와 「부분사회(association)」로 구분하여 국가는 전체사회가 아니라 학교, 회사, 노동조합 등과 같은 부분사회에 불과하며 치안유지를 그 유일의 목적으로 한다고 주장하는 견해로서 Laski가 주장하였다.

이 학설은 국가의 지위를 지나치게 격하시킴으로써 대내적 최고성을 부인하고 기능 면에서도 치안 유지에 국한시킴으로써 국가와 동등한 지위에 있는 다른 사회단체들과의 관계에서 통치력을 행사할 수 없게 되며, 따라서 사회적 혼란을 가져올 위험이 다분한 이론이라는 지적을 받을 수 있다.

Ⅵ. 사회계약설

「社會契約說(사회계약설)」은 국가란 그 국가의 구성원들의 합의, 즉 계약에 의해 발생하고 그에 따라 국민의 자유와 권리를 보호하기 위해서만 권력을 행사할 수 있다는 견해로서 「사회계약」 또는 「국가계약」으로 부르기도 한다.

이 학설은 Hobbes, Rousseau, Kant 등이 주장하였으며, 특히 Kant는 국가자체의 존립의 기초를 국민의 자발적인 합의에 두고 국가계약을 사실의 문제가 아닌 권리의 문제로 이해하였다.

Ⅶ. 국가 · 法 동일설

「국가 · 法 동일설」은 국가는 「근본규범(Grundnorm)을 최고로 하여 단계구조를 이루는 국법질서 그 자체」라고 하는 Kelsen의 견해이다. 즉 法 이외에 국가가 있어서 法을 창설하는 것이 아니라 국가는 강제법질서로서의 국법질서 그 자체에 불과하다고 한다. 그러나 이 견해는 국가의 정치, 사회, 경제, 문화 등의 다면성을 외면하고 법적인 측면만을 주장하려는 극히 소극적인 견해라는 비판을 받을 수 있다.

Ⅷ. 사견

위의 여러 학설 중 어느 한 학설만을 가지고 국가의 본질을 정의하기는 불가능하다. 국가란 그 구성요소로서 영역과 국민 그리고 주권을 갖추어야 성립하는 조직체이다. 국가의 주권과 주권의 행사방법 및 범위 등은 그 국가의 구성요소로서의 국민들에 의한 합의로서 결정된다. 이렇게 볼 때 국가란 국민의 합의에 근거한 법적 질서에 따라 국민을 위해 統治權(통치권)을 행사하는 법적, 정치적 사회조직이라고 생각된다.

제4절 국가의 형태

「국가의 형태(form of the state, staatsform)」란 국가조직에 관한 형태를 말하는데, 그 구별의 표준을 어디에 두느냐에 따라 여러 가지로 구분할 수 있다. 이에 대하여 Jellinek는 국가형태의 분류에 관한 표준을 국가의사구성의 방법(die Art der staatlichen Willensbildung)에 두어, 국가의사는 1개인의 자연적 의사 또는 다수인의 기술적 방법에 의해 결정되며, 이에 따라 국가형태를 「군주국(Monarchie)」과 「공화국(Republik)」으로 분류하여야 한다고 주장하였다.

또한 국가형태를 국가권력의 보유(Truger der Staatsgewalt) 여부에 따라 분류하고, 동시에 국가권력의 행사방법(manner of exercise)에 따라 분류하여 전자에 의한 구별을 「國體(국체)」, 후자에 의한 구별을 「政體(정체)」라고 하였다. 그리고 Schmitt의 학설에 의하면 헌법형태(Verfassung form) 또는 국가형태(Staatsform)는 헌법을 제정할 수 있는 권력, 즉 헌법제정권력(constituent power)의 소재에 의한 국가형태의 분류인데 대하여 정부형태(Regierungsform)는 헌법제정권력에 의해 제정된 憲法(헌법)에서 규정되고, 따라서 조직화된 권력(Konstituierte Gewalt)의 양식에 의해 구별된다고 한다.

이 외에도 국가의 형태를 분류하는 방법에는 여러 가지가 있으나 여기에서는 국가형태의 일반적 분류방법인 주권의 소재를 표준으로 한 방법과 통치권의 행사방법을 표준으로 하여 크게 국체와 정체에 따라 국가형태를 구분해 본다.

Ⅰ. 국체에 의한 분류

「국체(Staatsform im engeren Sinne)」의 법적 의미는 국가권력의 최종적 귀속자, 즉 국가권력의 보유자를 표준으로 하여 분류한 국가형태의 하나이다. 통설에 의하면 이러한 국체는 국가가 존속하는 한 국가의 근저를 형성하며 국가에 동일성을 준다. 따라서 혁명에 의하여 국가권력의 보유자가 변하면 국가는 동일성을 상실하고 새로운 국가가 형성된다고 주장한다. 국체에 의한 국가형태는 한 사람의 君主(군주)에게 국가권력이 귀속되는 「군주국」과 다수인이 국가권력을 보유하는 「共和國(공화국)」으로 구분된다.

1. 군주국

「君主國(군주국)」이란 그 국가의 주권, 즉 국가권력을 자연인인 군주 한사람이 보유하는 국가를 말하며, 군주가 결정되는 방법에 따라 「세습군주국」과 「선거군주국」으로, 그리고 군주의 주권행사방법에 따라 「전체군주국」과 「제한군주국」으로 분류된다.

「전통적인 군주국」이라 함은 세습적 전제군주국을 의미하는 것이지만 오늘날에는 이러한 전통적 군주국이 거의 존재하고 있지 않다. 專制主義(전제주의)와 民主主義(민주주의)의 타협으로 영국에서 출연한 「立憲君主制(입헌군주제)」는 군주로서의 권한의 보유를 인정하면서 입법작용에 민선의회를 참여시키고, 그 행정작용에는 내각의 협력을 얻도록 하며 또한 사법작용에는 독립된 법원으로 하여금 재판을 하게 하는 것 등의 특색을 가진 가장 발달한 군주제라고 할 수 있다.

2. 공화국

「共和國(공화국)」이란 주권이 소수의 귀족이나 한 계급 또는 국민전체에 귀속되는 국가형태를 말한다. 소수의 귀족에게 주권이 귀속되는 국가를 「귀족공화국」이라 하고, 한 계급에 주권이 귀속되는 국가는 「계급공화국」, 그리고 국민전체가 주권을 보유하는 국가는 「민주공화국」이라 부른다.

또한 민주공화국은 일반적으로 國民主權主義(국민주권주의), 權力分立主義(권력분립주의), 法治主義(법치주의) 등의 제도를 채택하고 있으며, 그 권력구조의 분권 여하에 따라 「단일공화국」과 「연방공화국」으로 구분하고 다시 권력분립의 형태에 따라 「대통령제」, 「의원내각제」, 「의회제」 등으로 구분한다. 우리나라는 대통령중심제의 단일 민주공화국의 형태를 취하고 있으며, 이를 헌법 제1조 제1항에서 「대한민국은 민주공화국이다」라고 명문으로 규정하고 있다. 이는 우리나라의 국호를 규정함과 동시에 국체를 헌법적 차원에서 선언한 것이다.

II. 정체에 의한 분류

「政體(정체)」라 함은 統治權(통치권)의 담당자 내지 발동형식에 따라 분류되는 국가형태로서 국체가 주권을 누가 보유하느냐의 문제라면 정체는 그 주권을 어떻게 행사하느냐의 문제라고 하겠다. 따라서 국체는 고정적, 항구적 성질을 가지지만 정체는 시대적 요청에 따라 변동하기 쉽다.

국체의 변동은 혁명에 의해서만 발생할 수 있으나 정체의 변동은 혁명을 통하지 않고서도 이루어질 수 있다.

1. 직접민주정체와 간접민주정체

국민이 직접 통치권을 담당하고 발동하는 통치체제를 가지는 정부형태를 「直接政體(직접정체)」라 하고 국민이 통치권과 그 발동을 독립된 기관에 위임하는 정부형태를 「間接政體(간접정체)」라 한다. 이 구분은 국민이 통치권을 직접 발동하느냐 간접적으로 발동하느냐에 의한 분류로서 현재는 통치지역의 광역화와 인구의 과다로 인해 대부분 간접민주정체의 통치체제를 채택하고 있는 실정이며, 직접민주정체는 영토가 좁고 인구가 적은 고대도시국가에서 가능한 통치제제로 현재 스위스의 2, 3개州(Kanton)에서 그 흔적을 찾아 볼 수 있다. 「直接民主政體(직접민주정체)」는 국민이 직접 헌법 또는 법률을 제정, 개정한다던가 예산을 편성하는 등 국가기관 구성 관여권이 외에 직접통치권을 행사할 수 있으며, 이 때문에 간접민주정체에서는 대표의 원리(Prinzip der Reprasentation) 대신에 동일성의 원리(Prinzip der Identitat)가 행하여진다.

2. 민주정체와 독재정체

「民主政體(민주정체)」란 국가의 통치의사와 국민의 의사를 일치시킴으로써 통치자와 피치자 사이의 동일성을 유지하는 통치체제를 말하고, 「獨裁政體(독재정체)」란 君主國(군주국)이 아닌 共和國(공화국)의 국제에 속하는 국가에 있어서 통치권의 일부 담당자가 주권자의 의사를 무시하고 실력으로써 다른 통치기관을 억압하여 국민을 타률적으로 지배하는 통치체제를 말한다.

「민주정체」는 기본적 인권과 권력분립을 보장하는 정체인 데 반하여 「독재정체」는 국민의 기본권이나 권력분립을 보장하지 않는 비민주적 정체이다. 따라서 타율주의에 의한 통치라는 점에서 독재정체는 전제정체와 유사하다.

「민주정체」는 미국의 독립과 프랑스혁명 후 개인주의와 자유주의를 이념으로 하는 시민계급이 절대주의를 타도하고 정치적 승리를 거둔 결과, 그들의 이상을 실현하려는 수단으로 채택된 정치체제이다. 따라서 민주정체는 權力分立主義(권력분립주의)와 法治主義(법치주의)를 원칙으로 하여 국민의 자유와 권리를 보장하는 것을 그 근본원리로 하고 있다.

3. 단일정체와 연합정체

「單一政體(단일정체)」란 통치권의 담당과 발동이 중앙정부에 전적으로 귀속되는 통치체제를 말하며, 「聯邦政體(연합정체)」란 국가의 통치권이 연방과 우방에 나뉘어 귀속되는 통치체제를 말한다.

근대국가는 대체로 단일정체를 채택하였으나, 또한 서로 다른 독립국가들이 결합하여 하나의 국가를 형성하는 경우가 발생하게 되었는데 이러한 국가를 「聯邦國家(연방국가)」라 하며 연방국가의 주권은 연방정부가 소유하고 각 우방국은 연방정부의 간섭을 받지 않는 일정한 범위의 권한을 가지고 있다는 점이 단일국가의 지방자치단체와 구별된다.

제5절 국가의 권력분립

Ⅰ. 권력분립의 의의

「權力分立主義(권력분립주의)」는 국가의 권력을 서로 분리독립된 기관에 담당시켜 그 상호간의 견제와 균형에 의하여 권력의 람용과 恣意(자의)를 방지하여 국민의 자유와 권리를 보장하고자 하는 자유주의적 정치원리를 의미한다. 권력분립주의는 J. Locke가 처음 주장한 이론이며, J. Locke는 시민정부이론에서 국가의 최고권력은 국민에게 있다는 전제하에 立法權(입법권)이 있고, 입법권밑으로 執行權(집행권)과 聯合權(연합권)이 있어야 한다고 하여 二權分立(2권분립)을 주장하였는데, 이는 영국의 의원내각제의 기초가 되었다. 그러나 Montesquieu는 그의 「法의 정신」에서 입법권, 행정권, 사법권 등의 3권의 동등분립을 주장하여 미국의 대통령제에 영향을 주었다.

Ⅱ. 권력분립의 현대적 변용

18세기 근대법치국가의 권력분립 이론은 20세기의 현대적 특수상황으로 인해 그 수정이 불가피해졌다. 현대적 특수상황으로서 첫째는 현대복리국가의 구현을 위하여 국가기능의 적극화를 요구하게 된 점이며, 둘째는 현대의 정당민주주의의 발달로 정치권력의 통합현상이 나타나고, 그 결과 입법권과 행정권의 분립이 무의미해지면서 여당과 야당의 기능적 분립이 중요성을 더하게 된 점이고, 셋째는 국내외적으로 계속되는 위기상황에 대처하기 위한 정부의 강력한 권한의 필요성을 들 수 있다. 이에 따라 권력분립은 이미 절대적인 것이 아닌 상대적인 것으로서 국가권력간의 기능상의 융화, 공조의 필요가 불가피하게 되었으며 또한 국민의 자유보장을 위한 기술적 제도로서 중요한 기능을 담당하는 현대적 의미의 자유민주적 정치원리로의 수정이 불가피하게 되었다.

Ⅲ. 우리 헌법상의 권력분립주의

우리나라의 권력분립 형태는 시대와 집권자의 변화에 따라 다른 모습으로 변천해 왔다. 제1공화국에서는 행정부 우위형의 대통령제, 제2공화국은 균형적 의원내각제, 제3공화국은 미국식 대통령제에 가까우면서 사실상 정부우위형을 취하는 형태, 제4공화국은 대통령에게 권력이 집중된 행정부 우위의 영도적 대통령제, 제5공화국은 행정부 우위형의 대통령제, 제6, 7공화국은 대통령의 권한을 축소시키고 국회의 권한을 강화시키는 동시에 사법권의 자율성을 확보한 삼권분립형 대통령제를 각각 채택하였다.

현행 헌법은 입법권은 국회에(헌법 제40조), 행정권은 대통령을 수반으로 하는 정부에(헌법 제66조 제4항), 사법권은 법원에(헌법 제101조 제1항) 속하게 함으로써 3권의 분립을 통치구조의 원칙적 원리로 하고 있다.

헌법 제101조 제1항은「사법권은 법관으로 구성된 법원에 속한다」고 규정함으로써 헌법 제40조 및 제66조 제4항과 더불어 삼권분립의 원칙을 선언하고, 제103조는 사법권의 독립을 규정하였다. 그리고 행정권과 입법권의 관계에 있어서도 국회가 정부불신임권을 가지지 않는 대신 대통령도 國會解散權(국회해산권)을 가지지 않는 점에서 고전적 권력분립의 원리를 채택하고 있다.

제6절 정부의 형태

Ⅰ. 개념

정부형태에 대한 개념은 두 가지로 정의할 수 있는데, 「넓은 의미의 정부형태」란 영어의 「Regierung」에 해당하는 것으로 입법부, 행정부, 사법부를 포함하는 권력구조 또는 통치구조의 형태를 뜻한다. 그리고 「좁은 의미의 정부형태」란 넓은 의미의 정부형태 중 행정부만의 조직과 작용을 나타내는 정부의 조직형태를 말한다.

현대국가의 정부형태는 국가에 따라 여러 가지로 나타나고 있으나, 입법부인 국회, 행정부인 정부, 사법부인 법원의 세 기관으로 구성되는 것이 일반적이다. 법원은 재판을 그 주된 임무로 하고 국가정책의 수립 및 그 운용은 적극적으로 관여하지 않으므로 국가정책의 수립 및 그 운용은 국회와 정부의 임무가 되고, 따라서 국정의 운용에서는 국회와 정부와의 상호관계가 특히 중요시된다. 뿐만 아니라 정부형태의 문제도 정부와 국회와의 관계에서 논의되고 결국 정부가 국회에 대하여 어떠한 지위에 서느냐에 따라 정부형태가 결정된다.

정부형태는 대통령중심제, 내각책임제, 이원정부제, 스위스식 정부형태, 국무대신중심형, 행정부 독재적 정부형태, 소비에트식 정부형태 등이 있으나 여기서는 현대국가에 많이 취하는 형태인 대통령중심제, 내각책임제, 이원정부제에 대하여서만 살펴본다.

II. 대통령중심제

「大統領中心制(대통령중심제, presidential system)」는 미국에서 처음 시작된 정부형태로서 입법, 사법, 행정의 3권이 엄격히 분립되고 상호간의 견제와 균형을 기본원리로 하는 제도이다.

1. 특징

이 제도의 특징은 첫째, 정부는 그 성립, 조직 내지 존속에 있어서 국회로부터 독립하는 것이 원칙이며, 둘째, 국회의원과 정부공무원의 겸임이 인정되지 않고 정부의 法律提案權(법률제안권)이 없고 정부 고급공무원의 국회출석발언권이 인정되지 않으며, 셋째, 국회와 정부의 견제와 균형이 강조된다. 넷째, 이 제도에서는 대통령이 행정부의 수장인 동시에 대외적으로 국가를 대표하는 국가원수의 지위를 가진다.

2. 유형

대통령중심제의 유형에는 미국이 채택하고 있는 미국식의 「순수한 대통령중심제」와 한국, 브라질 등이 채택하고 있는 대통령제에 내각책임제를 가미한 형태인 「반대통령제」, 대통령에게 국가권력이 집중된 「신대통령제」 등이 있다.

3. 장단점

이 제도의 장점으로는 대통령의 임기 동안은 정국이 안정될 수 있으며, 국회의 정부에 대한 경솔한 간섭을 배제할 수 있다는 점을 들 수 있고, 단점으로는 국회와 정부 상호간의 동등한 법적 지위에 의한 상호간의 대립과 억제로 시간적, 경제적 낭비가 심하고, 국가의 정책을 신속하게 처리할 수 없으며, 민주정치가 성숙하지 못한 나라에서는 정부의 독선을 가져 올 우려가 있으며, 국정운영의 책임이 국회와 대통령에게 분산되어 책임정치의 원칙이 확립되지 못한다는 점이 있다.

Ⅲ. 내각책임제

「內閣責任制(내각책임제, Parliamentary Cabinet System)」는 「議員內閣制(의원내각제)」라고도 하며, 영국의 정치적 산물로서 입법부와 행정부가 권력의 분립과 균형을 유지하면서 서로 밀접한 관계를 가지는 제도로서 현재 영국을 비롯한 절대 다수의 입헌민주국가가 이 제도를 채택하고 있다.

1. 특징

내각책임제에 있어서는 첫째, 행정부는 그 성립과 존속에 있어 국회에 의존하고 있으며 국정 전반에 걸쳐 국회의 신임하에 있으므로 법적으로 국회가 행정부에 대하여 우월한 지위를 보유하고, 둘째 국회의 다수당이 동시에 내각조직권을 보유하고 있기 마련이므로 다수당을 통하여 입법권과 행정권의 융화가 이루어지며, 셋째는 행정부의 實權(실권)은 내각에 있고 국가원수로서의 군주 또는 대통령은 형식적인 권한 만을 가지는 이원성을 가지는 특징이 있다.

2. 유형

내각책임제의 유형에는 프랑스 제3, 4공화국이 채택한 정부형태로서 집행권이 대통령과 내각에 분산되고 정부의 의회해산권 불행사의 관행으로 의회는 강하고 정부는 약한 「고전적 의원내각제」, 독일의 정부형태로 수상에게 실질적 행정권을 부여하고 의회가 정부를 불신임하기 위한 요건을 강화하여 사실상 정부불신임이 곤란한 통제된 「의원내각제」, 영국이 채택하고 있는 수상이 정책결정권을 독점하는 「수상정부제」로서 사실상 정부의 우월권이 인정되는 「내각책임제」 등이 있다.

3. 장단점

내각책임제의 장점으로는 국회와 정부가 근본적으로 대립한 경우 국회의 내각불신임에 따른 내각의 국회해산을 통해 신속하게 해결할 수 있고, 정부가 국회의 신임을 얻고 있는 한 정부는 국회의 지지를 배경으로 강력한 정책을 신속하게 처리할 수 있다. 또한 국정에 대한 책임이 국회의 다수당에 집중되어 책임소재가 명백하며 민의를 상대적으로 가장 충실하게 반영하는 국회의 감시 아래에 정부가 존재하므로 민주주의적 사상에 적합하다는 점을 들 수 있고, 단점으로는 군소정당이 난립하는 경우 집권당의 집권수명이 단명이 될 수밖에 없고 이를 방지하기 위해 내각연명책을 강구한다고 해도 분산되는 각당의 이해상충으로 정책의 신속한 집행이 어렵고, 다수당의 횡포가 우려되며, 여러 정당이 정권획득을 위해 분쟁이 계속되며 국회의원의 신임지지를 얻기 위한 부정부패가 야기될 위험 등을 들 수 있다.

Ⅳ. 이원정부제

「二元政府制(이원정부제, double executive)」란 대통령중심제와 내각책임제를 결합하여 정부가 이원적으로 운용되는 형태를 말한다. 미국식 대통령중심제에서는 내각은 대통령의 결정을 보좌하는데 그치므로 정부는 대통령을 중심으로 일원적이며, 내각책임제에 있어서는 대통령은 형식적인 권한만 가지고 내각이 실질적 행정권을 가지므로 정부가 내각을 중심으로 일원적으로 운용된다. 그러나 이원정부제에 있어서는 대통령이 실질적 권한을 가짐과 동시에 내각도 실질적 권한을 가지고 있으므로 정부가 이원성을 가진다는 특징이 있다.

이 제도는 오스트리아, 핀란드, 바이마르공화국 등에서 그 예를 찾아볼 수 있으며, 프랑스 제5공화국의 경우도 내각과 수상이 독자적인 권한을 가지는 부분이 상당히 있기 때문에 여기에 속한다고 할 수 있다.

이원정부제하에서는 대개 대통령은 의회에서 독립하여 국민에 의해 직선되고, 내각은 의회에 대하여 책임을 진다. 그러나 비상시에는 대통령의 권한이 강화되어 비상조치권, 국회해산권을 행사하며 권한행사에는 부서를 요하지 않는다.

제12장 법학

제1절 법학의 개념

「法學(법학)」 또는 「法律學(법률학, Science of law, Rechts-wissenchaft)」이란 넓은 의미로는 法規範(법규범)에 관한 모든 학문을 총칭하는 것이며, 일반적으로는 實定法(실정법)을 대상으로 하여 연구하고 그 체계의 정립을 목적으로 하는 학문, 즉 「實定法學(실정법학)」 또는 「法解釋學(법해석학)」을 말한다.

따라서 법학은 규범과학과 사회과학으로서의 성질을 가진다고 할 수 있다. 이러한 법학은 법규범과 그 역사를 같이 하며 여러 형태로 발전해 왔으며, 학자에 따라 그에 대한 정의도 달랐다. 이에 대하여 Ulpianus는 "법학은 神事(신사) · 人事(인사)의 지식이고, 正 · 不正의 학문이다"라고 정의하였으며, Grotius는 "법학이란 권리의 학문이다"라고 정의하였다.

법학이란 法에 관련되는 사항을 대상으로 하는 모든 학문을 총칭하는 것으로서 法解釋學(법해석학), 法史學(법사학), 法社會學(법사회학), 法政策學(법정책학), 法哲學(법철학), 法人類學(법인류학), 法心理學(법심리학), 法神學(법신학) 등을 포함하는 광범한 학문이기 때문에 일의적으로 정의한다는 것은 불가능하다고 하겠다. 법학 중에서 법해석학이 實踐法學(실천법학)으로서 로마시대 이후 법학의 중심이 되어 왔으며 法의 기본원리를 이론적인 측면에서 요구하는 법철학이 법해석학과 함께 법학에 있어서 중심을 이루어 상호보완관계를 유지하고 있다.

제2절 법학의 분류

법학을 분류하는 데도 학자들의 견해가 일치하는 것은 아니지만 일반적으로 법학을 법철학과 법과학으로 크게 구분하고 다시 법과학을 법해석학, 법사학, 법사회학, 법정책학 등으로 분류한다.

여기서는 법철학, 법해석학, 법사학, 법사회학, 비교법학 등에 대해서만 살펴본다.

Ⅰ. 법철학

「法哲學(법철학, philosophy of law, Rechtsphilosophie)」이란 法의 본질을 모색하고 法의 목적과 이념을 추구하며 법학의 방법론을 확립하기 위한 넓은 의미의 법학의 한 분야이다. 법철학의 연구를 통해 법학적 지식을 올바르게 종합하고 그것을 활용할 수 있는 힘을 얻게 된다.

이러한 법철학은 철학의 일부분이면서 법학의 일부분이며 따라서 법철학을 연구하려면 법학적 지식과 철학적 연구방법이 동시에 요구되며 법철학은 법률의 배후까지도 깊이 관계하여 법학 자체를 문제시한다.

법철학의 내용은 法 그 자체의 본질을 연구대상으로 하는 법존재론적 측면과 법인식의 방법과 가능성을 연구의 대상으로 하는 법인식론적 측면, 그리고 가치와 규범적 관점에서 法과 법규범을 연구하는 측면과 철학사적 관점에서 法을 연구하는 측면의 내용으로 분류된다.

Socrates, Platon, Aristoteles 등은 철학의 범주 안에서 法과 正義(정의)의 문제를 심도 있게 다루었으며, 그 영향으로 오늘날 법철학의 학문적 토대를 마련해 주었다.

법학은 法이 무엇을 규율하느냐의 문제에 대한 해답이라면 법철학은 法을 무엇으로 이해할 것인가의 문제에 대한 해답이라고 할 수 있다. 즉 법학이나 법철학의 연구 대상은 法이지만 이를 연구하는 방법을 달리하는 것이라고 할 수 있다.

Kant는 이에 대해 "법학은 오직 일정한 法이 무엇을 명령하느냐의 문제에 답할 뿐이지만 법철학은 무엇을 일반적으로 法이라고 이해하지 않으면 안 되는가의 문제에 답하는 것"이라고 하였다.

Ⅱ. 법해석학

「法解釋學(법해석학)」은 어떤 국가나 특정 시대의 실정법을 대상으로 그 법리를 연구하여 해석, 적용의 이론을 구성하는 것을 목적으로 하는 학문으로서 「법률학」 또는 「註釋法學(주석법학)」이라고도 한다.

이러한 법해석학은 일반법학과 개별법학으로 나누어지는데 개별법학은 실정법의 체계에 따라 그 학문적 체계를 구성하는 憲法學(헌법학), 行政法學(행정법학), 民法學(민법학), 商法學(상법학), 刑法學(형법학), 民事訴訟法學(민사소송법학), 刑事訴訟法學(형사소송법학) 등이 이에 속한다.

그리고 일반법학은 개별법학의 각 분야의 실정에 타당하는 기초이념, 근본법칙 등을 연구하는 것을 주목적으로 한다. 이러한 법해석학은 지나친 형식논리에 치우쳐 法의 이념과 사회현실을 무시하고 추상적인 법개념의 유희와 법해석의 자의성에 빠질 위험이 있다. 따라서 이러한 단점을 제거 · 보완하는 것이 법해석학의 중요한 과제라고 할 수 있다.

법해석학의 역사는 로마법학에서 그 발생을 찾을 수 있으며, 11세기경 로마 주석학파에 의해 활발히 연구, 발전되어 19세기는 독일의 관념주의 철학에 힘입어 현저한 발전을 보았다. 법해석학은 본래 경험적인 실징법을 그 대싱으로 하고 있는데 그 임무는 법규범을 객관적으로 설명하는데 그치는 것이 아니고 다시 그 의미를 파악하는 것까지도 목석으로 하고 있다. 뿐만 아니라 이와 같은 법규범은 그 사회적 사실 가운데서 귀납된 모든 법칙과는 그 성질을 달리하며 그 추상성은 법규범의 내용적 추상성에 의한 것에 지나지 않는다. 이러한 점에서 법해석학의 사회과학으로서의 성격에 관해서는 많은 문제점이 발견된다. 그러나 법해석학은 적어도 그 실정법의 인식에서 사회현상의 인식과 밀접한 관련성을 보이고 있으며, 또 法의 해석, 적용이라고 하는 실천을 위한 기술을 부여하는 임무까지도 있는 것이고 따라서 극히 특이한 것이기도 하지만 사회과학 가운데에 하나의 지위를 차지하고 있다고 할 수 있다.

Ⅲ. 법사학

「法史學(법사학, Legal history, Rechtschichte)」이란 인간생활을 법적 측면에서 사실적, 역사적으로 고찰하는 학문으로서 「法制史(법제사)」 또는 「법제사학」이라고도 부른다. 법사학은 과거에 존재했던 法

을 그 연구대상으로 하고 그 대상을 역사학적 방법으로 이론구성을 시도한다는 점에서 법학의 일부이면서도 역사학의 한 부분이라고도 할 수 있다.

즉, 어떤 국가나 민족의 법질서 및 법사상이 어떤 모습으로 생성, 발전, 소멸되어 왔는가 하는 것을 역사적인 관점에서 고찰함으로써 현대의 법질서 및 법사상을 정확하게 이해하며 미래의 법질서와 법사상의 전개를 예측해 볼 수 있다. 법사학은 국가의 헌정사를 연구하는 「公法史(공법사)」, 경제적 · 사회적 기초에 관한 법적 형성과정을 연구하는 「私法史(사법사)」, 그리고 사법기관의 제도적 변천과정을 연구하는 「司法史(사법사)」 등 여러 분야로 나누어진다.

그러나 결국 이러한 것들은 모두 그 국가의 법질서와 법사상의 생성, 발전, 소멸에 대한 사적 고찰이란 공통점을 가진다.

법사학이 법학의 한 분야가 된 것은 19세기 Savigny에 의한 역사학파의 성립 이후부터이다. 이와 같은 법사학의 연구에서 비교법사학적 방법론과 법사상사적 방법론이 중요시되며, 따라서 법사학은 실정법 분야와도 직결되는 광범위한 학문이므로 그 연구방법이 정립되어야 각 실정법들이 정착되고 아울러 학문적인 완성을 기대할 수 있다.

Ⅳ. 법사회학

「法社會學(법사회학, Sociology of law, Rechtssoziologie)」이란 법현상을 사회학적 방법에 의하여 역사적 사회현상의 하나로 파악하여 인접사회현상(종교, 도덕, 정치, 경제 등) 내지 인접사회형태(가족, 사회, 국가 등)와의 관련 속에서 그 성립, 발전, 소멸의 법칙을 연구하는 경험과학을 말한다. 이러한 법사회학은 대상을 중심으로 본다면 법학의 성격을 가진다고 볼 수 있고, 연구 방법적 측면에서 본다면 사회학적 성격을 가진다고 할 수 있다. 즉 법현상을 대상으로 사회학적 방법으로 연구하여 그 사회의 실정법의 존재사실과 작용을 정확히 인식하고 설명하고자 하는 학문이다.

법사회학은 종래의 법해석학의 폐단에 대한 반성에서 시작하였으며, 19세기 이후 복지국가이념의 출현과 더불어 사회학의 발전에 힘입어 법사회학은 많은 발전을 이룩하였으며, 전통적 법해석방법으로부터 탈피하여 새로운 사고에 의한 법해석을 목적으로 하는 법학자들의 노력이 계속되고 있나.

법사회학은 法을 사회현상으로 파악한다는 점에서는 法의 문구적 해석에 중심을 두는 법해석학과 다르고, 사회현상으로서의 法의 보편적 성격을 규명하고자 하는 점에서는 법철학과 구별된다고 하겠다. 그러나 法의 해석, 적용은 그 자체가 법현상에 가치를 인정하는 과정이기 때문에 법사회학도 법해석학적 방법론을 완전히 배제할 수 없다는 연관성도 가진다.

또한 법사회학은 법규범 이외의 다른 사회규범에 관해서도 법규범과의 관계를 연구의 대상으로 한다는 점에서 특징을 가지는데, 이러한 입장에서 法을 가리켜 국가의 조직적 강제력에 의해 그 효력이 보장되는 强制規範(강제규범)이라고 하는 전통적인 法의 정의는 오로지 재판규범만을 지칭하는 말이며, 재판규범의 논리적 해석에만 종사하는 종래의 해석법학을 실용법학이라 하여 이를 비판하고 사회생활을 지배하는 「살아있는 法(lebendes Recht)」을 탐구하는 것이 바로 법사회학적 방법이라고 한다.

V. 비교법학

여기에서 「比較法學(비교법학, Comparative jurisprudence, vergleichende Rechtswissenschaft)」이란 2개국 이상의 법문화에 대하여 법해석상의 방법, 입법절차, 法의 일반원칙의 수립관계 및 법학교육상의 문제점 등을 비교, 대조하여 그 특징과 차이점을 규명하여 실정법을 발전시키고 또한 국제간의 법적 통일을 모색하고자 하는 학문이다. 즉 法의 지리적, 민족적, 문화적 비교학문이라고 할 수 있다.

法의 체계적으로 볼 때 우리나라의 법체계는 대륙법계의 계수로 시작되었으나, 현재는 영미법계의 법체계를 도입하여 혼합적 법체계를 나타내고 있는 실정이다. 이는 서로 다른 법체계의 비교, 검토결과 법현실에 가장 타당한 법체계를 채택함으로써 보다 현실적이고 살아있는 法을 유지하기 위한 목적에서 비교법학적 방법에 의한 결실이라고 할 수 있다.

이러한 비교법학은 법해석학뿐만 아니라 법철학, 법사학, 법사회학 등 법학의 모든 분야를 그 범위 내에 두고 있다고 할 수 있다.

제2편 법학각론

제1장 헌법

제1절 헌법 총칙

Ⅰ. 헌법의 개념

1. 헌법의 의의

「憲法(헌법, constitution, Verfassungsrecht)」이라 함은 국가의 통치체제와 국민의 기본권보장을 규정한 국가의 根本法(근본법)을 말한다. 무릇 어떠한 집단이 정치적 통일체를 이루어 국가를 형성시키기 위해서는 그 구성원의 의사를 조직화하는 법규범이 필요한데 이것을 헌법이라고 한다. 이러한 헌법은 역사적인 관점에서 또는 존재론적인 관점에서 다음과 같이 살펴볼 수 있다.

1) 역사적인 관점에서의 헌법

역사적인 관점에서 헌법을 살펴보면 크게 고유한 의미의 헌법, 근대 입헌주의적 헌법, 현대 복지국가의 헌법으로 나눌 수 있다.

「고유한 의미의 헌법」이란 국가의 통치체제에 관한 가장 근본적인 법규범을 말하며, 이러한 의미의 헌법은 시대와 장소를 막론하고 모든 국가가 가지고 있는 헌법이다.

「근대 입헌주의적 헌법」은 개인의 자유와 권리보장을 최고의 이념으로 하고, 이를 위하여 法治主義(법치주의)와 權力分立主義(권력분립주의)에 입각해서 통치하는 18, 9세기의 자유주의적 입헌주의 헌법을 말한다. 이러한 헌법은 근대 민족국가의 출현과 그 시기를 같이 하며,

계몽주의자들의 사회계약설을 기초로 하여 정립된다.

「현대복지국가의 헌법」이란 국민의 생존과 권리보장의 실질화를 실현시키기 위한 20세기의 헌법을 말한다. 이러한 헌법은 국민이 국가에 대하여 소극적으로 방임하여 줄 것을 요구하는 것이 아니라 적극적으로 뭔가를 끊임없이 해줄 것을 요구하여 국민생활의 다방면에 조정자로서의 국가의 개입을 초래하게 된다.

2) 존재론적 관점에서의 헌법

헌법이 존재하는 형식에 따라 실질적 의미의 헌법과 형식적 의미의 헌법으로 나눌 수 있다.

「실질적 의미의 헌법」이라 함은 그 형식을 불문하고 국가의 조직과 작용에 관한 기본적인 사항을 규정하고 있는 법규범의 총체를 말하며 이에는 慣習憲法(관습헌법)도 포함된다. 이에 대해 「형식적 의미의 헌법」이라 함은 成文(성문)의 헌법, 특히 「헌법」이라는 이름을 가진 法典(법전)을 말한다.

실질적 의미의 헌법과 형식적 의미의 헌법은 대체로 일치하는 것이 원칙이지만 입법기술상의 곤란, 헌법정책 또는 편의적인 이유, 헌법사항의 가변성 때문에 때때로 불일치하는 경우도 있다.

2. 헌법의 분류

1) 전통적인 분류방법

일반적으로 행해지는 헌법의 분류는 그 기준에 따라 다음과 같이 분류될 수 있다.

먼저 헌법의 존재형식에 따라 「成文憲法(성문헌법)」과 「不文憲法(불문헌법)」으로 나눌 수 있는데, 대부분의 국가가 성문헌법을 가지고 있는 데 반해 영국, 캐나다, 뉴질랜드 등은 불문헌법국가로 알려져 있다.

헌법의 개정절차의 난이도에 따라 「硬性憲法(경성헌법)」과 「軟性憲法(연성헌법)」으로 나누어지는데, 성문헌법을 가지고 있는 대부분의 국가가 헌법개정절차가 일반 법률보다 더 엄격한 경성헌법을 가지는 데 반해 불문헌법국가인 영국, 뉴질랜드 등은 일반 법률과 같은 절차로 개정될 수 있는 연성헌법을 가지고 있다.

그리고 헌법의 제정주체에 따라 欽定憲法(흠정헌법), 民政憲法(민정헌법), 協約憲法(협약헌법), 國約憲法(국약헌법)으로 나뉜다. 헌법의 제정주체가 군주인 헌법을 「흠정헌법」, 제정주체가 국민인 헌법을 「민정헌법」이라 하고, 군주와 국민대표의 합의에 의해 제정된 헌법을 「협약헌법」, 여러 국가(연방, 주) 사이의 합의에 의해 성립된 헌법을 「국약헌법」이라 한다.

2) 새로운 분류방법

Loewenstein은 헌법규범이 현실을 규율하고 있는가에 따라 규범적 헌법, 명목적 헌법, 장식적 헌법으로 구분하기도 하고 헌법의 독창성에 따라 독창적 헌법, 모방적 헌법으로 구분하기도 한다.

「규범적 헌법」이란 헌법규정과 그 효력행사의 현실이 일치하는 헌법을 말하고, 「명목적 헌법」은 헌법은 이상적으로 만들었으나 사회 여건이 헌법의 이상에 따르지 못하는 경우를 말하며, 「장식적 헌법」이란 헌법은 있어도 하나의 장식에 지나지 않은 경우의 헌법을 말한다.

그리고 대통령제의 미국헌법, 국민공화정부제를 채택한 1793년의 프랑스헌법, 평의회제의 구소련헌법, 5권분립제를 채택한 1931년의 중국헌법 등은 독창적 헌법에 속하지만 대부분의 헌법은 외국의 기존 헌법을 그 국가의 현실에 적합하도록 재구성한 모방적 헌법이다.

3. 헌법의 특성

헌법이란 "사실과 규범의 교차로에 있는 것"이라는 Burdeau의 말에서 알 수 있는 것처럼 민법이나 형법과 같은 일반법규와는 다른 성격을 가지고 있다.

1) 사실적 특성

헌법은 여러 정치세력 간의 투쟁과 타협의 부산물이므로 정치성을 강하게 내포하게 되고, 그 시대를 살아가는 구성원의 일정한 이념과 가치를 내용으로 하여 이념성을 함유하며, 또 일정한 역사적 조건과 상황 속에서 만들어지는 것이므로 역사성을 특히 강하게 띠게 된다.

2) 규범적 특성

헌법은 한 국가의 법규범체계 중에서 최고의 단계에 위치하며 가장 강한 형식적 효력을 가지는 최고규범성, 통치의 기본구조를 조직하며 국가기관에 일정한 권한을 부여하는 조직규범성과 수권규범성, 권력분립을 규정하고 권력상호간에 견제 · 균형을 유지하게 함으로써 국가권력을 제한하여 국민의 기본적인 자유와 권리를 보장하는 권력제한규범성과 기본권보장규범성, 국민의 생활 속에 존재하면서 국민의 일상생활에 의해 실현되고 발전된다는 생활규범성 등을 내포하고 있다.

Ⅱ. 헌법의 변동

1. 헌법의 제정

헌법을 제정한다는 것은 실질적으로는 정치적 통일체의 종류와 형태에 관하여 헌법제정권자가 행하는 법창조적 행위를 의미하며, 형식적으로는 헌법사항을 성문헌법화하는 것을 의미한다. 헌법의 제정은 헌법제정권력에 의해서 나타나게 되므로 결국 헌법제정의 문제는 헌법제정권력이론으로 환원된다.

「憲法制定權力(헌법제정권력, die verfassungsgebende Gewalt)」이란 국가의 근본법인 헌법을 창설하는 힘을 의미한다. 이러한 헌법제정권력은 일찍이 Burdeau가 갈파한 것처럼 사실적인 힘뿐만 아니라 헌법제정권력 그 자체를 정당화시킬 수 있는 권위, 즉 규범적인 힘도 가져야 한다.

헌법제정권력의 주체는 Abbe Sieyes의 「제3계급이란 무엇인가?」 이후 국민주권주의에 따라 그 나라의 주권자인 국민이며, 헌법제정은 국가질서를 원시적으로 창조하는 일이기 때문에 헌법제정권력은 원시적 창조성, 자율성, 단일불가분성, 항구성, 불가양성 등을 가진다.

헌법제정권력의 행사방법은 신생국가의 독립이나 혁명에 의해 헌법제정이 이루어지고 있으므로 제도화한다는 것이 거의 불가능하다. 다만 일반적으로는 Sieyes의 대의제사상에 따라 국민이 선출한 헌법제정의회에서 의결하는 방법을 취하거나, Rousseau의 직접민주제사상에 따라 국민투표에 의하여 확정케 하거나, 또는 위의 두 절차를 병합하는 방법을 채택하고 있다.

헌법제정권력은 국가질서를 원시적으로 창조하는 권력이므로 그 한계가 있을 수 없다는 주장도 있으나 일반적인 견해는 자연법상의 원리, 기초적인 법원리, 시대보편적인 이데올로기, 국제법적인 원리 등을 근거로 헌법제정권력도 무제약의 권력이 아니라 한계를 가진다고 보고 있다.

2. 헌법의 개정

「헌법의 改正(개정)」이란 헌법에 정하여진 개정절차에 따라 전체로서의 헌법의 동일성을 유지하면서 의식적으로 성문헌법의 특정조항을 수정 · 삭제 · 추가하는 것을 말한다. 사회의 변화에 따른 헌법의 현실적응성과 실효성을 유지하기 위하여 헌법개정은 불가피한 현상이 되며, 헌법을 살아 있는 규범으로 유지시키기 위한 불가결의 중요한 수단이 되는 것이다.

다만 헌법의 實效性(실효성)을 유지하기 위하여 헌법개정이 피할 수 없는 현상이라 하더라도 헌법제정권자가 정한 기본적 결단이나 헌법의 본질적 부분을 파괴하는 개정은 불가능하다는 것이 일반적 견해이다.

헌법의 개정방식은 벨기에나 스위스처럼 특별한 헌법회의를 소집하여 확정하는 방법을 취하거나, 오스트리아나 일본처럼 국민의 직접투표에 의하여 확정하는 방법을 취하거나, 호주나 독일처럼 의회에 의하여 특별한 의결정족수를 요구하는 방법 등이 있으나, 우리나라에서는 현행헌법상 국회(재적의원 과반수)나 대통령의 헌법개정안 제안, 대통령에 의한 20일간의 공고, 60일 이내에 국회의 의결(재적의원 2/3 이상의 찬성), 30일 이내에 국민투표라는 절차를 통하여 헌법을 개정하도록 하고 있다.

3. 헌법의 변천

「헌법변천」이란 특정의 헌법조항이 개정절차에 따라 의식적으로 변경되는 것이 아니고, 형식적 조문은 그대로 있으면서 그 의미나 내용만이 실질적으로 변화되는 것을 말한다. 헌법변천은 헌법규범과 헌법현실 사이의 거리를 좁혀서 헌법의 규범적 기능을 제고시키기 위함이다. 이러한 헌법변천은 위헌적 입법이 있는 경우에 그것이 집행되고 이의가 제기되지 않는 경우, 헌법에 위반되는 관행이나 선례가 누적되는 경우, 국가기관이 헌법으로부터 위임받지 않은 사항에 관하여 계속적인 권한행사를 반복한 경우 등에 의하여 발생된다.

4. 헌법의 변경

「헌법의 변경」이란 헌법의 제정, 개정, 변천 이외에 헌법이 변경되는 경우를 말하며, 이에는 헌법의 파기, 헌법의 폐지, 헌법의 침해, 헌법의 정지 등이 있다.

「헌법의 파기」란 성문헌법을 폐기할 뿐만 아니라 기존의 헌법제정권력의 주체를 변경하는 것을 말하며, 「헌법의 폐지」란 헌법의 제정권력은 그대로 유지하면서 기존헌법을 폐지하는 것을 말하는데, 헌법의 파기와 폐지를 합하여 「광의의 혁명」이라고 한다. 혁명의 경우에는 기존헌법의 전면적 배제를 초래하지만 헌법의 침해, 헌법의 정지는 일시적으로 일부조항을 변경하게 되는 것을 말한다. 「헌법의 침해」란 헌법의 조항은 그대로 두고 다른 조치에 의하여 그 조항을 무력화시키는 것을 말하며, 「헌법의 정지」란 헌법의 특정조항의 효력을 일시적으로 중단시키는 것을 말한다.

Ⅲ. 헌법의 보장

1. 헌법보장의 의의

헌법의 침해나 파괴로부터 헌법의 본질적 부분을 보호하기 위하여 사전에 예방하고 사후에 교정함으로써 헌법의 최고법규성과 기능의 실효성을 확보하는 것이 요청된다.

국가의 보호가 국가의 그 자체를 보호대상으로 하는 것임에 대하여 헌법의 보장은 국가의 특정한 존립형식, 질서를 보호대상으로 한다. 그러나 일반적으로는 헌법보호수단이 동시에 국가보호수단이 될 수 있음이 보통이다.

2. 헌법보장의 주체

누가 헌법의 수호자이어야 하는가에 대해서는 학자들의 논쟁이 계속되고 있다. Carl Schmitt는 중립적 권력의 담당자인 제국대통령을, Hans Kelsen은 헌법을 최종적으로 해석하는 국가기관인 헌법법원을 각기 헌법의 수호자로 강조했으며, 또한 영국에서는 A. B. Keith의 국왕설과 H. Laski의 내각설이 서로 대립하고 있다.

오늘날 헌법보장기관으로는 대통령, 국회, 법원, 헌법재판소 등이 있음은 물론이고, 최후적이고 궁극적인 헌법의 수호자는 그 나라의 주인인 국민이라 할 것이다. 그리고 헌법의 수호는 어디까지나 국민이 헌법의 규범력을 존중하려고 하는 K. Hesse의 "헌법에의 의지"를 가질 때에만 가능하다.

3. 헌법보장의 수단

헌법보장을 실현시키는 헌법보장제도는 크게 평상적 헌법보장제도와 비상적 헌법보장제도로 나눌 수 있다.

「평상적 헌법보장제도」로는 사전예방적 보장방법으로써 헌법의 최고법규성 선언, 대통령의 헌법수호의무 선언, 국가권력의 분립, 경성헌법성을 규정한 헌법개정조항, 공무원의 정치적 중립성 등을 들 수 있고, 사후교정적 보장방법으로써 규범통제제도, 탄핵제도, 위헌정당해산제도, 헌법소원, 국정조사 및 검사제도 등을 들 수 있다.

「비상적 헌법보장제도」로는 국가긴급권제도와 국민의 저항권행사를 들 수 있다. 특히 抵抗權(저항권)은 주권자로서의 국민이 헌법보장을 위한 최후의 비상수단으로서, 자연인인 국민이 자연권적 기본권의 하나로서 헌법의 침해행위에 대하여 저항할 수 있는 권리를 말하는데 우리 헌법상으로도 헌법전문의 「불의에 항거한 4 · 19 민주이념을 계승하고」라는 문구를 저항권에 관한 표현으로 양해하는 것이 일반적 견해이다.

Ⅳ. 대한민국헌법의 기본성격

1. 대한민국의 기본구조

1) 대한민국의 국가형태

국가형태 분류론에 대해서는 Platon과 Aristoteles의 분류가 고전적인 의미를 가지고 있었으나, 근대이후에는 Rehm의 분류가 일반적으로 받아들여지고 있다. Platon은 군주국과 민주국으로, Aristoteles는 군주국 · 귀족국 · 민주국으로 분류하였으나, Rehm은 국가권력의 최고담당자가 누구냐에 따라 국가형태(헌법형태)로, 국가권력의 최고행사자가 누구냐에 따라 정부형태(통치형태)로 나누고, 다시 국가형태를 기준으로 군주국 · 귀족국 · 계급국 · 민주국으로 구분하고, 정부형태를 기준으로 민주정 · 공화정 · 입헌정 등으로 구분하고 있다.

우리 헌법 제1조 제1항은 「대한민국은 민주공화국이다」라고 규정함으로써 우리나라의 국호가 대한민국이고, 국가형태가 민주공화국임을 선언하고 있다. 다만 민주공화국의 의미에 대해서는 견해가 나누어져 있으나, 대한민국은 군주제를 인정하지 않는 자유주의적 · 국민국가적 · 반독재적 국가인 공화국이며, 「民主共和國(민주공화국)」의 민주는 공화국의 정치적 내용이 민주주의적으로 형성될 것을 요구하는 공화국의 내용에 관한 규정으로 이해하는 것이 다수의 견해이다.

2) 대한민국의 구성요소

일반적으로 국가란 Jellinek의 3요소설에 따라 일정한 지역을 토대로 하여 국가권력에 의하여 결합된 인간의 집단으로 이해되어지고 있으므로, 그 구성요소로서 국가권력 · 국민 · 영역을 들고 있다.

「國家權力(국가권력)」이란 주권과 統治權(통치권)을 말하는데, 主權(주권)은 국가의사를 최종적으로 결정하는 최고원동력이라는 헌법제정권력과 동일한 의미로 이해하지만 통치권은 주권으로부터 위임받아 국가목적을 실현하는 포괄적 지배권으로 받아들여지고 있다. 우리 헌법 제1조 제2항은 「대한민국의 주권은 국민에게 있고, 모든 주권은 국민으로부터 나온다」고 규정함으로써 국가의사를 결정하는 최고의 원동력인 주권이 국민에게 있음을, 현실적 지배권인 통치권이 주권에 의하여 조직된다는 것을 확인하고 있다.

「국민」이란 국가에 소속하여 통치권에 복종할 의무가 있는 개개의 自然人(자연인)을 말한다. 대한민국 국민의 요건은 헌법 제2조 제1항에 따라 국적법에 규정되어 있다.

「領域(영역)」이란 어떤 국가의 국가권력이 배타적으로 미치는 공간, 즉 영토 · 영해 · 영공을 합한 개념이다. 대한민국의 영토는 한반도와 그 부속도서(헌법 제3조)이며, 영해는 국제법상의 원칙에 따라 12해리(단, 대한해협은 3해리)로 하고, 영공은 지배가능한 상공에 한정된다.

2. 대한민국헌법상의 기본원리

1) 국민주권주의

「國民主權(국민주권)」이라 함은 국가의사를 최종적으로 결정하는 최고의 자주적인 권력인 주권이 모든 국민에게 있음을 말하며, 대체로 헌법제정권력과 같은 의미로 사용된다. 주권의 주체로서의 국민은 정치적 · 이념적 통일체로서의 국민이지 현실적 행동통일체로서의 국민은 아니라고 본다.

헌법 제1조 제2항에서 「대한민국의 주권은 국민에게 있고 모든 권력은 국민으로부터 나온다」고 규정하고 있고, 헌법 전문에서 헌법의 제정 및 개정의 주체가 국민임을 선언하여 대한민국의 최종 · 최고의 결정권력으로서의 주권이 국민전체에게 귀속된다는 주권재민의 원리를 확인하고 있다.

국민주권을 실현하는 방법으로서는 국민이 직접 모든 국가의사를 결정하는 직접민주제가 바람직하겠지만, 기술적인 어려움 때문에 대부분의 다른 나라와 마찬가지로 우리 헌법도 代議制(대의제)를 원칙으로 하고 예외적으로 직접민주제를 가미하고 있다.

2) 자유민주주의

근대 입헌주의적 통치질서는 비단 民意(민의)에 의한 정치를 요구할 뿐만 아니라 개인의 존엄과 가치를 인정하고 자유와 권리를 최대한도로 보장할 것을 요구한다.

우리 헌법도 헌법 전문에서 「자유민주적 기본질서를 더욱 확고히 하여 …」 하였고, 헌법 제10조에서는 「모든 국민은 인간으로서의 존엄과 가치를 가지며 행복을 추구할 권리를 가진다. 국가는 개인이 가지는 불가침의 기본적 인권을 확인하고 이를 보장할 의무를 진다」라고 규정하고 있다. 자유민주적 기본질서가 무엇을 의미하는가에 대해서 憲法裁判所(헌법재판소)는 「모든 폭력적 지배와 자의적 지배, 즉 반국가단체의 일인독재 내지 일당독재를 배제하고 다수의 의사에 의한 국민의 자치, 자유 · 평등의 기본원칙에 의한 법치주의적 통치질서」라고 해석하고 있다.

3) 법치주의

「法治主義(법치주의)」란 法優位(법우위)의 원칙에 따라 모든 국가작용을 법규범에 따르게 함으로써 국민의 자유와 권리를 보장하려는 원리를 말한다. 오늘날에 있어서는 행정과 재판이 의회가 제정한 법률에 적합하도록 행하여질 것만을 요청하는 형식적 법치주의가 아니라 법률의 내용이나 목적도 정의에 합치될 것을 요구하는 실질적 법치주의가 요구된다.

우리나라에 있어서도 성문헌법전의 존재, 국민의 기본권 보장, 권력분립주의, 포괄적 위임입법의 금지(헌법 제75조), 행정의 合法律性(합법률성)의 보장(헌법 제107조 제2항), 헌법재판소에 의한 違憲法律審査(위헌법률심사)(헌법 제111조 제1항 제1호) 등을 통하여 실질적 법치주의를 실현하고 있다.

4) 권력분립주의

「權力分立(권력분립)」이란 통치권을 입법 · 행정 · 사법의 셋으로 나누어 그것을 독립한 별개의 기관에 분담시키고, 권력상호간의 견제와 균형에 의하여 권력의 남용을 방지함으로써 개인의 자유를 보장하려는 것이다.

우리 헌법도 「立法權(입법권)은 국회에 속한다」(헌법 제40조), 「行政權(행정권)은 대통령을 수반으로 하는 정부에 속한다」(헌법 제66조 제4항), 「司法權(사법권)은 法官(법관)으로 구성된 法院(법원)에 속한다」(헌법 제101조 제1항)고 규정하여 권력분립주의를 채택하고 있다.

5) 사회국가원리

「사회국가」 또는 「복지국가」란 모든 국민에게 생활의 기본적 수요를 충족시킴으로써 문화적인 생활을 영위할 수 있도록 하는 것이 국가의 책임이며 동시에 국민의 권리인 국가를 말한다.

우리 헌법도 生存權的 基本權(생존권적 기본권)에 관한 규정을 통하여 사회국가원리를 구현하고 있다. 즉, 헌법 제34조 제1항에서 「모든 국민은 인간다운 생활을 할 권리를 가진다」고 규정하고 있으며, 그 외에 국가의 사회보장 · 사회복지의 증진노력(헌법 제34조 제2항), 생활

무능력자의 보호(헌법 제34조 제5항), 국민의 건강하고 쾌적한 환경에서 생활할 권리(헌법 제35조 제1항) 등을 통하여 국민 개인의 복지를 실현하려고 한다.

6) 문화국가원리

「문화국가」의 의미는 시대적 상황과 의식에 따르는 多義的(다의적) 개념이므로 한마디로 표현하는 것이 거의 불가능하지만, Huber는 문화국가의 개념징표로서 문화의 국가적 자유, 문화에 대한 국가적 기여, 국가의 문화형성력, 문화의 국가형성력, 문화적 산물로서의 국가 등을 들고 있다.

우리 헌법에서는 헌법 제9조에서 「국가는 전통문화의 계승발전과 민족문화의 창달에 노력하여야 한다」고 규정하고 있으며, 대통령의 민족문화창달의 노력(헌법 제69조), 평생교육의 진흥(헌법 제31조 제5항) 등을 통하여 대한민국이 문화국가원리를 표방하고 있음을 나타내고 있다.

7) 사회적 시장경제주의

「사회적 시장경제」란 私有財産制度(사유재산제도)의 보장과 자유경쟁을 기본원리로 하는 자본주의 자유시장경제를 근간으로 하되, 사회복지 및 사회정의를 실현시키기 위한 범위 안에서 사회주의 계획경제나 통제경제를 가미한 경제를 의미한다. 자본주의 자유시장경제가 부의 편재, 근로계급의 갈등, 독과점기업의 발생을 가져오자 이에 대해 국가가 조정자로서 개입하여 실질적 시장경제를 실현하려는 것이다.

우리 헌법에서는 사회적 시장경제질서의 도입에 관한 기본사항을 헌법 제119조에서 규정하고 있으며, 사유재산제의 보장(헌법 제23조), 천연자원의 국공유화(헌법 제120조 제1항), 농지소작제의 금지(헌법 제121조 제1항), 대외무역의 규제와 조정(헌법 제125조) 등을 통하여 사회적 시장경제원리를 실현하려고 한다.

8) 국제평화주의

두 차례의 세계대전을 겪고 난 뒤 세계각국은 국제평화를 갈구하는 다양한 형태의 규정을 헌법에 두게 되었다.

우리 헌법에서도 전문에서 「… 항구적인 세계평화와 인류공영에 이바지함으로써 …」라고 규정하여 평화원칙을 선언하였고, 침략전쟁의 부인(헌법 제5조 제1항), 국제법규의 존중과 외국인의 지위보장(헌법 제6조 제1항, 제2항), 평화통일의 실현(헌법 제4조), 대통령의 평화적 통일의무(헌법 제66조 제3항) 등의 규정을 통하여 국제평화를 구현하고 있다.

3. 대한민국헌법상의 기본제도

1) 정당제도

「政黨(정당)」이라 함은 국민의 이익을 위하여 책임 있는 정치적 주장이나 정책을 추진하고 공직선거의 후보자를 추천 또는 지지함으로써 국민의 정치적 의사형성에 참여함을 목적으로 하는 국민의 자발적 조직(정당법 제2조)을 말한다.

이러한 정당에 대한 국법의 태도에 대해서 Heinrich Triepel은 「헌법국가론」에서 정당의 발전단계를 ① 적대시의 단계, ② 무시의 단계, ③ 승인과 합법화의 단계, ④ 헌법편입 단계의 4단계로 나누고 있다.

우리나라는 헌법이 직접으로 정당을 보장하는 헌법적 융합의 단계에 들어섰다고 할 수 있다.

즉 우리 헌법은 제8조 제1항에서 정당설립의 자유와 복수정당제의 보장을 규정하고, 정당의 목적 · 조직과 활동의 민주성(헌법 제8조 제2항), 정당에 대한 국가적 보호와 자금보조(헌법 제8조 제3항), 정당의 특권(헌법 제8조 제4항)에 관한 규정들을 두고 있다.

2) 공무원제도

「공무원」이란 헌법재판소의 결정문에 따르면 직접 또는 간접적으로 국민에 의하여 선출 또는 임용되어 국가나 공공단체와 공법상의 근무관계를 맺고 공공적 업무를 담당하는 사람들(가장 넓은 의미의 공무원)을 말한다. 우리 공무원법은 공무원을 경력직 공무원과 특수경력직 공무원으로 크게 나눈 뒤 전자는 일반직 · 특정직 · 기능직으로 나누고 후자는 정무직 · 별정직 · 전문직 · 고용직으로 구분하고 있다.

이러한 공무원에 대하여 헌법은 공무원의 국민전체에 대한 봉사자로서의 지위(헌법 제7조 제1항), 공무원의 신분과 정치적 중립성 보장(헌법 제7조 제2항), 직업공무원에 대한 정치활동 및 노동 3권의 제한(헌법 제33조 제2항), 군인 · 군무원 · 경찰공무원 등에 대한 국가배상청구권의 제한(헌법 제29조 제2항) 등에 관한 규정을 두고 있다.

3) 선거제도

「선거」란 유권자의 집합체로서의 선거인단이 의원 또는 대통령과 같은 국민을 대표하는 국가기관을 선임하는 합동행위를 말한다. 현대 입헌민주주의 국가에서는 선거제도가 대의민주제를 구현하는 필수불가결한 것이라고 할 수 있다.

우리 헌법도 제67조 제1항에서 「대통령은 국민의 보통 · 평등 · 직접 · 비밀선거에 의하여 선출한다」고 규정하여 선거법의 기본원칙에 따라서 선거가 행해지도록 하고 있으며, 선거의 공정한 관리를 위하여 헌법상의 기관으로서 선거관리위원회를 두고 있고(헌법 제114조 제1항), 우리나라의 선거에 관한 일반법으로서 공직선거및선거부정방지법을 1994년 3월 16일에 제정하여 현재 시행하고 있다.

4) 지방자치제도

「지방자치」란 일정한 지역을 기초로 하는 단체 또는 일정한 지역의 주민이 그 지방적 사무를 자신의 책임하에서 자신이 선출한 기관을 통해서 처리하는 것을 말하며, 이는 단체자치와 주민자치로 나눌 수 있다.

우리 헌법은 제117조 제1항에서 지방자치단체가 자치행정권 · 자치재정권 · 자치입법권을 가지고 있음을 확인하고, 지방자치단체의 의회를 헌법사상으로 하여(헌법 제118조 제1항) 법률에 의하여 폐지할 수 없도록 하고 있으며, 지방자치단체 종류의 法定主義(법정주의)(헌법 제117조 제2항), 지방자치단체의 조직과 운영에 관한 사항의 법정주의(헌법 제118조 제2항) 등을 규정하고 있다.

제2절 기본권

Ⅰ. 기본권 총설

1. 기본권의 의의

「基本權(기본권)」이라 함은 人權(인권), 즉 인간이 인간이기에 당연히 누리는 기본적 권리라고 이해함이 일반적 견해이다. 인권이란 용어 자체는 버지니아 권리장전과 프랑스 인권선언에서 사용되었던 것이 독일에서는 기본권(Grundrecht)이란 용어로 사용되었다. 물론 기본권 중에는 생래적인 권리도 있으나 국가 내적인 권리도 포함되어 있으므로 양자가 완전히 일치되는 것은 아니지만 기본권이 인권사상을 바탕으로 하여 인권을 실현시키려고 하는 것이므로 동일한 것으로 이해해도 크게 어긋남이 없는 것이다.

기본권의 역사는 멀리 영국의 대헌장(1215년)까지 거슬러 올라가서 권리청원(1628년), 인신보호율(1679년), 권리장전(1689년)을 통해 현실적으로 자리 잡았지만 그 당시에는 그러한 권리가 천부적 인권의 선언이 아니라 하나의 형사사법절차적 측면에서의 제도개선으로 나타났다. 근대적인 기본권개념은 18세기의 계몽주의적 자연법론과 사회계약설 등 근대적 사상의 전개과정에서 나타난 천부인권론에 터잡고 있다. 국가성립이전의 자연 상태에서 이미 인간은 누구나 고유의 천부인권을 가지고 있으며, 이러한 자연권을 보장하기 위하여 인간 상호간에 계약을 체결하게 되었다는 것이 Locke의 사회계약설인데, 이것을 근거로 하여 1776년 버지니아 권리장전, 1789년 프랑스 인권선언 등에서 성문화되었으며, 독일에서는 1849년의 프랑크푸르트 헌법상의 기본권으로 규정되게 되었다. 이들 근대적 기본권은 18, 9세기에 있어서 국가권력의 침해로부터 개인의 자유와 권리를 보호하려고 하는 자유권적 기본권을 내용으로 하였고, 국가는 사회질서유지라는 소극적 목적을 가진 시민적 법치 국가를 의미하였다. 그렇지만 이러한 자유가 국가의 압제로부터는 해방을 가져왔지만 자본소유의 차이에서 나타나는 사회적 부조리, 즉 자본주의의 발달에 따른 부익부 빈익빈 현상, 계급대립의 격화, 실업자의 격증이라는 새로운 사회문제가 발생하게 되자 국가는 인간의 인간으로서의 최소한의 생존권을 확보해 주어야 한다는 사회적 법치국가 또는 복지국가사상이 20세기의 헌법에서 나타나게 되었는 바, 1919년의 바이마르헌법이 바로 생존권적 기본권을 규정한 최초의 헌법이며, 2차 세계대전이 끝난 후 각국의 헌법이 이를 채택하고 있다.

2. 기본권의 2중적 성격과 효력

헌법상의 기본권은 개인의 주관적 공권으로서의 성격뿐만 아니라 국가의 객관적 법질서의 구성요소로서의 성격도 아울러 가지는 것으로 이해된다. 따라서 기본권에 관한 헌법규정은 對國家的(대국가적) 효력을 가질 뿐만 아니라 對私人的(대사인적) 효력도 가지는 것으로 이해된다. 오늘날 현실을 살펴보더라도 국가에 의한 기본권침해보다도 사회의 우월적 지위에 있는 개인이나 단체에 의해 개인의 기본권이 침해되는 경우가 더욱 증가되고 있기 때문에 기본권의 대사인적 효력을 인정해야 자유와 권리의 실질적 보장이 가능한 것이다.

우리 헌법에 있어서도 언론 · 출판의 자유에서 직접 제3자적 효력이 있다는 것을 규정(헌법 제21조 제4항)하고 있고, 여자와 연소자근로의 특별한 보호(헌법 제32조 제4 · 5항) · 노동3권(헌법 제33조 제1항) · 혼인의 양성평등(헌법 제36조 제1항) 등은 제3자적 효력을 전제로 한 것이라 할 수 있다.

3. 기본권의 제한과 보호

국민의 기본적 권리는 국가가 이를 최대한 보장할 의무를 지는 것이지만 헌법상의 기본권이라 해서 아무런 제한 없이 절대적으로 보장될 수는 없으며, 국가의 존립이나 사회질서유지를 위해 필요한 경우에는 기본권을 제한할 수 있고, 대부분 헌법상으로도 기본권제한의 규정을 두고 있다.

기본권제한의 유형은 헌법유보에 의한 제한과 법률유보에 의한 제한으로 크게 나눌 수 있다. 헌법유보는 다시 일반적 헌법유보와 개별적 헌법유보로 나누어지는데, 우리 헌법상 일반적 헌법유보의 예는 보이지 않지만 개별적 헌법유보의 예로는 정당해산(헌법 제8조 제4항), 언론 · 출판의 자유에 대한 제한(헌법 제21조 제4항), 군인 · 군무원 · 경찰공무원 등의 국가배상청구권의 제한(헌법 제29조 제2항), 공무원의 노동3권 제한(헌법 제33조 제2항) 등을 들 수 있다. 법률유보도 일반적 법률유보와 개별적 법률유보로 나누어질 수 있는데 우리 헌법상 일반적 법률유보의 예로는 「국민의 모든 자유와 권리는 국가안전보장 · 질서유지 또는 公共福利(공공복리)를 위하여 필요한 경우에 법률로써 제한할 수 있다」는 규정(제37조 제2항)이며, 개별적 법률유보의 예로는 신체의 자유에 관한 헌법 제12조 제1항, 재산권의 내용과 한계에 관한 헌법 제23조 제1항 등을 들 수 있다.

기본권제한의 필요성에 의해서 개인의 기본권이 제한된다 하더라도

「과잉금지의 원칙」에 따라 공익과 사익을 형량하여 필요최소한의 제한을 가해야 하며, 또한 제한을 가하더라도 기본권의 본질적인 내용을 제한할 수는 없다(헌법 제37조 제2항 후문). 기본권제한이 과잉금지의 원칙에 위배되고, 기본권의 본질적 부분을 제한하게 될 때는 기본권의 침해가 되며, 이에 대한 구제문제가 바로 기본권의 보호이다.

기본권의 침해는 국가에 의한 침해와 사인에 의한 침해로 나눌 수 있는데, 국가에 의한 침해는 다시 입법기관에 의한 침해, 행정기관에 의한 침해, 사법기관에 의한 침해로 나누어진다. 입법기관에 의한 침해의 구제방법으로서는 국민의 기본권을 침해하는 법률제정이라는 적극적 입법에 의한 침해는 違憲法律審査(위헌법률심사)에 의해 구제받을 수 있지만, 立法不作爲(입법부작위)에 의한 침해의 경우에는 입법부작위 위헌확인소송을 제기할 수 없다는 것이 일반적 견해이다. 기본권 침해의 행정처분에 대해서는 행정소송을 제기하거나, 국가배상이나 손실보상을 청구할 수 있다. 사법기관에 의해 오판이 행해지거나 재판의 지연에 의하여 국민의 재판청구권을 실질적으로 침해한 경우에는 上訴(상소)나 再審(재심), 非常上告(비상상고)에 의하여 구제를 받을 수 있으며 刑事補償請求權(형사보상청구권)을 인정하여 잘못된 구속에 대해서는 사후적으로 재산적 보상을 하도록 규정하고 있다. 그리고 사인에 의해 기본권이 침해된 경우에는 형사법상의 구제수단으로서 고소나 고발을 할 수 있고 민사법상의 구제수단으로서 法律行爲(법률행위)의 무효나 손해배상의 청구 등을 주장할 수 있다.

4. 기본권의 분류와 체계

기본권은 그 기준에 따라 여러 가지로 분류될 수 있다. 주체를 기준으로 인간의 권리와 국민의 권리, 자연인의 권리와 법인의 권리로, 성질을 기준으로 초국가적 권리와 국가내적 권리, 절대적 기본권과 상대적 기본권으로 효력을 기준으로 하여 구체적 기본권과 추상적 기본권, 대국가적 기본권과 대사인적 기본권으로 각각 분류될 수 있지만, 우리 헌법상의 기본권은 다음과 같이 체계화할 수 있다.

1) 인간으로서의 존엄과 가치, 행복추구권(제10조)

2) 평등권(제11조)

3) 자유권적 기본권

① 신체의 자유(제12조) ② 주거이전의 자유(제14조)

③ 직업선택의 자유(제15조) ④ 주거의 자유(제16조)

⑤ 사생활의 비밀과 자유(제17조) ⑥ 통신의 자유(제18조)

⑦ 양심의 자유(제19조) ⑧ 종교의 자유(제20조)

⑨ 표현의 자유(제21조) ⑩ 학문과 예술의 자유(제22조)

⑪ 재산권 보장(제23조)

4) 정치적 기본권

① 선거권(제24조) ② 공무담임권(제15조)

5) 청구권적 기본권

① 청원권(제26조) ② 재판청구권(제17조)

③ 형사보상청구권(제28조) ④ 국가배상청구권(제29조)

6) 생존권적 기본권

① 교육을 받을 권리(제31조) ② 근로의 권리(제32조)

③ 노동3권(제33조) ④ 인간다운 생활을 할 권리(제34조)

⑤ 환경권(제35조)

⑥ 혼인과 가족생활 및 보건에 관한 권리(제36조)

Ⅱ. 인간의 존엄성

1. 인간으로서의 존엄과 가치

우리 헌법은 제5차 개정시에 독일기본법 제1조 제1항을 본따 인간으로서의 존엄과 가치를 규정하였는 바, 이는 「인간의 본질로 간주되고 있는 인격의 내용인 인간의 존엄과 이에 대한 총체적 평가인 인간의 가치」를 의미하는 것으로 이해된다. 인간 존엄권의 주체인 인간은 모든 국민과 외국인, 태아를 포함하는 순수한 생물학적 의미의 인간을 말하므로 법인은 제외된다.

이와 같은 규정은 우리 헌법이 추구하는 기본권보장의 원칙적인 가치지표가 인간의 존엄성에 있음을 명백히 하는 것이며, 이러한 인간의 존엄성 존중이 우리 헌법상 최고의 객관적 가치질서이며 헌법원리임을 선언한 것이다. 다만 인간의 존엄과 가치에 관한 규정이 국민 개인의 주관적 공권으로서 직접적인 재판규범이 될 수 있느냐에 관해서는 학설이 분분하지만 우리의 헌법재판소는 위 규정으로부터 개인의 일반적 인격권이 발생함을 분명히 하고 있다. 따라서 본 규정은 기본권에 대한 근본규범성을 가지고 있을 뿐만 아니라 전국가적 자연권성을 갖는 구체적 권리인 것이다.

2. 행복추구권

우리 헌법 제10조 1문 후단에서 규정하고 있는 幸福追求權(행복추구권)은 제8차 헌법개정시 신설된 것으로 그 기원은 미국의 버지니아 권리장전(1776년)과 미국독립선언이다. 행복추구권의 내용으로는 일반적 행동자유권, 신체불훼손권, 평화적 생존권, 휴식권, 수면권, 일조권, 스포츠권 등을 들 수 있다.

이러한 행복추구권의 법적 성격에 대해서는 일반법 원리에 지나지 않는다는 견해도 있지만 헌법재판소는 일반적 행동의 자유, 개성의 자유로운 발현권 등이 함축되어 있는 포괄적 기본권으로서 개별적 기본권들을 보충적으로 보완하는 기능을 수행한다고 해석한다.

Ⅲ. 평등권

1. 의의

「平等權(평등권)」이라 함은 국가에 대하여 평등한 취급을 받을 권리를 말한다. 이는 모든 국민에게 여러 생활영역에서 균등한 기회를 보장하는 「기회균등」과 기회균등의 요청에 반하는 어떠한 자의적인 공권력의 발동도 금지한다는 「자의의 금지」를 내용으로 한다.

이러한 평등권은 그 자체가 주관적 공권이자 헌법상 최고원리의 하나로서 모든 법령의 해석과 적용에 기준이 되는 근본규범으로써 타기본권의 실효성과 그 실현을 확보하기 위한 방법적 기초가 된다.

우리 헌법상의 평등권은 일반적 평등권과 개별적 평등권에 관한 규정으로 나누어 살펴볼 수 있다.

2. 일반적 평등권

우리 헌법은 제11조 제1항 전문에서 「모든 국민은 법 앞에 평등하다」고 규정하고 있는 바, 여기서 「법 앞」이란 법적용의 평등뿐만 아니라 법내용의 평등까지 포함하는 것으로 이해되며, 「평등」이란 모든 사람을 모든 점에 있어서 동등하게 취급하는 절대적 평등이 아니라 같은 것은 같게 다른 것은 다르게 취급하는, 즉 합리적 차별을 인정하는 상대적 평등을 의미하는 것이다. 그리하여 어떤 사유 · 영역에 있어서도 불합리한 차별은 금지되며(헌법 제11조 제1항 후문), 사회적 특수계급이 인정될 수 없고(헌법 제11조 제2항), 영전(榮典)에 특권이 부여될 수 없음(헌법 제11조 제3항)을 규정하고 있다.

3. 개별적 평등권

우리 헌법은 일반적 평등권에 관한 규정(제11조) 외에 몇몇 개별분야에서 차별을 금지하고 평등하게 취급받을 것을 규정하고 있는 바, 교육기회의 균등(헌법 제31조 제1항) · 근로의 평등(헌법 제32조 제4항) · 혼인과 가족생활에 있어서의 양성의 평등(헌법 제36조 제1항) · 선거의 평등(헌법 제41조 제1항) · 지역경제의 균등(헌법 제123조 제2항) 등을 들 수 있다.

Ⅳ. 자유권적 기본권

1. 신체의 자유

「신체의 자유」란 법률과 적법한 절차에 의하지 아니하고는 신체의 안전성과 자율성이 외부로부터의 물리적인 힘이나 정신적인 위협으로부터 제한 · 침해당하지 아니하는 자유를 말하며, 우리 헌법은 이를 확인하고 보장하기 위한 실체법적, 절차법적인 여러 규정을 두고 있다.

먼저 실체법적 보장규정으로는 罪刑法定主義(죄형법정주의)(헌법 제12조 제1항)와 그 파생원칙 중의 하나인 刑罰不遡及原則(형벌불소급의 원칙)(헌법 제13조 제1항 전단), 一事不再理原則(일사부재리의 원칙)(헌법 제13조 제1항 후단), 연좌제의 금지(헌법 제13조 제1항) 등이 있다.

절차법적 보장규정으로는 「누구든지 법률과 적법한 절차에 의하지 아니하고는 처벌, 보안처분 또는 강제노역을 받지 아니한다」는 헌법 제12조 제1항의 적법절차에 관한 규정을 선두로 하여 영장주의(헌법 제12조 제3항), 구속이유 등의 告知制度(고지제도)(헌법 제12조 제5항 전문), 체포 · 구속시 수사기관의 통지의무(헌법 제12조 제5항 후문), 형사상 진술거부권과 고문금지(헌법 제12조 제2항), 변호인의 조력을 받을 권리와 국선변호인제도(헌법 제12조 제4항), 신속한 공개재판을 받을 권리(헌법 제27조 제3항), 자백의 증명력과 증거능력의 제한(헌법 제12조 제7항) 등을 들 수 있다.

2. 거주 · 이전의 자유

「居住(거주) · 移轉(이전)의 자유」는 자기가 원하는 장소에 주소 또는 거소를 정하거나 이를 이전할 수 있는 자유를 말한다. 이는 인간존재의 본질적 자유이므로 인간의 자유, 정신적 자유, 경제적 기본권으로서의 성격을 아울러 가지고 있다고 할 수 있다. 거주 · 이전의 자유는 국내거주이전의 자유뿐만 아니라 국외거주이전의 자유를 포함하는 개념이다. 다만 거주 · 이전의 자유는 절대적 자유는 아니므로 국가안전보장 · 질서유지 · 공공복리에 의하여 제한될 수 있다.

3. 직업의 자유

우리 헌법 제15조에서는 직업선택의 자유를 규정하고 있으나 이는 직업선택을 의미하는 직업결정의 자유뿐만 아니라 직업수행의 자유,

직업이탈의 자유를 포함하는 것으로 이해된다. 직업의 자유는 주로 공공복리에 의해 제한될 수 있으나 제한되더라도 과잉금지의 원칙에 따라 단계적으로 제한될 것이 요구된다.

4. 주거의 자유

모든 국민은 주거의 자유를 침해받지 아니한다. 주거에 대한 압수나 수색을 할 때에는 검사의 신청에 의하여 법관이 발부한 영장을 제시하여야 한다(헌법 제16조). 주거의 자유는 개인 사생활의 근거지인 주거를 공권력에 의한 자의적 침해로부터 보호하기 위한 것인데, 여기서의 「주거」는 주택, 여관의 객실, 기숙사의 방도 포함하며 일시적으로 생활하는 회사, 학교도 그 관리자의 주거가 되고, 여기서의 「침입」이란 거주자의 의사에 반하여 물리적으로 내부에 들어가는 것을 말한다.

5. 사생활의 비밀과 자유

「사생활의 비밀」이란 사생활의 내용을 부당히 공개당하지 아니하는 것을 말하며, 사생활의 자유란 사생활의 자유로운 형성과 전개를 방해받지 아니하는 것을 말한다. 사생활의 비밀과 자유는 개인의 프라이버시(Privacy)권으로서 人格權(인격권)이며, 인간의 존엄성과 불가분의 관계에 있으나 주로 표현의 자유와 충돌해서 국민의 알 권리를 위하여 제한될 수 있다.

6. 통신의 자유

「통신의 자유」란 서신, 전신, 전화 등 각종의 통신수단을 통하여 타인과의 의사나 정보전달의 교환이 이루어지는 경우에 그 내용이 공권력에 의하여 침해당하지 아니하는 자유를 말한다.

7. 양심의 자유

「양심의 자유」는 우리 헌법상 종교의 자유와 함께 동일조항에서 규정되어 왔으나 제5차 헌법개정시(1962년)에 독자적인 권리로 인정받아 별도로 규정되었다. 양심의 자유의 내용은 양심형성의 자유, 양심유지의 자유, 양심실현의 자유가 포함되는 것으로 이해된다. 양심유지의 자유와 양심실현의 자유는 양심적 집총거부와 양심범과 관련해서 중대한 문제를 가지고 있으나 우리 大法院(대법원)은 이를 인정하지 않고 있다. 그러나 국가인권위원회가 양심적 집총거부는 양심의 자유에 해당한다는 견해를 발표함으로써 이에 대한 논란이 일고 있으나 우리나라가 처한 현실을 감안하면 집총거부행위를 양심의 자유로 인정하기는 시기상조라고 본다.

8. 종교의 자유

모든 국민은 종교의 자유를 가진다(헌법 제20조 제1항). 국교는 인정되지 아니하며 종교와 정치는 분리된다(헌법 제20조 제2항). 종교의 자유의 내용에는 신앙의 자유, 종교적 행사의 자유, 종교적 집회 · 결사의 자유, 선교활동과 종교교육의 자유 등을 포함한다. 국교부인과 정교분리는 국가가 특정 종교를 국교로 지정하는 것을 금하여 모든 종교에 대해 동등하게 처우할 것임을 선언한 것이다.

9. 표현의 자유

1) 언론출판의 자유

「언론출판의 자유」란 자기의 사상이나 지식을 언어나 문자 등으로 외부에 표현하는 자유를 의미한다. 「언론」이란 구두에 의한 표현을 말하고, 「출판」이란 문자나 상형에 의한 표현을 말하는데, 이것은 자기의 사상을 불특정다수인에게 표현하는 것이므로 개인간의 회화나 연애편지 등은 이에 포함될 수 없다. 언론출판의 자유는 개인적으로는 인격발전을 이룩하고 인간의 존엄을 유지하게 하고 국가적으로는 정치적 사상의 자유로운 형성과 전달을 가능하게 하므로 민주주의 통치질서의 전제이며 기초가 된다.

2) 집회결사의 자유

「집회결사의 자유」는 다수인이 공동의 목적을 가지고 집합하고 결합하는 자유를 의미하므로 집단적 표현의 자유를 보장하고 민주정치의 실현을 가능하게 하는 중대한 基本權(기본권)이라고 말할 수 있다.

집회의 자유 속에는 집회를 개최하는 자유 · 집회를 진행하는 자유 · 집회에 참가하는 자유뿐만 아니라 집회에 참가하지 않을 자유도 포함되며, 결사의 자유에는 단체결성의 자유 · 단체유지의 자유 · 단체에의 가입 및 탈퇴의 자유 등이 있다. 이러한 자유도 헌법 제37조 제2항에 따라 법률에 의한 제한을 받을 수 있는데, 집회의 자유에 대한 제한법률로는 집회및시위에관한법률이 있다.

10. 학문과 예술의 자유

모든 국민은 학문과 예술의 자유를 가진다(헌법 제22조 제1항). 학문이란 자연이나 사회현상에 대하여 새로운 사실과 진리를 연구하고 인식하는 행위를 말하며, 학문의 자유 속에는 학문연구의 자유 · 학문연구발표의 자유 · 교수의 자유 · 학문을 위한 집회결사의 자유를 포함한다. 「예술」이란 美(미)라고 생각되는 대상을 창조적 · 개성적으로 추구하고 표현하는 일을 말하는데, 예술은 자기목적적인 성질을 가지고 있고 그 본질이 표현에 있다는 점에서 예술의 자유는 전달을 중시하는 표현의 자유와 구별된다.

저작자 · 발명가 · 과학기술자와 예술가의 권리는 법률로써 보호한다(헌법 제22조 제2항). 이러한 知的財産權(지적재산권)은 성질상 자유권 그 자체는 아니지만 학문이나 예술의 자유를 보장하고, 문화창작을 장려하기 위해 특별한 규정을 두어 보호하고 있는 것이다.

11. 재산권 보장

「財産權(재산권)」이라 함은 사적인 유용성과 임의적 처분권능이 인정되는 모든 재산가치 있는 공 · 사법상의 권리를 말한다. 재산권은 근대 초에는 자유방임사상을 배경으로 인신의 자유와 마찬가지로 신성불가침의 절대적 기본권의 하나로 인식되었다. 그러나 현대에 들어와서는 자본주의의 사회적 모순 발생으로 그 수정이 불가피하게 되어 바이마르 헌법에서 최초로 재산권의 공공복리적합성이 규정된 이래 상대적 기본권화 되면서 다른 자유에 비하여 오히려 강한 제약을 받는 지위로 격하되었다.

우리 헌법상 재산권보장에 관한 규정으로는 헌법 제23조의 일반적 재산권보장을 비롯해서 遡及立法(소급입법)에 의한 재산권박탈금지(헌법 제13조 제2항), 무체재산권보호(헌법 제22조 제2항), 광업권 등의 허가(헌법 제120조), 국토에 대한 제한과 의무(헌법 제122조) 등을 들 수 있다.

재산권침해는 우리 헌법상 국가의 불법에 의한 침해와 공공필요에 의한 적법한 침해로 나눌 수 있는데, 국가의 불법침해에 대해서는 국가배상청구권(헌법 제29조 제1항)을 행사함으로써 보호될 수 있고, 공공필요에 의한 침해시에는 국회가 제정한 법률로써 그리고 반드시 개인의 재산적 손실에 대한 보상이 따라야 한다(헌법 제23조 제3항).

Ⅴ. 청구권적 기본권

1. 청원권

「請願權(청원권)」이란 국민이 국가기관에 대하여 의견이나 희망을 진술할 권리를 말한다. 청원은 근대적 사법제도가 확립되기 전에는 유력한 권리구제수단이었지만 현재에는 법적인 부분에선 재판제도가 충분히 구비되어 있으므로 비법적인 부분에서만 보충적인 권리구제수단으로 기능하고, 대의제의 결함을 보완하는 정도에서의 참정권적 성격을 유지하고 있다. 청원은 반드시 문서로써 해야 하고(헌법 제26조 제1항), 모든 국가기관 또는 지방자치단체기관이나 공공기관에 대하여 가능하지만 국회나 지방의회에 대한 청원은 의원의 소개를 통하여서만 가능하다. 국가는 청원에 대하여 심사할 의무를 지며(헌법 제26조 제2항) 그 결과를 청원인에게 통지하여야 한다(청원법 제9조 제4항).

2. 재판청구권

「裁判請求權(재판청구권)」이란 독립된 법원에 의하여 정당한 재판을 받을 권리를 말한다. 이는 모든 국민에게 기본권 침해에 대한 사후의 구제절차를 보장함으로써 기본적 인권을 보장하고 법적 정의를 확보하려는 데 그 의의가 있다. 우리 헌법상 모든 국민은 헌법과 법률이 정한 법관에 의하여 법률에 의한 재판을 받을 권리를 가지며(헌법 제27조 제1항), 신속한 공개재판을 받을 권리를 가진다(헌법 제27조 제3항). 형사피고인은 무죄추정의 원칙에 의하고(헌법 제27조 제4항), 형사피해자는 공판정 진술권을 가진다(헌법 제27조 제5항). 단 군인 또는 군무원인 경우, 그 이외의 일반국민에게도 일정한 사유가 있는 경우에는 군사법원의 재판을 예외적으로 받을 수 있다(헌법 제27조 제6항).

3. 형사보상청구권

형사피의자 또는 형사피고인으로서 구금되었던 자가 검사의 불기소처분을 받거나 법원의 무죄판결을 받고 석방된 때에는 법률이 정하는 바에 의하여 국가에 정당한 재판을 청구할 수 있도록 헌법이 보장하고 있는데 이를 「刑事報償請求權(형사보상청구권)」이라고 한다(헌법 제28조).

4. 국가배상청구권

공무원의 직무상 不法行爲(불법행위)로 국민이 손해를 입은 때에는 그 공무원 혹은 국가에 대하여 손해배상을 청구할 권리를 헌법이 규정하고 있는데 이를 「國家賠償請求權(국가배상청구권)」이라고 한다(헌법 제29조 제1항). 여기서 「공무원」이라 함은 공무원법상의 공무원뿐만 아니라 널리 공무를 위탁받아 행하는 자도 포함된다고 해석되지만,

군인 군무원 경찰공무원 등의 국가배상청구권은 예외적으로 인정되지 않는 경우도 있다(헌법 제29조 제2항).

이는 불법행위로 인한 손해를 전보한다는 뜻에서 「배상」으로 표현하지만 위에서 설명한 경우와 같이 적법행위로 인한 손해를 전보하는 경우는 「보상」이란 용어를 사용한다. 따라서 배상과 보상은 그 원인행위가 불법행위이냐 적법행위이냐에 따라 구분된다고 할 수 있다.

5. 범죄피해자구조청구권

타인의 범죄행위로 인하여 생명 · 신체에 대한 피해를 받은 국민이 법률이 정하는 바에 의하여 국가로부터 구조를 받을 수 있는 권리를 「범죄피해자구조청구권」이라 한다(헌법 제30조). 이에 관한 법률로서는 범죄피해자구조법이 있다.

Ⅵ. 참정권

1. 선거권

모든 국민은 법률이 정하는 바에 의하여 選擧權(선거권)을 가진다(헌법 제24조). 여기서 「선거권」이란 국민이 각종 공무원을 선출하는 권리를 말한다. 오늘날 간접민주제인 대의제하에서는 국민의 선거권 보장이 내의세실현의 전제조건이 된다는 점에서 가장 중요한 정치적 기본권이 된다. 우리 헌법상의 구체적 선거권으로는 대통령선거권(헌법 제67조 제1항), 국회의원선거권(헌법 제41조 제1항), 지방자치단체의 장과 의회의원의 선거권(헌법 제118조 제2항) 등이 있다.

2. 공무담임권

모든 국민은 법률이 정하는 바에 의하여 公務擔任權(공무담임권)을 가진다(제25). 「공무담임권」은 선거에 의하여 국가기관의 구성원이 될 수 있는 자격을 의미하는 被選擧權(피선거권)보다는 넓은 개념이며 선거이외의 방식에 의하여 공무를 담당하는 경우도 포함한다.

3. 국민표결권

「國民表決權(국민표결권)」이라 함은 국민이 주권자로서 국가의사의 형성에 직접 참가할 수 있는 권리를 말한다. 이는 간접민주제의 단점을 수정 · 보완하기 위하여 취해진 직접민주제의 한 구현 형태이다. 우리 헌법상으로는 국가안위에 관한 중요정책에 관한 국민투표권(헌법 제72조)과 헌법개정안에 대한 국민투표권(헌법 제130조)이 있다.

Ⅶ. 생존권적 기본권

1. 인간다운 생활을 할 권리

「인간다운 생활을 할 권리」라 함은 인간의 존엄성에 상응하는 최저한도의 건강하고 문화적인 생활을 할 권리를 말한다. 이는 1919년의 바이마르 헌법에서 최초로 규정되었고 우리 헌법도 이를 승계하여 제5차개정(1962년) 때부터 규정해 오고 있었던 바, 특히 현행 헌법 제34조 제1항은 생존권적 기본권을 주기본권으로서 모든 생존권적 기본권의 총칙적 규정이라고 말할 수 있다.

우리 헌법은 인간다운 생활을 할 권리를 보장하기 위하여 사회보장에 관한 국가의 노력의무(헌법 제34조 제2항), 개별적인 사회보장수급권(헌법 제34조 제3항, 제4항, 제5항), 국가의 재해예방노력의무(헌법 제34조 제6항) 등을 규정하고 있지만 인간다운 생활권이 직접 급부를 내용으로 하는 권리를 발생하게 한다고는 볼 수 없다는 것이 헌법재판소의 견해이다.

2. 교육을 받을 권리

모든 국민은 능력에 따라 균등하게 교육을 받을 권리를 가진다(헌법 제31조 제1항). 교육을 받을 권리는 개인적으로는 능력개발을 통한 개성신장의 수단이 되고, 사회적으로는 사려 있는 인간을 양성시켜 문화국가와 민주국가의 실현에 이바지하며 직업생활과 경제생활의 영역에서 실질적 평등을 실현시킨다.

우리 헌법은 교육받을 권리를 실현하기 위하여 교육의 의무와 의무교육의 무상(헌법 제31조 제2항, 제3항), 교육의 자주성 · 전문성 · 정치적 중립성 및 대학의 자율성 보장(헌법 제31조 제4항), 국가의 평생교육 진흥(헌법 제31조 제5항), 교육제도법정주의(헌법 제31조 제6항) 등을 규정하고 있다.

3. 근로의 권리

「근로의 권리」라 함은 자신이 일할 능력을 임의로 상품화할 수 있는 권리를 말하는데, 여기에는 생활수단적인 의미를 갖지 않는 단순한 취미생활을 위한 일은 포함되지 않는다. 우리 헌법상 근로의 권리 내용으로서는 일할 자리에 관한 권리와 일할 환경에 관한 권리로 나누어 살펴볼 수 있는 바, 일할 자리에 관한 권리로서는 취업기회의 박탈금지 · 고용증진의 요구(헌법 제32조 제1항 후문 전단) · 보훈대상자에 대한 우선적인 근로의 기회부여(헌법 제32조 제6항) 등을 들 수 있고, 일할 환경에 관한 권리로서는 합리적인 근로조건의 보장(헌법 제32조 제2항, 제3항) · 여자와 연소자근로의 특별한 보호(헌법 제32조 제4항, 제5항) · 적정임금의 보장과 최저임금제의 실시(헌법 제32조 제1항 후문 후단) 등을 들 수 있다.

4. 노동 3권

근로자는 근로조건의 향상을 위하여 자주적인 단결권 · 단체교섭권 및 단체행동권을 가진다(헌법 제33조 제1항). 초기자본주의의 형식적 자유와 평등이 실업과 근로자의 빈곤을 초래하여 격렬한 노동운동이 전개되자 이러한 사회위기를 해소하기 위하여 바이마르헌법에서 노동 3권이 처음으로 규정된 이래 이른바 「20세기의 자연법」으로 각국 헌법에 규정되게 되었다.

우리 헌법상 노동 3권은 대국가적 효력뿐만 아니라 대사인적 효력을 직접 가지는 대표적인 기본권으로 이해되고 있으나 공무원인 근로자나 주요 방위산업체의 근로자는 노동 3권이 예외적으로 제한될 수 있다(헌법 제33조 제2항, 제3항).

5. 환경권

모든 국민은 건강하고 쾌적한 환경에서 생활할 권리를 가지며, 국가와 국민은 환경보전을 위하여 노력하여야 한다(헌법 제35조 제1항). 여기에서 「환경」이란 자연적 환경, 인공적 환경뿐만 아니라 문화적, 사회적 환경까지도 포함하는 것으로 생각된다. 환경권의 내용과 행사에 관하여는 법률로 정하여야 하며(헌법 제32조 제2항), 국가는 국민들의 쾌적한 주거생활을 위해 노력하여야 한다(헌법 제35조 제3항).

6. 보건권

모든 국민은 보건에 관하여 국가의 보호를 받는다(헌법 제36조 제3항). 보건권에 의하여 국민은 국가에 대하여 국민의 위생과 건강을 유지하는 데 필요한 시설이나 환경을 요구할 수 있다.

Ⅷ. 국민의 기본적 의무

1. 의의

「국민의 기본의무」란 국민이 통치권의 대상으로서의 지위에서 국가에 대하여 부담하는 의무로서 헌법에 규정된 것을 말한다. 이러한 국민의 기본적 의무를 헌법에 규정하는 것은 소극적으로는 국가권력으로부터 국민의 자유를 최대한 보장하기 위하여 국민이 부담하는 의무를 명확히 할 필요성이 제기되고, 적극적으로는 국민이 주인인 민주국가의 존립과 활동에 필요한 여러 요소를 국민의 적극적 참여로 형성한다는 의미가 있다.

2. 유형

우리 헌법상 국민의 의무는 고전적 의무인 납세의 의무(헌법 제38조) · 국방의 의무(헌법 제39조)가 있고, 현대적 의무인 교육의 의무(헌법 제31조 제2항) · 근로의 의무(헌법 제32조 제2항) · 환경보존의 의무(헌법 제35조 제1항) · 재산권 행사의 공공복리적합의무(헌법 제23조 제2항) 등이 있다.

제3절 통치기구

Ⅰ. 총설

1. 기본이념

현대의 자유민주주의 체제하에서 국가의 근본목적은 전체국민의 지위에서 가지는 주권의 확보와 개별적 국민인 개인의 인간으로서의 존엄성 보장이라고 할 수 있다. 이러한 목적을 달성하기 위하여 통치기구가 추구해야 할 근본이념으로서는 국민의 자유와 권리보장, 민주적 정당성, 국가권력의 통제(절차적 정당성)를 드는 것이 일반적 견해이다. 즉 통치권은 자기목적적인 것이 아니고 기본권 실현에 봉사하는 수단이므로 통치권 행사는 언제나 기본권에 기속되며, 통치권의 창설뿐만 아니라 행사되는 모든 권력이 항상 국민의 합의에 기초하여야 하고, 통치권의 남용 · 악용이 불가능하도록 통치권 행사에 대하여 합리적이고도 효율적인 통제수단을 마련하여야 하는 것이다.

2. 구성원리

1) 대의제 원리

「代議制(대의제)」라 함은 主權者(주권자)인 국민이 대표를 선출하고 선출된 대표자들로 하여금 통치권을 담당하게 함으로써 대표자들의 의사를 국민전체의 의사로 보는 제도를 말한다. 계몽사상가들에 의해 창안된 근대적 국민주권사상을 구체적으로 실현하는 원리로는 Rousseau의 직접민주주의론과 Sieyes의 대의민주주의론이 대립하였으나 현재에는 대부분의 국가가 현실의 여러 실제적 한계 때문에 대의제를 원칙으로 하고 직접민주제는 대의제를 보완하는 차원에서 예외적으로 운용하고 있다. 이러한 대의제는 치자와 피치자 사이에 치자는 정책결정권을, 피치자는 기관구성권과 통제권을 가진다는 것과 정책결정권의 자유위임을 그 이념적 기초로 한다.

2) 권력분립의 원리

「權力分立(권력분립)」이라 함은 통치권을 立法權(입법권) · 執行權(집행권) · 司法權(사법권)으로 분리하여 각각의 독립된 기관에 분산시키는 것을 말한다. 이는 통치기관끼리 상호 견제와 균형을 통하여 국가권력의 남용을 방지하고 국민의 기본적 자유와 권리를 보장하기 위한 자유주의적 통치기관의 조직원리이다. 권력분립에 관한 이론적 배경으로는 J. Locke의 「2권분립론」과 Montesquieu의 「3권분립론」이 있다.

3. 통치권행사의 형태

1) 의원내각제

「議員內閣制(의원내각제)」는 행정부가 의회에 의하여 구성되고 의회의 신임을 그 존립의 요건으로 하는 정부형태를 말한다. 이는 집행부가 2원적 구조를 이루어 상징적 부분으로서의 대통령 혹은 군주와 실질적 집행권보유자인 내각으로 구성되어 있고, 의회의 내각불신임권과 내각의 의회불신임권에 의하여 권력의 균형과 견제를 달성하고, 의회의원직과 정부각료직의 상호겸직허용과 정부각료의 의회출석발언권 및 발언의무 등을 통하여 입법부와 행정부 사이의 조화와 협조를 도모한다는 것이 그 특징이다.

2) 대통령중심제

「大統領中心制(대통령중심제)」는 엄격한 권력분립에 입각하여 대통령이 국민에 의하여 선출되고 의회로부터 독립하여 집행권을 행사하는 정부형태를 말한다. 대통령중심제의 특징적 요소들로서는 행정부의 일원성, 통치기관의 상호독립, 정부의 법률안제출권 불허 등을 들 수 있다.

3) 2원정부제

「二元政府制(이원정부제)」란 수상을 중심으로 하는 내각은 의회에 의해 선출되고 그 존립이 좌우되는데 대해, 대통령은 국민의 직접 혹은 간접적 선거로 선출되어 실권을 행사하는 이중적 집행부구조를 가진 정부형태를 말한다. 이원정부제는 대통령은 의회에서 독립하여 중립적 권력인 의회해산권을 보유하고 그 외에 의회와 내각 사이의 관계는 일반의 의원내각제와 대동소이한데, 국가 긴급시에는 대통령의 권한이 확대되고 수상의 권한이 약화된다는 것이 그 특징이다.

4) 의회정부제

「議會政府制(의회정부제)」라 함은 행정부가 의회에 의해 조직되어 존립하며 단지 의회결정사항의 집행위원회에 불과하여 행정부에 대한 의회의 절대적 優位(우위)로 특징지어지는 정부형태를 말하며, 이를 「회의제」라고도 한다.

5) 우리나라의 정부형태

우리나라의 정부형태는 의원내각제적 성격이 가미된 대통령중심제를 취하고 있다는 것이 일반적 견해이다. 국가원수인 동시에 행정부수반으로서의 대통령이 국민의 직접선거에 의해 선출되어 임기동안 국회에 대하여 책임지지 않으며 법률안거부권을 행사한다는 점은 대통령제의 요소이나, 부통령 대신에 국무총리를 두고 있다는 점과 국회의원의 국무위원 겸직허용 및 국무총리 · 국무위원의 국회출석 발언권과 의무를 인정함은 의원내각제적 요소이다.

Ⅱ. 국가기관으로서의 국민

1. 의의

「국가기관으로서의 국민」이란 선거권자로 구성되는 주권의 행사자로서의 국민을 말한다. 이러한 국민은 유권자 전체로 구성되는 합성기관이며, 다른 국가기관을 창설하는 창설기관이다. Jellinek는 국가기관으로서의 국민을 제1차 국가기관 또는 원시기관으로, 기타의 국가기관을 제2차 국가기관 또는 대표기관으로 비유한다.

2. 권한

현행 헌법상 국가기관으로서의 국민의 權限(권한)으로서는 헌법개정안 확정권(헌법 제130조 제2항), 국가중요정책에 대한 국민의결권(헌법 제72조), 대통령선출권(헌법 제67조 제1항), 국회구성권(헌법 제41조 제1항) 등을 들 수 있다.

Ⅲ. 국회

1. 헌법상 지위

「國會(국회)」라 함은 정기적으로 국민에 의해 선출되어 국민을 대표하는 의원들로 구성되는 합의체의 국가기관을 말한다. 자유민주주의의 실현형태로서의 대의제는 국민의 직접선거에 의해 선출되는 의원들로 구성된 의회를 중심으로 국정이 운영되는 議會主義(의회주의, Parlamentarismus)를 요구하게 된다. 우리 헌법은 의회주의원리에 따라 다음과 같은 지위를 인정하고 있다.

1) 국민의 대표기관으로서의 지위

국회는 국민의 대표자인 국회의원들로 구성되어 국민을 대표하여 입법권 및 기타의 통치권을 행사하므로 국민의 대표기관으로서의 지위를 가진다. 다만 국회가 국민의 대표기관이라 해도 법적인 의미의 대표가 아니라 이념적 통일체로서의 국민의 의사를 정치적으로 대표한다는 것을 의미한다고 본다.

2) 입법기관으로서의 지위

우리 헌법 제40조는「입법권은 국회에 속한다」고 함으로써 국회입법의 원칙을 선언하고 있다. 그러나 국가기능의 다변화에 따라 국회 이외의 기관에 입법권을 부여하고 있는 바, 긴급명령권 · 긴급제정명령권 · 각종 명령 및 규칙제정권 등이 그것이다. 그리고 국회의 입법과정에 다른 국가기관의 관여나 개입을 허용하고 있는 바, 대통령의 법률안거부권과 법률안공포권 · 정부의 법률안제출권 등이 그것이다.

3) 국정의 통제기관으로서의 지위

현대국가에서 국회의 입법기관성은 위임입법의 증대와 국회의 통법부화 현상에 의해 점차 약화되고 있지만, 국정통제기관으로서의 지위는 상대적으로 그 중요성이 증대되고 있다. 이러한 기능은 행정부나 사법부의 국정수행을 견제함으로써 통치권행사의 절차적 정당성을 확보하고, 권력분립주의의 견제와 균형의 한 수단이 됨을 의미한다.

2. 국회운영의 원칙

1) 의사공개의 원칙

국회는 국민의사의 대변기관이므로 회의의 내용과 의원의 활동이 국민에게 공개되어(헌법 제50조 제1항 전문) 국민의 비판과 감시를 받아야 한다. 다만, 출석의원 과반수의 찬성이 있거나 의장이 국가의 안전보장을 위하여 필요하다고 인정할 때에는 공개하지 아니할 수 있다(헌법 제50조 제2항 후문). 의사의 공개는 방청의 자유, 국회의사록의 공표, 보도의 자유 등을 그 내용으로 한다.

2) 회기계속의 원칙

「회기계속의 원칙」이라 함은 회기 중에 의결되지 못한 의안도 폐기되지 아니하고 다음 회기에 계속하여 심의할 수 있다는 원칙을 말하는 것으로, 영국의 회기불계속의 원칙과는 달리 우리나라는 회기계속의 원칙을 취하고 있다(헌법 제51조).

3) 일사부재의의 원칙

「一事不再議(일사부재의)」란 부결된 의안은 동일 회기 내에 다시 발의하거나 심의할 수 없다는 것(국회법 제92조)을 말하는데, 이는 소수파에 의한 의사진행 방해를 막기 위함이다.

3. 국회의 권한

1) 입법에 관한 권한

(1) 헌법개정에 관한 권한

국회는 헌법개정에 관하여 발의권과 의결권을 가진다. 즉 헌법개정안은 국회의원 재적과반수에 의하여 발의되고(헌법 제128조 제1항), 재적의원 3분의 2 이상의 찬성을 얻어 의결된다(헌법 제130조 제1항).

(2) 법률제정에 관한 권한

법률은 국회의원과 정부의 법률안 제안(헌법 제52조), 국회의 심의 · 의결, 정부에의 이송과 공포(헌법 제53조 제1항)라는 절차에 의해 제정된다. 다만 정부에 이송된 법률안이 대통령에 의해 거부된 때에는 특별정족수에 의한 국회의 재의결이 있어야 확정된다(헌법 제53조 제2항, 제3항, 제4항, 제5항).

(3) 조약의 체결 · 비준에 대한 동의권

대통령이 외국과 조약을 체결하고자 할 때에는 일정한 사항(헌법 제60조)에 대하여는 국회의 동의를 받아야 한다. 이것은 조약이 체결 · 공포되면 국내법과 동일한 효력을 가지므로 국민의 권리 · 의무에 영향을 끼치는 중대한 사안에 관해서는 국민의 대표기관인 국회의 통제를 받도록 한 것이다.

(4) 국회규칙제정권

국회는 법률에 저촉되지 않는 범위 안에서 의사와 내부규율에 관한 규칙을 제정할 수 있다(헌법 제64조 제1항).

2) 재정에 관한 권한

국회는 국가의 예산안을 심의확정하고(헌법 제54조 제1항), 租稅法律主義(조세법률주의)에 따라 조세 기타 공과금의 부과 · 징수는 반드시 법률로써 하여야 한다(헌법 제59조). 국채를 모집하거나 예산 외에 국가의 부담이 될 계약을 체결하려 할 때에는 정부는 미리 국회의 의결을 얻어야 하며(헌법 제58조), 감사원은 세입 · 세출의 결산을 매년 검사하여 대통령과 차년도 국회에 그 결과를 보고하여야 한다(헌법 제99조).

3) 헌법기관구성에 관한 권한

국회는 대통령선거에서 최고득표자가 2인 이상인 때 대통령선출권을 가지며(헌법 제67조 제2항), 국무총리 임명(헌법 제86조 제1항), 대법원장과 대법관 임명(헌법 제104조 제1항 · 제2항), 감사원장 임명(헌법 제98조 제2항), 헌법재판소장 임명(헌법 제111조 제4항)에 대한 동의권, 그리고 헌법재판소 재판관 3인(헌법 제11조 제3항) 및 중앙선거관리위원회 위원 3인(헌법 제114조 제2항)의 선출권을 가진다.

4) 국정통제에 관한 권한

국회는 국무총리 · 국무위원 등의 출석요구 및 질문권(헌법 제62조), 국무총리 및 국무위원에 대한 해임건의권(헌법 제63조), 탄핵소추권(헌법 제65조), 국정감사 · 조사권(헌법 제61조), 대통령의 긴급명령과 긴급재정처분 · 명령에 대한 승인권(헌법 제76조 제3항), 조약 및 국방정책에 대한 동의권(헌법 제60조), 계엄해제요구권(헌법 제77조 제4항 · 제5항), 일반사면에 대한 동의권(헌법 제79조 제2항) 등을 가진다.

5) 국회내부에 관한 권한

국회는 의사와 내부규율에 관한 규칙제정권을 가지며(헌법 제64조 제1항), 국회의원의 자격심사 및 징계권을 가진다(헌법 제64조 제2항).

4. 국회의원의 지위

1) 헌법상 지위

우리 헌법상 국회의원은 국회의 구성원인 동시에 헌법에 의하여 권한과 의무의 내용이 정해진 국가기관으로서의 지위를 아울러 가진다. 국회의원은 선거구민의 대표가 아니라 전체국민을 대표하는 국민의 대표자가 되며, 우리 헌법이 정당제민주주의를 채택하고 있다고 해석하는 한 정당의 대표자로서의 지위도 가진다고 이해된다.

2) 국회의원의 특권

국회의원은 국회에서 직무상 행한 발언과 표결에 관하여 국회 외에서 책임을 지지 아니한다(헌법 제45조)는 면책특권과 국회의원은 현행범인 경우를 제외하고는 회기중 국회의 동의 없이 체포 또는 구금되지 아니하며(헌법 제44조 제1항), 회기 전에 체포 또는 구금된 때에는 현행범이 아닌 한 국회의 요구가 있으면 회기 중 석방된다(헌법 제44조 제2항)는 「불체포특권」이 있다. 국회의원에게 이러한 특권을 인정하는 이유는 국민의 대표자로서 누구로부터도 자유롭고 독립적으로 활동하고, 직책을 성실히 수행할 수 있도록 하기 위함이다.

3) 국회의원의 권리와 의무

국회의원은 국회활동에 관한 권리, 즉 발의권 · 질문권 등과 세비와 각종 편익을 받을 권리(국회법 제30조, 제31조)를 가진다. 국회의원은 헌법상 청렴의무(헌법 제46조 제1항), 국가이익우선의무(헌법 제46조 제2항), 이권개입금지의무(헌법 제46조 제3항), 겸직금지의무(헌법 제43조) 등을 부담한다.

Ⅳ. 정부

1. 대통령

1) 현행헌법상 대통령의 지위

(1) 국가원수로서의 지위

우리 헌법상 대통령은 대외적으로 국가를 대표(헌법 제66조 제1항)하고 국가와 헌법을 수호(헌법 제66조 제2항)한다. 또한 국정의 통합 · 조정자로서 헌법개정안제안권(헌법 제128조 제1항) · 국민투표발의권(헌법 제72조) · 법률안제안권(헌법 제52조) 등을 가지며, 헌법기관구성권자로서 대법원장과 대법관임명권(헌법 제104조 제1항 · 제2항) · 중앙선거관리위원회 임명권(헌법 제114조 제2항) 등을 가진다.

(2) 행정부 수반으로서의 지위

「행정부 수반으로서 대통령」은 행정의 최고지휘책임자로 최고정책결정권 · 명령제정권 · 법령집행권 등을 가지며, 행정부 구성권자로서 국무총리와 국무위원 임명권 · 행정각부의 장 임명권 · 행정부의 각급 공무원의 임명권을 가지고, 국무회의 의장으로서 국무회의를 소집하고 주재한다

2) 대통령의 신분관계

(1) 대통령의 선거

대통령은 국민의 보통 · 평등 · 직접 · 비밀선거에 의하여 선출(헌법 제67조 제1항)하고, 후보자가 1인일 때에는 선거권자 총수의 1/3 이상의 득표로 당선을 결정(헌법 제67조 제3항)하는데, 직접선거에서 최고득표자가 2인 이상인 경우에는 국회의원 재적과반수가 출석한 공개회의에서 다수득표자를 당선자로 한다(헌법 제67조 제2항).

(2) 대통령의 임기

대통령의 임기는 5년이며 중임은 불가하다(헌법 제70조). 만약 대통령의 임기연장 또는 중임변경을 위한 헌법개정이 있어도 그 헌법개정안 당시의 대통령에 대해서는 효력이 없다(헌법 제128조 제1항, 제2항).

(3) 대통령의 권한대행

대통령의 궐위 · 사고시에 국무총리가 권한을 대행하고, 그 다음으로는 법률이 정한 국무위원의 순위로 그 권한을 대행한다(제71조).

3) 대통령의 권한

(1) 국가긴급권

대통령은 국가를 보위하고 헌법을 수호할 책무를 부담하므로, 국가비상사태가 발생하였을 때 그 책무를 다할 수 있도록 국가긴급권을 부여하고 있는 바, 이에는 긴급명령권(헌법 제76조 제2항) · 긴급재경처분 및 명령권(헌법 제76조 제1항) · 계엄선포권(헌법 제77조) · 헌법개정 제안권(헌법 제12조 제1항)과 공고(헌법 제129) 및 공포권(헌법 제130조 제3항) · 국민투표부의권(헌법 제72조) 등이 있다.

(2) 행정에 관한 권한

대통령은 행정부의 수반으로서 행정에 관한 최고의 결정권과 집행권을 가지며, 그 외에 외교에 관한 권한(헌법 제73조) · 공무원 임명권(헌법 제78조) · 국군통수권(헌법 제74조) · 재정에 관한 권한 · 영전수여권(헌법 제80조) 등을 가진다.

(3) 국회 및 입법에 관한 권한

대통령의 국회에 관한 권한으로는 임시회소집권(헌법 제47조 제1항 · 제3항) · 국회출석발언권(헌법 제81조) 등이 있고, 입법에 관한 권한으로는 법률안제출권(헌법 제52조) · 법률안거부권(헌법 제53조 제2항) · 법률안공포권(헌법 제53조 제1항 · 제6항) · 행정입법권(헌법 제75조) 등을 들 수 있다.

(4) 사법에 관한 권한

대통령의 司法(사법)에 관한 권한으로는 사면 · 감형 · 복권에 관한 권한, 위헌정당해산제소권(헌법 제8조 제4항) 등이 있다.

(5) 헌법기관구성에 관한 권한

대통령은 대법원장과 대법관 임명권(헌법 제104조), 국무총리 · 국무위원 및 행정각부의 장 임명권(헌법 제86조 제1항, 제87조 제1항, 제94조), 감사원장과 감사위원 임명권(헌법 제98조 제2항, 제3항), 헌법재판소의 장과 재판관 임명권(헌법 제111조 제2항, 제113조 제2항), 중앙선거관리위원회위원 임명권(헌법 제114조 제4항) 등을 가진다.

(6) 대통령의 권한행사의 방법과 통제

대통령의 통치권자로서의 각종 권한은 주권에 의하여 위임된 권한이다. 따라서 이러한 권한행사에 대해 국민적 정당성을 확보하고 전제를 막기 위하여 사전적으로는 헌법과 법률이 정한 절차와 방법에 따라야 하고, 사후적으로는 민주적 통제를 받아야 한다.

우리 헌법상 대통령의 권한행사의 방법으로는 대통령의 국법상 행위는 문서로써 해야 하고 또 반드시 副書(부서)가 따라야 한다는 것(헌법 제82조), 그리고 국무회의의 심의(헌법 제89조)와 각종 자문기관의 자문을 거치고 중대한 사안에 대해서는 국회의 동의(헌법 제60조)나 승인(헌법 제55조 제2항, 제76조 제3항)을 얻어야 하는 것으로 정하고 있다.

대통령의 권한행사에 대한 통제는 기관 내 통제로서 국무총리의 국무위원제청권(헌법 제87조 제1항) 또는 국무위원 해임건의권(헌법 제87조 제3항) 등이 있고, 기관간 통제로서 대통령선거나 중요정책에 대한 국민투표(헌법 제72조) 등을 통한 국민에 의한 통제, 탄핵소추(헌법 제65조 제1항)나 국무총리 및 국무위원에 대한 해임건의(헌법 제63조 제1항) 등을 통한 국회에 의한 통제, 대통령의 명령과 처분에 대한 司法審査(사법심사)(제107조 제2항) 등을 통한 법원에 의한 통제, 긴급명령이나 긴급재정경제명령에 대한 규범통제(헌법 제111조 제1항 제5호) 등을 통한 헌법재판소에 의한 통제 등을 들 수 있다.

2. 행정부

1) 국무총리와 국무위원

(1) 국무총리

① 대통령의 보좌기관

「국무총리」는 대통령의 보좌기관으로서 대통령의 명을 받아 행정각부를 통할하며(헌법 제86조 제2항), 국무회의의 부의장이 되고(헌법 제88조 제3항), 대통령의 국법상 행위에 부서한다(헌법 제82조).

② 행정부의 제2인자

국무총리는 대통령에 이은 행정부의 제2인자로서 행정각부의 장을 지휘·감독하고, 대통령 유고시 권한대행자가 되며(헌법 제71조), 국무위원과 각부장관의 임명을 제청하거나(헌법 제87조 제1항, 제94조), 국무위원의 해임을 건의할 수 있다(헌법 제87조 제3항).

③ 중앙행정관청

국무총리는 소관사무의 업무를 결정하고 집행할 수 있는 행정관청이다. 소관사무를 수행하는 중앙행정관청으로서의 지위는 행정각부와 동등한 지위를 갖는다.

(2) 국무위원

국무위원은 국무총리의 제청으로 대통령이 임명한다(헌법 제87조 제1항). 국무위원은 대통령을 보좌하는 기관으로서의 지위와 국무회의의 구성원으로서의 지위를 가진다(헌법 제87조 제2항). 국무위원은 대통령의 보좌기관으로서 대통령권한 대행권, 부서권, 국회출석발언권 및 답변의무가 있으며, 국무회의의 구성원으로서 국무회의소집권, 국무회의의안제출권, 국무회의출석발언권 등을 가진다.

2) 국무회의

「국무회의」는 정부의 권한에 속하는 중요한 정책을 심의(헌법 제83조 제1항)하는 최고정책심의기관이다. 국무회의는 대통령 · 국무총리와 15인 이상 30인 이하의 국무위원으로 구성되며(헌법 제88조 제2항), 대통령은 국무회의의 의장이 되고 국무총리는 부의장이 된다(헌법 제88조 제3항).

3) 행정각부

「행정각부」는 행정부의 구성단위로서, 대통령이 결정한 정책 및 그 밖의 법률이 정한 사항을 집행하는 중앙행정기관이며, 대통령이나 국무총리의 하위행정관청이다. 행정각부의 설치 · 조직과 직무범위는 법률로 정하는데(헌법 제96조), 이에 관한 법이 政府組織法(정부조직법)이다.

4) 감사원

「監査院(감사원)」은 세입 · 세출의 결산 및 법률에 정한 단체의 회계검사와 행정기관 및 공무원의 직무에 관한 감찰을 권한으로 하는 대통령소속하의 헌법상 독립된 회의제기관이다(헌법 제97조).

감사원은 원장을 포함한 5인 이상 11인 이하의 감사위원으로 구성된다(헌법 제98조 제1항). 감사원장은 대통령이 국회의 동의를 얻어 임명하고(헌법 제98조 제2항), 감사위원은 원장의 제청으로 대통령이 임명한다(헌법 제98조 제3항). 감사원장과 감사위원의 임기는 모두 4년이며, 1차에 한하여 중임할 수 있다(헌법 제98조 제2항 · 제3항).

Ⅴ. 법원

1. 헌법상의 지위

1) 사법기관

「法院(법원)」은 法官(법관)으로 구성되어 司法權(사법권)을 행사하는(헌법 제101조 제1항) 사법기관이다. 「사법」이란 구체적인 분쟁을 전제로 하여 무엇이 법인가를 선언하는 작용으로, 이에는 민 · 형사재판과 행정재판 등이 있다.

2) 중립기관

사법권은 다른 통치권력, 즉 행정권 · 입법권 기타 국가권력으로부터 독립된 제3의 권력 또는 중립적 권력이어야 한다. 이것은 다른 통치권력으로부터 부당한 간섭을 배제할 때, 법원은 중립기관으로서 국민의 자유와 권리를 보호할 수 있기 때문이다.

3) 기본권보장기관

법원은 국민의 자유와 권리가 침해된 경우에 적법한 재판절차를 통해 이를 구제해 주는 기관으로, 국민의 자유와 재산을 보호해 주는 최후의 기본권보장기관이다. 우리 헌법도 국민의 기본권으로서 재판청구권을 규정(헌법 제27조 제1항)함으로써, 기본권 보장의 실효를 얻으려 하고 있다.

4) 헌법수호기관

법원은 명령 · 규칙의 위헌 · 위법심사와 위헌법률의 제청 그리고 선거에 관한 재판을 담당함으로써 헌법수호임무를 맡고 있다. 다만 위헌법률심판권은 헌법재판소가 담당하므로 국회입법에 대한 헌법수호, 헌법질서보장은 헌법재판소가 그 임무를 맡고 있다.

2. 법원의 조직과 구성

1) 법원의 조직

법원은 최고법원인 大法院(대법원)과 각급법원으로 조직된다(헌법 제101조 제2항). 대법원과 각급법원의 조직은 법률로 정하도록 규정(헌법 제102조 제3항)하고 있는 바, 법원조직법이 바로 그것이다. 법원조직법에 의하면 법원의 종류는 대법원 · 고등법원 · 지방법원 · 가정법원으로 하되 지방법원과 가정법원은 그 사무의 일부를 처리케 하기 위하여 그 관할구역 내에 支院(지원)을 둘 수 있도록 되어 있다(법원조직법 제3조).

2) 법원의 구성

대법원에 大法院長(대법원장)과 大法官(대법관)을 둔다. 다만 법률이 정하는 바에 따라 대법관이 아닌 법관을 둘 수 있다(헌법 제102조 제2항). 대법원장은 국회의 동의를 얻어, 대법관은 대법원장의 제청으로 국회의 동의를 얻어서 대통령이 임명하며(헌법 제104조 제1항, 제2항), 대법원장과 대법관이 아닌 법관은 대법관회의의 동의를 얻어 대법원장이 임명한다(헌법 제104조 제3항).

3. 사법권의 독립

1) 법원의 독립

「법원의 독립」이란 권력분립의 원칙에 따라 공정한 재판을 사명으로 하는 법원이 행정부나 입법부, 기타 다른 국가기관으로부터 독립함을 의미하는데, 우리 헌법은 「사법권은 법관으로 구성된 법원에 속한다(헌법 제101조 제1항)」라고 표현하고 있다.

2) 법관의 독립

법관의 독립은 직무상의 독립(물적 독립)과 신분상의 독립(인적 독립)으로 나누어 살펴볼 수 있다. 「직무상의 독립」이란 법관이 재판에 관한 직무를 수행함에 있어서 국회나 정부 또는 각종 사회적 · 정치적 세력 등으로부터의 지시나 명령을 받음이 없이 오직 헌법과 법률 그리고 자신의 양심에 따라서만 재판을 해야 함(헌법 제103조 참조)을 의미한다. 그리고 「신분상의 독립」이란 재판의 독립을 보장하기 위하여 법관의 인사를 독립시키고(헌법 제104조 제3항 참조), 법관의 자격과 임기를 법률로 규정함으로써(헌법 제101조 제3항, 제105조 참조) 법관의 신분을 보장(헌법 제106조 참조)하는 것을 말한다.

4. 법원의 권한

1) 위헌법률심사제청권

법원은 법률이 헌법에 위반되는지 여부가 재판의 전제가 된 경우에는 헌법재판소에 제청하여 그 심판에 의하여 재판할 수 있는데, 이를 「위헌법률심사제청권」이라 한다(헌법 제107조 제1항).

2) 명령 · 규칙 심사권

명령 · 규칙 또는 처분이 헌법이나 법률에 위반되는지 여부가 재판의 전제가 된 경우 대법원은 이를 최종적으로 심사할 권리를 「명령·규칙 심사권」이라 한다(헌법 제107조 제2항).

3) 대법원의 규칙제정권

대법원은 법률에 저촉되지 아니하는 범위 안에서 소송에 관한 절차, 법원의 내부규율과 사무처리에 관한 규칙을 제정할 수 있는데, 이를 「規則制定權(규칙제정권)」이라 한다(제108조).

Ⅵ. 헌법재판소

1. 헌법상의 지위

현행 헌법상 헌법재판소는 헌법보장기관으로서 중대한 통치권의 위헌적 행사가 있을 때 헌법재판을 통하여 헌법질서를 유지하고, 정치적 사법기관으로서 일반법원에서 다루기 곤란한 정치적 문제를 대상으로 해서 사법절차에 따라 해결하며, 기본권 보장기관으로서 헌법소원이나 위헌법률심판을 통하여 국민의 기본권을 직접 보장하며, 국가권력의 남용과 자의적인 공권력 행사를 통제함으로써 간접적으로 기본권을 보장한다.

2. 구성

「憲法裁判所(헌법재판소)」는 법관의 자격을 가진 9인의 재판관으로 구성하며, 재판관은 대통령이 임명한다(헌법 제111조 제2항). 헌법재판관 중 3인은 국회에서 선출하는 자로, 3인은 대법원장이 지명하는 자를 임명하고(헌법 제111조 제3항), 헌법재판소의 장은 국회의 동의를 얻어 재판관 중에서 대통령이 임명한다(헌법 제111조 제4항).

헌법재판관의 임기는 6년이며, 법률이 정하는 바에 의해 연임이 가능하다(헌법 제112조 제1항). 재판관은 정당에 가입하거나 정치에 관여할 수 없고(헌법 제111조 제2항), 탄핵 또는 금고 이상의 형 선고에 의하지 아니하고는 파면되지 않는다(헌법 제111조 제3항). 헌법재판소의 조직과 운영에 관한 사항은 법률로 정하는데, 이에 관한 법률로 헌법재판소법이 있다.

3. 권한

우리 헌법상 헌법재판소는 위헌법률심판권 · 탄핵심판권 · 위헌정당의 해산심판권 · 기관간 권한쟁의 심판권 · 헌법소원심판권(헌법 제111조 제1항)과 심판에 관한 절차, 내부규율과 사무처리에 관한 규칙제정권(헌법 제113조 제2항)을 가진다. 헌법재판소에서 법률의 위헌결정, 탄핵의 결정, 정당해산의 결정 또는 헌법소원에 관한 인용결정을 할 때에는 재판관 6인 이상의 찬성이 있어야 한다(헌법 제113조 제1항).

Ⅶ. 선거관리위원회

1. 헌법상의 지위

「선거관리위원회」는 선거와 국민투표의 공정한 관리, 정당에 관한 사무를 처리하는 헌법상의 합의제 독립기관이다.

2. 구성

선거관리위원회에는 중앙선거관리위원회 밑에 서울특별시 · 광역시 · 도선거관리위원회, 구 · 시 · 군선거관리위원회, 투표구선거관리위원회가 있다. 중앙선거관리위원회는 9인의 위원으로 구성되며(3인은 대통령이, 3인은 국회에서, 3인은 대법원장이 지명), 위원장은 위원 중에서 호선한다(헌법 제114조 제2항). 위원의 임기는 6년이며(헌법 제114조 제3항), 연임에 대한 제한은 없다. 그리고 위원은 탄핵 또는 금고 이상의 형의 선고에 의하지 아니하고는 파면되지 아니하며(헌법 제114조 제5항), 정당에 가입하거나 정치에 관여할 수 없다(헌법 제114조 제4항).

3. 권한

우리 헌법상 중앙선거관리위원회는 선거운동을 관리하고, 투표 및 개표, 당선자의 확정 등의 선거관리사무와 국민투표사무를 담당하며, 정당의 창당등록의 신고 · 공고 · 취소 등의 사무와 정치자금의 기탁 · 배분 등의 사무를 담당한다. 그리고 중앙선거관리위원회는 법령의 범위 안에서 선거관리 · 국민투표관리 · 정당사무에 관한 규칙을 제정할 수 있으며, 법률에 저촉되지 아니하는 범위 안에서 내부규율에 관한 규칙을 제정할 수 있다(헌법 제114조 제6항).

제2장 행정법

제1절 행정법 총칙

Ⅰ. 권력분립과 행정

1. 권력분립과 행정의 성립

근대입헌국가에서는 국가권력의 집중과 남용으로 인한 시민의 자유의 침해를 방지하기 위한 정치적 조직원리로서 권력분립의 원칙을 채택하게 되었다. 그리하여 국가권력이 立法權(입법권)·司法權(사법권)·行政權(행정권)의 3권으로 나뉘고 각각 별개의 기관이 담당하게 됨으로써 비로소 근대적 의미의 행정의 관념이 성립하게 되었다. 이와 같이 행정의 관념은 권력분립의 소산으로써 근대국가의 탄생과 더불어 성립되었다고 할 수 있다.

2. 권력분립의 위기와 행정확대

자유를 기조로 하는 근대국가 이후 현대국가에서는 권력분립의 원리를 성립·유지시킨 사회적 세력이 변동되었으며, 국민주권주의, 정당국가화 및 적극국가화의 요청에 따라 국가권력의 통합화 내지는 적극화 경향으로 나타나게 되었다. 특히 현대복리국가주의 헌법의 영향하에서 給付行政(급부행정)의 요청에 따라 행정권이 다른 국가권력에 비해 증대되었으며, 행정작용의 면에 있어서도 그 중요한 기능이 질서행정에서 급부행정으로 변화되었다.

Ⅱ. 행정법의 개념

1. 행정법의 의의

「行政法(행정법, Verwaltungsrecht, administrative law)」이라 함은 행정의 조직과 작용 및 구제에 관한 국내공법을 말한다. 즉, 행정법은 행정권의 조직·권한 및 기관 상호간의 관계에 관한 法 및 국가·공공단체 등 행정주체와 사인 간의 공법상 법률관계에 관한 法, 행정작용에 대한 개인의 권리구제에 관한 法으로서, 행정에 고유한 法의 총체를 말한다.

2. 행정법의 특질

1) 형식상의 특질

행정법은 국민의 권리와 의무에 관한 사항의 규율을 주된 대상으로 하면서 동시에 행정주체가 일방적으로 국민의 권리에 제한을 가하고 의무를 부과할 수 있도록 하므로, 국민의 안정된 법생활의 보장을 위해서는 국민들이 행정작용을 예측할 수 있도록 성문법주의를 택하고 있다.

그리고 행정법을 구성하는 법의 존재형식에는 헌법과 법률 외에도 명령·자치법규(조례규칙)·관습법 등이 있고, 경우에 따라서는 행정규칙이 행정법규의 기능을 담당하기도 하며, 행정법관계에 대한 규정 완비가 어렵기 때문에 조리 내지 행정법의 일반원칙이라는 것이 法源(법원)의 한 종류로서 특히 중요한 의미를 갖는다.

2) 성질상의 특질

행정법은 공익실현과 관련하여 불특정다수인을 규율의 대상으로 삼고 있기 때문에 대량성 · 평등성 · 강행성 · 획일성 · 기술성을 띠게 된다.

3) 내용상의 특질

행정법은 모든 국민의 이익의 증진, 즉 공익의 실현을 기본적인 목적 내지 내용으로 하며, 공익의 효과적인 실현을 위해 행정주체에 우월한 법적 지위를 부여한다.

4) 해석상의 특질

행정법은 미래발전에 대한 예측적인 평가를 기초로 하여 합목적성을 추구하는 데에 해석의 중심이 놓이는 부분이 많다.

Ⅲ. 행정법의 기본원리

1. 민주행정주의

우리 헌법은 제1조 제1항 및 제2항에서 민주공화국체제의 선택과 주권재민의 원리를 선언함으로써 행정은 국민전체의 이익을 위하여 행하여짐을 밝히고 있다. 이에 따라 우리 헌법은 행정부의 민주적 조직, 행정권의 민주적 행사를 확보하는 여러 규정(헌법 제66조 제4항, 제67조, 제69조 등 참조)을 두고 있으며, 지방주민의 복리에 관한 사무를 민주적으로 처리하게 하기 위하여 지방자치제를 보장하고 있다(헌법 제117조).

2. 법치행정주의

헌법상의 법치주의는 행정법 분야에서는 법치행정주의로 발현되는 바, 「法治行政(법치행정)」이란 행정은 법률의 근거 아래 법률의 기속을 받으며 행해져야 하고, 이를 위반해서 개인에게 피해가 생긴다면 사법적인 구제가 주어지는 것을 말한다.

법치행정은 행정의 자의로부터 개인을 보호하고 아울러 행정작용의 예견가능성을 보장하고자 하는 데 있다.

3. 지방분권주의

우리 헌법은 지방자치제를 확인하고 그에 의한 지방자치행정의 수행을 보장하고 있다(헌법 제117조 제1항). 이는 지방적인 사무를 중앙집권적 국가행정조직에서 분리시켜, 지방자치단체가 그 주민의 자치의사에 따라 처리하도록 함으로써 지방행정의 민주화와 효율화를 도모하려는 것이다.

4. 복지국가주의

우리 헌법은 복지국가의 건설을 지향하여, 국가적 조치를 통해 개인과 사회의 복지를 증대시키려고 한다. 즉 헌법은 최소한의 인간다운 삶의 보장, 사회보장과 사회복지의 증진의무 등(헌법 제34조)과 사경제에 대한 국가의 합리적인 개입(헌법 제9장)을 규정하고 있다.

이러한 복지국가화의 요청은 행정의 팽창 · 공무원 및 행정기구의 확대를 초래해 행정국가화의 경향을 가져오게 된다.

Ⅳ. 행정법관계

1. 행정법관계의 의의와 특질

1) 행정법관계의 의의

행정에 관한 당사자 상호간의 권리 · 의무의 총체적 관계를 「행정상의 법률관계」라 하는 바, 이에는 행정주체와 국민간의 관계인 행정작용법적 관계와 행정주체 상호간의 관계인 행정조직법적 관계가 포함된다.

행정작용법적 관계는 다시 공법관계인 권력관계 및 관리관계와 私法關係(사법관계)인 국고관계로 나눌 수 있는데, 여기서 일반적으로 사법관계인 국고관계를 제외한 공법관계인 권력관계와 관리관계를 행정법관계라 한다.

2) 행정법관계의 특질

(1) 행정의사의 공정력

행정법관계에서 행정주체의 의사에는 그 성립에 비록 흠(위법 · 부당)이 있다 할지라도, 그 흠이 중대하고 명백하여 當然無效(당연무효)로 되는 경우를 제외하고는 적법의 추정을 받아 유효한 것으로 통용되어 권한 있는 기관에 의하여 취소될 때까지는 누구도 그 효력을 부인할 수 없는 힘을 가진다.

(2) 행정의사의 확정력

행정법관계에서 행정주체의 행위는 공공성을 가지는 까닭에 법적 생활의 안정성을 위하여 자유로이 변경할 수 없는 힘을 가지는데, 이에는 행정주체의 행위에 흠이 있다 할지라도 그에 대한 불복기간이 경과하거나 쟁송절차를 다 마친 때에는 그 행정법관계가 확정되어 상대방은 더 이상 그 효력을 다툴 수 없게 되는 불가쟁력과 행정주체의 흠 있는 행위는 취소 또는 철회할 수 있는 것이 원칙이나, 일정한 경우에는 행정청 자신이라고 하더라도 이를 취소 · 철회할 수 없는 불가변력이 있다.

(3) 행정의사의 강제력

행정법관계에서는 행정의사의 실효성을 확보하기 위하여 강제력이라는 우월한 힘이 인정되는데, 이에는 司法權(사법권)의 힘을 빌리지 않고 스스로의 힘으로 그 의무를 이행시킬 수 있는 자력집행력과 행정상의 의무를 위반하였을 때 그에 대한 行政罰(행정벌)을 과할 수 있는 제재력이 있다.

(4) 권리 · 의무의 특수성

행정법관계에서 발생하는 권리 · 의무는 국가적 · 공익적 견지에서 필요한 까닭에 인정되는 것이므로 권리가 동시에 의무라는 상대적인 성질을 가진다. 따라서 행정법관계에 있어서의 권리 · 의무는 그 전이 · 포기 등이 제한되며 또한 때로는 특별한 보호나 강제가 가하여지는 등의 특수성을 가지고 있다.

(5) 권리구제수단의 특수성

행정법관계에서 국민의 권리가 침해되었을 때에는 그 손해의 전보는 행정상의 손해보상 또는 손실보상의 방법에 의하고, 행정법관계에 관한 쟁송수단은 영미식 통일관할주의를 택하여 행정사건도 원칙적으로 일반법원의 민사소송절차에 의하지만 행정기관에 의한 심판절차의 인정, 소제기 기간의 제한 등과 같은 특례가 인정되고 있다.

2. 행정법관계의 내용

행정법관계의 내용은 행정법관계의 당사자가 행정법관계에서 가지는 권리 · 의무인데, 이러한 권리 · 의무의 변동이 법령에 의거한 행정청의 일방적인 의사에 따라 결정되는 것이 보통이다. 행정법관계에서의 권리 · 의무를 각각 「公權(공권) · 公義務(공의무)」라 한다.

1) 공권

행정법상 공권에는 국가 또는 공공단체 기타 국가로부터 공권력을 부여받은 자가 우월한 의사주체로서 상대방인 개인에 대하여 가지는 「국가적 공권」과 우월한 의사주체인 국가 또는 공공단체 기타 국가로부터 공권력을 부여받은 자에 대하여 상대방인 개인이 가지는 「개인적 공권」이 있다.

다만 개인적 공권의 확대경향에 의하여 반사적 이익으로써 행정소송을 통한 구제가 불가능하던 것이 오늘날에 있어서는 급부국가의 요청에 따라 법적이익 또는 법적으로 보호할 가치 있는 이익으로 전환되는 경향이 있다.

2) 공의무

「公義務(공의무)」란 공권에 대응하여 다른 자의 이익을 위하여 의무자의 의사에 가하여진 공법상의 구속을 말한다. 공의무는 司法上(사법상)의 의무와는 달리 원칙적으로 의무자의 의사에 불구하고, 직접 법률에 의하거나 또는 법률에 근거한 행정처분에 의하여 과하여진다.

3. 특별권력관계

1) 의의

「특별권력관계」라 함은 공법상의 특별한 원인에 기하여 필요한 범위 안에서 포괄적으로 일방이 타방을 지배하고, 타방이 이에 복종할 것을 내용으로 하는 관계를 말한다. 즉 특별권력관계에 있어서는 구체적인 법률의 규정에 기하지 않고, 포괄적인 支配權(지배권)의 발동으로써 명령·강제할 수 있다.

2) 유형

특별권력관계는 공무원의 국가 또는 공공단체와의 근로관계·군인의 국가에 대한 복종관계 및 전시의 근로동원관계인 「공법상의 근로관계」, 국공립학교·국공립도서관·전염병원·국립병원·소년원·교도소 등의 이용관계인 「공법상의 영조물이용관계」, 공공조합·특허기업자·행정사무수임자·보험회사 등에 대한 국가·공공단체의 특별감독관계인 「공법상의 특별감독관계」, 공공조합과 그 조합원의 관계인 「公私團關係(공사단관계)」로 나눌 수 있다.

제2절 행정조직법

Ⅰ. 서

1. 행정조직법의 의의와 기본원리

1) 행정조직법의 의의

「行政組織法(행정조직법)」이라 함은 행정권주체의 활동의 전제가 되는 기관의 조직에 관한 법의 총칭이다. 즉 행정기관의 조치 · 폐지 · 구성 · 권한 및 행정기관 상호간의 관계를 정한 법을 말한다. 행정조직은 직 · 간접으로 국민의 권리 · 의무에 영향을 끼치므로 行政組織法定主義(행정조직법정주의)를 원칙으로 하고 예외적으로 行政立法(행정입법)에 의하도록 하고 있다.

2) 행정조직법의 기본원리

현대 복지국가의 헌법체제를 채택하고 있는 우리나라는 행정조직법의 기본원리로서 행정조직의 민주성 · 행정조직법정주의 · 독임제원칙 · 지방분권주의 · 직업공무원제 등을 취하고 있다.

2. 행정기관과 행정관청

1) 행정기관

「행정기관」이라 함은 널리 국가 또는 공공단체의 행정사무를 담당하는 기관을 말한다. 이에 대해 「좁은 의미의 행정기관」이란 일정한 범위 안에서 행정사무에 관하여 국가 또는 공공단체의 의사를 결정 · 표시하는 기관만을 말한다. 이러한 행정기관에는 행정관청 · 보조기관 · 보좌기관 · 자문기관 · 의결기관 · 집행기관 · 감사기관 · 공기업 및 영조물기관 · 부속기관 등이 있으나, 가장 중요한 것은 행정관청이다.

2) 행정관청

「行政官廳(행정관청)」은 행정에 관한 국가의사를 결정 · 표시하는 권한을 가졌는데, 이러한 행정관청의 권한 또는 관할은 일정범위 내로 제한된다. 행정사무의 내용 또는 종류에 의한 제한을 「행정관청 권한의 사항적 한계」 또는 「事物管轄(사물관할)」이라고 하고, 지역에 의한 제한을 「지역적 한계」 또는 「土地管轄(토지관할)」이라고 한다.

행정관청의 권한은 당해 관청이 스스로 행함이 원칙이나(권한불변경의 원칙), 일정한 사유가 있을 때는 행정관청의 대리나 행정관청의 권한의 위임에 의하여 타자로 하여금 대신 행사케 할 수 있다.

II. 국가행정조직법

1. 중앙행정조직법

1) 중앙행정조직법의 법원

「중앙행정조직」은 정부형태에 의하여 기본골격이 결정되는데, 이에 관한 法源(법원)은 헌법과 법률에 의해 이루어지고 있다. 헌법은 국가의 기본법으로서 행정조직에 관한 대강을 규정하고 그에 관한 구체적 사항은 일반법인 정부조직법과 기타 법률에 위임하고 있다.

2) 중앙행정조직법의 내용

현행 헌법은 「행정권은 대통령을 수반으로 하는 정부에 속한다」고 규정하고 있다(헌법 제66조 제4항). 이는 대통령은 국가최고행정기관으로서 모든 다른 행정기관은 그 통할하에 있음을 의미한다. 현행 헌법은 권력분립에 입각한 대통령중심제를 채택하였으므로 대통령은 행정부의 수반인 지위와 국가원수인 지위만을 가진다.

이리하여 중앙행정조직은 행정수반인 대통령과 그 직속기관, 정부의 권한에 속하는 중요한 사항을 심의하는 국무회의, 대통령의 명을 받아 행정각부를 통할하는 국무총리와 그 직속기관, 행정각부로서 15부가 있으며, 그 직속기관으로 처, 청 및 국이 있다.

끝으로 헌법상의 독립중앙 행정기관으로 선거관리위원회와 실질적으로 상대적 독립성을 가진 합의제 행정기관으로 각종 행정위원회가 있다.

2. 지방행정조직법

지방행정기관의 조직에 관한 법을 「지방행정조직법」이라 한다. 지방행정기관이라 함은 중앙행정기관의 속관사무를 분장하게 하기 위하여 필요한 경우에 지방에 일정한 관리구역을 확정하여 설치한 국가의 행정기관을 말한다.

이에는 그 관할구역 안에서 국가의 행정사무를 일반적으로 관장하는 보통지방행정기관과 특정한 행정기관에 소속되어 그의 소관사무만을 관장하는 특별지방행정기관이 있다.

Ⅲ. 자치행정조직법

1. 조직형태

지방자치단체의 형태는 크게 직접민주주의형태와 간접민주주의형태로 나누어진다. 전자에는 주민총회형이 있고, 후자에는 의결기능과 집행기능이 하나의 기관에 집중되어 있느냐의 여부에 따라 기관통합형과 기관대립형이 있으며, 지방자치단체의 장의 선임방법에 따라 내각제형과 대통령제형이 있다. 현행법상 우리의 지방자치단체의 조직으로는 의결기능과 집행기능이 분리된 기관대립형, 지방자치단체의 장이 주민에 의해 선출되는 대통령제형이 채택되고 있다.

2. 지방자치단체의 종류

우리 헌법은 지방자치제를 헌법적으로 보장(헌법 제117조 제1항)하고 있으며, 지방자치단체의 종류 · 조직 · 운영의 法定主義(법정주의)(헌법 제117조 제2항, 제118조 제2항)를 규정하고 있다. 이에 의하여 제정된 일반법이 「地方自治法(지방자치법)」이다.

지방자치법은 지방자치단체의 중심적인 의결기관으로 지방의회를, 집행기관으로 행정관청인 특별시장 · 광역시장 · 도지사 · 구청장 · 시장 · 군수를 두고 있다. 그리고 지방교육자치에 관한 법률은 시 · 도의 교육 · 학예에 관한 사항의 심의 · 의결기관으로 교육위원회를, 그리고 집행기관으로 교육감을 두고 있다. 이 밖에도 개별 법률들은 각종의 특별기구를 두고 있다.

Ⅳ. 공무원법

1. 의의

「넓은 의미의 공무원」이라 함은 국가 또는 공공단체의 공무를 담당하는 일체의 자를 의미하며, 「좁은 의미의 공무원」은 국가 또는 공공단체와 공법상 근로관계를 맺고 공무를 담당하는 기관구성자를 말하는데, 이러한 공무원에 대하여 적용되는 법규범을 「公務員法(공무원법)」이라 한다.

헌법상의 국민전체에 대한 봉사자로서의 공무원은 넓은 의미의 공무원에 해당하며, 국가공무원법 · 지방공무원법의 적용을 받는 각종 공무원은 좁은 의미의 공무원에 해당된다.

2. 공무원의 종류

1) 국가공무원과 지방공무원

「국가공무원」은 국가에 의하여 임명되고 국가의 사무를 담당하며 국가로부터 보수를 받는 자이며, 「지방공무원」은 지방자치단체에 의하여 임명되고 자치단체의 사무를 담당하며 자치단체로부터 보수가 지급되는 공무원이다. 국가공무원에 대하여 적용되는 법은 「국가공무원법」이라 하고, 지방공무원에 대하여 적용되는 법은 「지방공무원법」이라 한다.

2) 경력직 공무원과 특수경력직 공무원

「경력직 공무원」은 실적과 자격에 의하여 임용되고 그 신분이 보장되는 공무원으로서 일반직 공무원 · 특정직 공무원 · 기능직 공무원이 있고, 「특수경력직 공무원」은 경력직 이외의 공무원을 말하는 바, 이에는 정무직 공무원 · 별정직 공무원 · 전문직 공무원 · 고용직 공무원이 있다.

3) 정공무원과 준공무원

정규의 공무원으로서 신분을 가지는 자를 「正公務員(정공무원)」이라 하고, 각 개별법에서 공무원에 준하는 신분취급을 하도록 규정된 자를 「準公務員(준공무원)」이라 한다.

제3절 행정작용법

Ⅰ. 서

1. 행정작용법의 의의

행정주체가 그의 행정목적을 달성하기 위하여 하는 법률적 · 사실적 작용을 총칭하여 행정작용이라 하며, 행정작용에 관한 국내공법을 가리켜 「行政作用法(행정작용법)」이라 한다.

2. 행정작용의 분류

1) 형식상의 분류

행정작용은 그것이 이루어지는 행위형식에 따라 행정입법, 행정행위, 공법상의 계약과 합동행위, 행정지도, 행정계획 및 行政罰(행정벌)과 行政强制(행정강제) 등으로 나누어 볼 수 있다.

2) 목적상의 분류

행정작용은 그 목적에 따라 국가목적적 작용과 사회목적적 작용으로 대별되고, 전자는 다시 재정작용과 군정작용으로, 후자는 질서행정작용, 규제행정작용 및 공용부담작용으로 세분할 수 있다.

3) 수단상의 분류

행정작용은 권력을 수단으로 하는지의 여부에 따라 「권력작용」과 「비권력작용」으로 나눌 수 있다. 행정입법 · 행정행위 · 행정강제 · 질서행정 · 공용부담행정 및 조세행정작용 등이 전자의 예이며, 이는 종래의 전형적인 행위형식으로서 실정법상 비권력적 행정작용과는 다른 취급을 받는다. 행정상 계약 · 행정지도 · 비구속적 행정계획 및 급부 행정작용은 후자의 예이다.

Ⅱ. 행정입법

1. 의의와 필요성

「行政立法(행정입법)」이라 함은 일반적으로 국가 등의 행정주체가 일반 추상적인 규범을 정립하는 작용 또는 그에 따라 정립된 규범을 이미한다.

원래 법치행정의 원리의 철저한 실현은 행정권의 조직과 작용에 관한 모든 것을 법률로 정하는 것이겠지만 이것은 기술상으로도 불가능할 뿐더러 행정의 신속성 · 전문성에도 맞지 않다. 따라서 현대복지국가의 요청에 따른 규범정립은 기본적인 목적 · 요건 · 내용만을 국회가 정하고 세부적인 사항은 정부로 하여금 정하게 하는 것이 바람직한 것이다.

2. 종류

1) 국가 행정권에 의한 입법

(1) 법규명령

「法規命令(법규명령)」이란 법률상의 개별적 또는 일반적 受權(수권)에 근거하여 행정권이 정립하는 규범으로 국민과의 관계에서 일반 구속적인 규범을 의미한다.

법규명령은 수권의 근거에 따라 「職權命令(직권명령)」(독립명령, 집행명령)과 「委任命令(위임명령)」으로 나눌 수 있고, 입법형식에 따라 「대통령령」, 「총리령」, 「부령」으로 나누어 볼 수 있다.

(2) 행정규칙

「行政規則(행정규칙)」이라 함은 행정기관이 행정조직내부 또는 특별권력내부에서의 조직이나 활동을 규율하기 위하여 법률의 수권 없이 발하는 일반적 · 추상적 규정을 말하며, 「行政命令(행정명령)」이라고도 한다.

전통적으로는 행정규칙이 법규적 성질을 갖지 않는다고 이해되지만, 실질적으로 법의 내용을 보충함으로써 개인에게 직접적인 영향을 미치는 경우에는 법규로 볼 수도 있을 것이다.

2) 지방자치단체에 의한 입법

자치입법에는 지방자치단체의 의회가 제정하는 조례와 자치단체장이 제정하는 규칙이 있다. 이러한 조례 · 규칙은 법률 · 명령의 하위규범이므로 그 내용이 법률이나 명령에 위반되어서는 안 된다.

Ⅲ. 행정행위

1. 의의

「行政行爲(행정행위)」라는 용어는 넓게는 행정작용과 동의어로 쓰이고 가장 좁게는 실정법상의 행정처분과 동일한 의미로 사용되는 講學上(강학상)의 용어이다.

오늘날에 있어서는 행정행위를 행정처분과 동일시하여 「행정청이 법 아래서 구체적 사실에 대한 법집행으로서 행하는 권력적 단독행위인 公法行爲(공법행위)」로 이해하고 있다.

2. 종류

1) 법률행위적 행정행위와 준법률행위적 행정행위

법률효과의 발생원인에 따라 법률행위적 행정행위와 준법률행위적 행정행위의 구분이 있다. 「법률행위적 행정행위」란 意思表示(의사표시)를 요소로 하고, 그 효과도 의사표시의 내용에 따라 정해지는 행정행위를 말하고, 「준법률행위적 행정행위」란 의사표시 이외의 정신작용을 요소로 하고 그 효과는 행위자의 의사에 관계없이 직접 법규에 의해 정해지는 행위를 말한다. 법률행위적 행정행위는 다시 명령적 행정행위와 형성적 행정행위로 구분되고, 준법률행위적 행정행위는 확인 · 공증 · 통지 · 수리로 구분된다.

2) 수익적 행정행위와 부담적 행정행위 및 복효적 행정행위

행정행위가 관계자에 대하여 갖는 법적 효과의 성질에 따라 수익적 행정행위 · 부담적 행정행위 · 複效的(복효적) 행정행위의 구분이 있다. 「수익적 행정행위」란 효과가 권리 · 이익을 내용으로 하는 행위를 말하고, 「부담적 행정행위」란 효과가 법적 불이익을 내용으로 하는 행위를 말하고, 「복효적 행정행위」란 효과가 수익적인 것과 부담적인 것이 2중적인 것을 내용으로 하는 행위를 말하는데, 이를 「이중효과적 행정행위」라고도 한다.

3) 기속행위와 재량행위

「羈束行爲(기속행위)」란 법규상의 구성요건에 정한 바의 요건이 충족되면 행정청이 반드시 어떠한 행위를 발하거나 발하지 말아야 하는 행위이고, 「재량행위」란 일정한 경우 행정행위를 할 것인지의 여부와 어떠한 행정행위를 선택할 것인지가 행정청의 임의의 의사에 맡겨진 행위이다. 따라서 기속행위와는 달리 재량행위에 대해서는 위법의 문제가 아니라 부당의 문제로서 행정소송의 대상이 되지 아니하나, 재량권이 한계를 넘거나 그 남용이 있을 때에는 행정소송의 대상이 된다(행정소송법 제27조).

3. 행정행위의 내용

행정행위는 그 구성요소와 법률효과의 발생원인에 따라 법률행위적 행정행위와 준법률행위적 행정행위로 나눌 수 있고, 다시 법률행위적 행정행위에는 명령적 행위인 하명 · 허가 · 면제와 형성적 행위인 특허 · 인가 등이 있고, 준법률행위적 행정행위에는 확인 · 공증 · 통지 · 수리가 있다.

1) 법률행위적 행정행위

(1) 명령적 행위

「명령적 행위」란 사인이 원래부터 갖고 있는 자유를 제한하여 일정한 행위를 할 의무를 부과하거나 또는 그 의무를 해제하는 행위를 말한다.

① 하명

「下命(하명)」은 개인의 자유를 제한하고 의무를 과하는 것을 내용으로 하는 행정행위를 말한다. 즉 일정한 작위 · 부작위 · 수인 · 급부의 의무를 명하는 행정행위이다.

② 허가

법령에 의해 금지되어 있는 자연적 자유를 해제하여 이를 적법하게 행사할 수 있도록 회복하여 주는 행정행위를 「許可(허가)」라 한다. 상대적 금지의 경우에만 가능하고 절대적 금지의 경우에는 인정되지 않는다.

③ 면제

「免除(면제)」란 법령에 의하여 일반적으로 부과되어 있는 행위의무 · 급부의무 · 수인의무를 특정한 경우에 해제하는 행정행위이다. 면제도 의무해제행위라는 점에서 허가와 같으나 허가는 부작위의무를 해제하는 행위라는 점에서 구별된다.

(2) 형성적 행위

「형성적 행위」는 개인에 대해 개인이 원래부터 갖지 않는 특별한 권리 · 능력 기타 법적 지위를 부여 · 변경 · 박탈하는 행위를 말한다.

① 특허

「特許(특허)」란 특정인을 위하여 새로운 법률상의 힘을 부여하는 행위를 말한다. 이는 직접 상대방을 위한 행위로서, 특정인에 대하여 새로이 일정한 권리 · 능력 또는 포괄적 법률관계를 설정하는 행정행위란 점에서 「設權行爲(설권행위)」라고도 한다. 이 중에서 권리설정행위를 「좁은 의미의 특허」라고도 한다.

② 인가

「認可(인가)」란 다른 법률관계의 당사자의 法律行爲(법률행위)를 보충하여 그 법률상 효력을 완성시켜 주는 行政行爲(행정행위)이다. 인가는 행정주체가 직접 자기와 관계없는 다른 법률관계에 있어서의 당사자의 법률행위를 보충하여 그 법률상 효력을 완성시켜 주는 타자를 위한 행위로서 「보충행위」라고 한다.

③ 대리

공법상 「代理(대리)」란 공법상 행정주체가 제3자가 할 행위를 대신하여 행한 경우에 그 효과를 직접 제3자에게 귀속하게 하는 제도를 말한다.

2) 준법률행위적 행정행위

(1) 확인

특정의 사실 또는 법률관계의 존재여부를 공권적으로 판단하여 이것을 확정하는 행위를 「確認(확인)」이라 한다. 예를 들면 하천지역의 인정, 발명특허, 공적인 시험에 있어서의 합격 또는 불합격의 결정 등이다.

(2) 공증

「公證行爲(공증행위)」란 특정의 사실 또는 법률관계의 존재여부를 공적으로 증명하는 행위이다. 그것이 진실이 아닐 수도 있기 때문에 공증행위는 반증에 의해 전복될 수도 있는 것이다. 예를 들면 등기 · 등록 · 감찰 · 합격증서 · 여권 등이 있다.

(3) 통지

「通知(통지)」란 특정인 또는 불특정다수인에게 어떠한 사실을 알리는 행위를 말한다. 이는 문서에 의하는 것이 원칙이고, 일반인에게는 公告(공고) · 告示(고시) 등에 의한 독립된 행정행위이다.

따라서 이미 성립된 행정행위의 효력발생요건으로서의 통지나 법령에 의한 法律效果(법률효과)가 인정되지 아니하는 단순한 사실행위로서의 통지와는 다르다. 예를 들면 특허출원의 공고 · 대집행의 戒告(계고) · 납세독촉 등이다.

(4) 수리

행정청이 타인의 행위를 유효한 행위로 받아들이는 행위를 「受理(수리)」라 한다. 예를 들면 고시원서 · 행정심판청구서 · 신고서 등의 접수가 이에 해당한다.

Ⅳ. 기타의 행정작용

1. 확언과 확약

행정법상 「확언」이란 행정주체가 사인에 대해 장차 일정한 행정작용을 행하거나 행하지 않겠다고 하는 구속적인 약속을 의미하는 것이며, 「확약」이란 약속의 대상이 특정 행정행위의 발령이나 불발령에 관한 것인 경우를 말한다.

2. 공법상의 계약 · 합동행위

「공법상의 契約(계약)」이란 공법적 효과의 발생을 목적으로 하는 복수당사자 사이의 반대방향의 의사표시의 합치에 의하여 성립하는 공법행위를 말하고, 「공법상의 合同行爲(합동행위)」란 공법적 효과의 발생을 목적으로 하는 복수당사자의 동일방향의 의사표시의 합치에 의하여 성립하는 공법행위를 말한다. 예컨대 시 · 군 조합의 설정행위, 공공조합 연합회의 설정행위 등이 공법상 합동행위에 해당한다.

3. 행정사법

「행정사법」이란 넓은 의미의 국고행정 중에서, 주로 복리행정의 분야에서, 私法的(사법적) 형식으로 행정목적을 수행하는 행정활동으로서 일정한 공법적 규율을 받는 것을 말한다.

4. 행정계획

「행정계획」이란 주어진 상황에서 최선의 방법으로 특정 공행정목적의 달성을 실현하기 위해 미래에 있게 될 행위들에 대한 체계적인 사전준비과정을 거쳐 나타나는 산물로서 행정활동의 기준을 의미한다. 그것은 또한 사후적인 수정 등을 내포하는 개념이다. 특히 행정주체는 계획법률에 근거한 구체적인 계획을 책정하는 과정에서 광범위한 형성의 자유를 갖게 되는데, 이러한 형성의 자유를 「계획재량」이라 부른다.

5. 행정지도

「行政指導(행정지도)」란 행정주체가 스스로 의도하는 바를 실현하기 위하여 상대방의 임의적 협력을 기대하여 행하는 비권력적 사실행위라 할 수 있다. 행정실무상 지도 · 권고 · 장려 · 조언 등의 용어로 사용되고 있는 일군의 행위를 말한다.

6. 행정상의 사실행위

「행정상의 사실행위」란 일정한 법적 효과의 발생을 목적으로 하는 것이 아니라 교량의 건설 · 도로의 청소 등에서 보는 바와 같이 직접 어떠한 사실상의 효과 · 결과의 실현을 목적으로 하는 행정작용을 말한다.

오늘날 행정작용이 확대되고 있는 마당에 행정권은 법적인 작용뿐만 아니라 사실작용을 통해서도 질서의 유지와 복지의 증진에 나아갈 수밖에 없다.

V. 행정작용의 실효성 확보

행정법상의 의무를 지는 자가 그 의무를 위반하거나 의무를 이행하지 아니하는 경우에 행정작용의 실효성을 확보하기 위한 수단으로서는 행정벌과 행정강제, 그리고 새로운 의무이행확보 수단이 있다.

1. 행정벌

1) 의의

「行政罰(행정벌)」이란 행정법상의 의무위반에 대하여 일반통치권에 의거하여 과하는 제재로서의 처벌을 말한다. 행정벌도 처벌의 일종으로 법률에 근거가 있어야 하고, 따라서 罪刑法定主義(죄형법정주의)가 적용된다.

2) 종류

(1) 행정형벌

「行政刑罰(행정형벌)」이란 형법에 규정된 사형 · 징역 · 금고 · 자격상실 · 자격정지 · 벌금 · 구류 · 과료 · 몰수 등과 같은 형벌을 과하는 행정상의 처벌을 말한다. 행정형벌은 특별한 규정이 없는 한 형법총칙이 적용되며, 법원에 의한 형사소송법절차에 의하고, 예외로 통고처분, 즉결심판 등에 의하는 경우도 있다.

(2) 행정질서벌

「行政秩序罰(행정질서벌)」은 각종의 등록 · 신고의무불이행의 경우처럼 직접적으로 행정목적이나 사회법익을 침해하는 것이 아니라, 다만 간접적으로 행정상의 질서에 장해를 초래할 우려가 있는 의무위반에 불과한 행위에 대한 처벌하는 벌칙으로서 과태료가 이에 해당한다. 행정질서벌에는 刑法總則(형법총칙)이나 刑事訴訟法(형사소송법)이 적용되지 않고 非訟事件節次法(비송사건절차법)에 의한다.

2. 행정강제

「行政强制(행정강제)」는 행정주체가 행정목적을 달성하기 위하여 국민의 신체 또는 재산에 실력을 발동하여 행정상 필요한 상태를 실현하는 작용인데, 행정벌은 과거의 의무위반에 대하여 과하는 제재이지만 행정강제는 장차에 있어서의 의무이행을 확보하기 위한 수단이다.

1) 행정상의 강제집행

「행정상의 강제집행」은 행정상의 의무불이행에 대하여 행정주체가 실력을 가하여 그 의무를 이행시키거나 또는 이행된 것과 동일한 상태를 실현하는 작용이다.

이에는 대체적 행위의무 불이행의 경우에 과하는 대집행, 비대체적 작위의무 및 부작위의무 불이행의 경우에 과하는 집행벌, 일체의 의무 불이행의 경우에 과하는 직접강제, 금전지급 불이행의 경우에 과하는 행정상 강제징수가 있다.

2) 행정상의 즉시강제

「행정상의 즉시강제」란 목전에 급박한 행정상의 장해를 제거할 필요가 있는 경우에 미리 의무를 명할 시간적 여유가 없을 때, 또는 그 성질상 의무를 명하는 것으로는 목적 달성이 곤란할 때에 직접 국민의 신체 또는 재산에 실력을 가하여 행정상 필요한 상태를 실현하는 작용을 말한다. 이에는 불심검문 · 보호조치 · 강제격리 등과 같은 신체에 대한 즉시강제와 몰수 · 압류 등과 같은 재산에 대한 즉시강제가 있다.

3. 새로운 의무이행확보수단

현대행정에서는 행정벌이나 행정강제와 같은 전통적인 실효성 확보수단이 오늘날 현실에서 갖는 일정한 한계를 노출하게 되자 이에 대한 보완수단으로서 금전상의 제재(과징금 · 이행강제금 · 가산금 · 부당이득세), 공급거부, 공표, 관허사업의 제한(인가 또는 허가 등의 거부 · 정지 · 철회) 등을 이용하고 있다.

제4절 행정구제법

Ⅰ. 개념

1. 행정구제의 의의

「行政救濟(행정구제)」란 행정주체의 행정작용에 의하여 개인의 권리 또는 이익이 침해당한 경우에, 그로 인한 재산상의 손해에 대한 塡補(전보)를 구하거나, 위법 또는 부당한 행정작용의 시정(취소 · 변경)을 청구하거나 또는 그 예방을 위한 일체의 절차를 말한다. 이러한 행정구제제도는 우리 헌법상의 실질적 법치주의의 실현 수단으로써, 행정권의 남용으로부터 국민의 자유와 권리를 보호하기 위한 것이다.

2. 행정구제의 종류

행정구제는 그 시기에 따라 사전구제제도와 사후구제제도로 나누어진다. 「사전적 구제제도」로는 직권시정 · 청원 · 민원처리제도 · Ombudsman제도 · 행정절차 등이 있고 사후적 구제제도로는 실체적 행정구제인 행정상 손해전보제도(행정상 손해배상 · 행정상 손실보상)과 절차적 행정구제인 행정쟁송제도(행정심판 · 행정소송)가 있다.

Ⅱ. 사전적 구제제도

1. 직권시정 · 청원 · 민원처리제도 · 옴부즈만(Ombudsman)제도

「職權是正(직권시정)」이란 처분청 · 감독청에 의한 취소 · 정지 등을 말하고, 「請願(청원)」이란 국가에 대한 불만 · 희망을 개진하고 시정을 요구하는 것을 말하며, 「민원처리제도」란 민원처리기관이 行政作用(행정작용)으로 불이익을 받은 자의 신청을 받아 관계 행정기관에 적정한 구제조치를 권고 · 알선하는 것을 말한다. 그리고 「옴부즈만(Ombudsman)제도」는 1809년 스웨덴에서 비롯된 것인데, 의회에서 임명된 자가 직무상 독립하여 직권 또는 개인의 신청에 의하여 국가기관의 준법 여부를 조사하고, 시정조치를 권고 또는 알선하여 국민의 권리를 보호하고자 하는 제도인데 우리나라에서는 아직 채용하고 있지 않다.

2. 행정절차

1) 의의

「行政節次(행정절차)」라 함은 행정과정에 있어서 행정청이 밟아야 할 절차를 말하며, 좁게는 행정청이 공권력을 행사하여 행성에 관한 제1차적인 결정을 함에 있어서 밟아야 할 일련의 외부와의 교섭과정을 말한다. 일반적으로는 행정청이 行政立法(행정입법)이나 行政處分(행정처분)을 할 경우 밟아야 할 대외적 사전절차를 의미하며 이것이 일반적인 행정절차의 의미이다.

이러한 행정절차는 실질적 법치국가 실현의 구체적 수단으로써 행정의 공정성과 적정성을 보장, 행정에 대한 민주적 통제의 요청에 부응하기 위한 것이다. 오늘날 그 중요성이 점차 부각되고 있는 실정을 감안하여 행정절차에 관한 일반법으로서 행정절차법을 제정 · 공포(1996. 12)해서 시행하고 있다.

2) 내용

중요한 행정절차의 내용으로는 사전통지, 청문, 결정이유의 명시가 있다.

(1) 사전통지

어떤 행정결정을 하기 전에 이해관계인에게 당해 행정작용의 내용 및 청문 등의 일시 · 장소 등을 통지하는 것을 「事前通知(사전통지)」라 한다. 이는 의견 · 변명 또는 자료의 제출을 가능케 하려는 것인데, 그 방법은 법령의 특별한 규정이 없는 한 送達(송달) 또는 公告(공고)의 방법에 의한다.

(2) 청문

「聽聞(청문)」이란 행정작용을 하기에 앞서 이해관계인으로 하여금 자기에게 유리한 증거를 제출하게 하고 의견을 진술케 함으로써 사실조사를 하는 절차를 말한다.

(3) 결정이유의 명시

확인적 성질의 행위 기타 부담적 행정행위를 하는 경우에는 그 행위를 하게 된 이유를 명시함으로써 행정청의 자의적 결정을 배제하고 이해관계인으로 하여금 행정구제절차에 대체할 수 있도록 하려는 것이다.

Ⅲ. 사후적 구제제도

1. 행정상 손해전보제도

1) 행정상 손해배상

「행정상 損害賠償(손해배상)」이라 함은 공무원의 위법한 직무집행행위 또는 국가나 공공단체의 영조물의 설치 · 관리의 하자로 인하여 개인에게 재산상의 손해를 가한 경우에 국가나 공공단체가 그 손해를 배상하는 것을 말한다.

우리나라의 행정상 손해배상의 내용으로는 헌법 제29조 제1항에 따라 제정된 국가배상에 관한 일반법인 국가배상법에 의하면 공무원의 위법한 직무행위로 인한 손해배상(국가배상법 제2조)과 영조물의 설치 · 관리의 하자로 인한 손해배상(국가배상법 제5조)이 있다.

2) 행정상 손실보상

「행정상 損失報償(손실보상)」이라 함은 적법한 공권력의 행사로 사유재산에 가해진 특별한 희생에 대하여 전체적인 공평부담의 견지에서 행정주체가 행하는 조절적인 재산적 보상을 말한다.

손실보상의 기준에 관하여 현행 헌법은 법률에 의한 정당한 보상을 지급(헌법 제23조 제3항)하도록 하고 있는데, 이는 피침해 재산이 가지는 재산적 가치를 충분하고 완전하게 보상하는 완전보상으로 이해하는 것이 일반적 견해이다.

2. 행정쟁송제도

1) 행정심판

「行政審判(행정심판)」이란 널리 행정기관이 행하는 행정쟁송절차를 말한다. 이는 행정의 자기통제 및 사법기능을 보충하는 작용을 하는데, 우리나라에서는 행정심판절차에 관한 일반법으로서 行政審判法

(행정심판법)을 두고 있다.

현행 행정심판법은 행정심판의 종류로서 취소심판 · 무효 등 확인심판 · 의무이행심판 등을 규정(행정심판법 제4조)하고 있다.

2) 행정소송

「行政訴訟(행정소송)」이란 행정법상의 법률관계에 관한 분쟁에 대하여 법원의 재판절차에 의하여 판단하는 정식쟁송을 말한다. 행정소송은 국민의 권리구제기능과 행정의 적법성 보장을 위한 행정통제기능을 담당하는데, 이에 관한 일반법으로서 행정소송법이 있다. 행정소송을 어느 기관에 맡길 것이냐에 대해서는 독립한 행정재판소에 의하도록 하는 대륙법계의 행정국가주의와 일반법원에서 관장하는 영미법계의 사법국가주의가 있으나 우리나라는 독립된 행정법원이 행정소송을 담당하도록 설치하여 영미법계의 행정국가주의를 채택하고 있다.

현행 행정소송법(1994. 7. 27. 개정, 1998. 3. 1. 시행)상 행정소송의 종류로서는 항고소송(취소소송, 무효확인소송, 부존재확인소송) · 당사자소송 · 민중소송 · 기관소송이 있다.

제3장 형법

제1절 서설

Ⅰ. 형법의 의의

「刑法(형법)」이란 犯罪(범죄)와 刑罰(형벌)의 관계를 규정한 것으로 범죄를 法律要件(법률요건)으로 하고 형벌 및 保安處分(보안처분)을 그 法律效果(법률효과)로 하는 국가 법규범의 총체이다.

형법은 일반적으로 좁은 의미와 넓은 의미의 두 가지 의미로 사용할 수 있는데, 「좁은 의미의 형법」이란 형식적 의미의 형법인 刑法典(형법전)을 의미하고, 「넓은 의미의 형법」은 좁은 의미의 형법을 포함하여 형벌과 보안처분을 제재효과로 규정한 모든 법규범의 총체, 즉 각종 법률의 형사처벌규정(실질적 의미의 형법)을 의미하는데, 국가보안법, 폭력행위등처벌에관한법률, 특정범죄가중처벌등에관한법률, 관세법, 도로교통법, 사회보호법, 부정수표단속법, 반국가행위자의처벌에관한특별조치법, 기타 단행법 등이 이에 포함된다. 이러한 형법은 국가의 刑罰權(형벌권)에 근거를 두고 있다.

Ⅱ. 형사법

형벌권은 법률에 의하여 국가가 장악하는데 국가라 하여 그 권한이 무제한으로 인정되지는 않는다. 즉 국가의 자의에 의한 형벌작용은 제한하고 개인의 자유와 사회의 안전을 조정하기 위한 법적 규제를 받게 되는데 형벌권에 관한 법적인 규제가 刑事法(형사법)이다.

「형사법」은 가장 넓은 의미의 형법이라고도 할 수 있는데, 형사실체법인 형법과 형사절차법인 형사소송법, 그리고 형벌 및 보안처분의 개시, 집행, 종료, 감독 등에 관한 일체의 법규의 형집행법의 세 분야로 나뉘어져 있다. 이 중 형사실체법으로서의 형법은 국가와 범죄자 사이의 공법관계를 규정한 공법이며 재판에 적용되는 司法法(사법법)이다.

형법의 본질적 기능은 형벌이라는 수단을 통하여 사회질서의 기본가치를 보호하는 한편 국가 형벌권의 한계를 명확히 하여 자의적인 형벌로부터 국민의 자유와 권리를 보장하기도 한다. 이는 형벌권을 관통하는 罪刑法定主義(죄형법정주의)의 근본원리이기도 하다. 그리고 형법은 일반인의 범죄 발생에 대한 심리적 억압과 범죄인의 사회복귀를 촉진하는 등 범죄에 대한 사회질서를 보호 · 유지하는 기능도 한다.

Ⅲ. 죄형법정주의

「罪刑法定主義(죄형법정주의)」란 어떤 행위가 범죄가 되고 그 범죄에 대하여 어떤 처벌을 할 것인가는 미리 성문의 법률에 규정되어 있어야 한다는 원칙이다. 이는 가벌성의 유무와 형벌의 종류와 범위가 법률로 확정되어 있어야 하고, 법률 없이는 형벌도 있을 수 없음을 의미한다.

죄형법정주의는 일반적으로 관습형법금지의 원칙, 소급효금지의 원칙, 명확성의 원칙, 유추해석금지의 원칙, 적정성의 원칙을 그 내용으로 한다.

1. 관습형법금지의 원칙

범죄와 형벌은 성문의 법률에 규정되어야 하고 관습법에 의하여 가벌성을 인정하여서는 아니된다는 원칙으로 국민의 자유와 권리는 오로지 국민의 대표기관인 의회의 입법에 의해서만 침해 · 제한이 가능함을 의미한다.

2. 소급효금지의 원칙

「소급효금지의 원칙」이란 형벌법규는 그 시행 이후에 이루어진 행위에 대하여만 적용되고 시행 이전의 행위에까지 소급하여 적용될 수 없다는 원칙이다. 이것은 입법자와 법관의 자의로부터 개인의 자유와 안전을 보장하기 위함인데, 다만 이익 되는 법률의 소급적용은 가능하다.

3. 명확성의 원칙

「명확성의 원칙」이란 형법은 구성요건과 그 법적 결과를 명확하게 규정해야 한다는 원칙으로 어떤 행위가 금지되고 그 행위에 대하여 어떤 형벌이 과해지는가에 대한 예측가능성을 보장한다.

4. 유추해석금지의 원칙

「유추해석금지의 원칙」이란 법률에 규정이 없는 사항에 대하여 그것과 유사한 성질을 가지는 사항에 관한 법률을 적용하는 것을 금지하는 원칙으로 법관에 의한 법창조를 금지하고 법관의 자의로부터 개인의 자유와 안전을 보장하기 위함이다. 이도 국민에게 유리한 경우는 허용한다.

Ⅳ. 형법의 이론

1. 의의

형법의 기본관념에 관한 지도이념이 되는 법철학적 이론으로 형법의 해석 · 적용의 기초가 되며, 앞으로의 형법에 대한 방향을 제시하는 것을 그 기능으로 한다.

2. 형벌이론

형벌의 본질을 범죄에 대한 정당한 응보에 있다고 보는 「응보형주의」와 형벌은 장래의 범죄를 예방하여 범죄로부터 사회를 지키려는 목적을 위한 수단이라고 보는 「목적형주의」로 나뉘고, 후자는 다시 범죄예방의 대상을 범죄인 그 자체에 두고 형벌은 범죄인이 다시 범죄를 범하지 않도록 예방함을 목적으로 하는 특별예방주의와 범죄 예방의 대상을 사회일반인에게 두고 형벌에 의하여 사회일반인을 위 · 경계함으로써 범죄예방의 효과를 얻으려는 사상인 일반예방주의가 있다. 그러나 이들 하나만으로 형벌의 의미와 한계를 합리적으로 규명해 줄 수 없으므로 이러한 모든 관점이 형벌의 목적으로서 고려되어야 한다는 것이 일반적 견해이다.

3. 범죄이론

「범죄이론」은 형벌의 기초가 되는 범죄의 본질이 무엇인가에 대하여 범죄의 어느 면에 중점을 두어 고찰할 것인가에 대한 이론이다.

객관주의는 형법적 평가의 중점을 외부적인 행위와 결과에 두고 형벌의 종류와 경중도 이에 상응하여야 한다는 견해로 사람의 자유의사를 전제로 한다. 그러므로 자유의사에 의하여 범죄행위를 한 행위자에게 도의적인 비난을 가할 수 있다고 보는 도의적 책임론을 취한다.

「주관주의」는 형법적 평가의 중점을 외부적 행위와 결과를 발생시킨 행위자의 반사회적 성격에 두고 이를 평가의 대상으로 보는 견해이다. 따라서 주관주의는 사람의 자유의사를 부정한다.

이들의 대립은 주관적 요소와 객관적 요소가 동시에 나타나는 분야에서만 가능하다(현행 형법의 태도는 범죄를 객관적 요소와 주관적 요소의 결합으로 보아 범죄를 평가함에 있어서 양자를 종합해서 판단한다).

제2절 범죄

Ⅰ. 의의

어떤 행위에 대하여 형벌을 과하기 위해서는 범죄의 요건에 맞아야 하는데, 구성요건에 해당하고 위법하고 책임 있는 행위를 형식적 범죄개념으로 하고 국가가 보호하는 사회생활상의 이익 · 가치를 침해 · 위협하는 반사회적 행위를 실질적 범죄의 개념으로 보아 양자를 상호보충적 관계로 이해하는 것이 「犯罪(범죄)」이다.

Ⅱ. 구성요건해당성

형법은 무엇이 범죄이고 그것에 대하여 어떠한 형벌을 과할 것인가를 미리 성문의 법률로 규정하고 있는데 앞서 언급된 罪刑法定主義(죄형법정주의)와 그 파생원칙들이 그것이다.

「구성요건」이란 형법상 금지 또는 요구되는 행위가 무엇인가를 추상적 · 일반적으로 규정해 놓은 것으로 그것의 중심은 행위이다. 구성요건은 구성요건해당성과는 구별되는 개념인데 구체적인 한 행위가 하나의 형벌규범의 구성요건을 실현하여 그 가벌성의 전제를 충족시키는 논리과정을 구성요건해당성이라 한다. 즉 이는 구성요건에 해당하는 모든 행위가 범죄가 되는 것이 아니라 법률상 허용되지 않고 객관적으로 위법성이 있어야 하며 구성요건에는 해당하고 위법하더라도 행위자에 대하여 비난할 수 있을 때 비로소 범죄가 되는 것이다.

Ⅲ. 위법성 · 위법성조각사유

구성요건에 해당하는 행위라도 위법한 것이라야 범죄가 된다. 이는 행위가 법질서 전체의 명령 또는 금지규범에 충돌함을 나타내는 개념으로 법질서의 통일이란 관점에서 형법을 넘어 자체 법질서의 영역과도 연관된 보편성을 갖는 한편, 위법성은 형법적 구성요건을 전제로 한 특별한 형법적 실체를 나타내는 불법과는 구별된다. 앞서 본 바와 같이 구성요건에 해당하고 위법하더라도 법률상 허용된 행위는 범죄가 되지 아니하여 위법성이 조각된다.

「위법성조각사유」는 구성요건에 해당하는 행위에 대하여 위법성을 배제하는 특별한 사유로, 구성요건이 금지규범을 기초로 하는 데 반하여 위법성조각사유는 허용규범을 기초로 한다.

1. 정당방위

자기 또는 타인의 법익에 대한 현재의 부당한 침해를 방위하기 위한 상당한 이유가 있는 행위는 현재의 위법한 침해에 대한 방어라는 점에서 자기보호의 원리가 적용된다. 자기방위가 동시에 법질서를 수호하는 측면을 가질 경우는 정당방위의 사회적 · 법적인 근거가 되나 법수호의 이익이 없는 경우에는 正當防衛(정당방위)가 제한된다. 예를 들면 방위행위가 상당성의 정도를 넘은 경우인 과잉방위와 객관적으로 정당방위의 요건이 구비되지 않았음에도 불구하고 이것이 있는 것으로 오신하고 방위행위를 한 오상방위가 그것이다. 정당방위는 「不正(부정) 대 正(정)의 관계」로 이해된다.

2. 긴급피난

「正(정) 대 正(정)의 관계」인 緊急避難(긴급피난)은 자기 또는 타인의 법익에 대한 현재의 위난을 피하기 위한 상당한 이유가 있을 경우로 이는 벌하지 아니한다. 위난의 원인은 반드시 사람의 행위에 의한 것임을 요하지 않고 자연현상이나 동물의 침해도 포함한다. 다만 위난이 피난자의 고의가 포함된 귀책사유로 초래된 경우는 긴급피난이 인정되지 아니한다.

긴급피난은 위법하지 않은 침해에 대한 피난이기에 침해법익이 보호법익보다 작은 한도 내에서 인정되고 위난을 피하지 못할 책임이 있는 자에게는 긴급피난이 허용되지 않는다(형법 제22조). 즉, 지무를 수행함에 있어 마땅히 일정한 위험을 감수해야 할 의무가 있는 자인 군인, 경찰관, 소방관, 의사 등이다.

긴급피난에 있어서도 오상피난과 상당성을 초과한 과잉피난이 있는데 과잉피난에 대하여는 위법성이 조각되지 않는다.

3. 자구행위

권리자가 권리에 대한 불법한 침해를 받고 국가기관의 법정절차에 의해서는 권리보전이 불가능한 경우에 자력에 의하여 그 권리를 구제, 실현하는 행위로 상당한 이유가 있는 때에는 벌하지 아니한다. 自救行爲(자구행위)는 침해된 청구권을 보전하기 위한 사후적 緊急行爲(긴급행위)라는 점에서 현재의 침해에 대한 사전적 긴급행위인 정당방위와 구별되고 「正(정) 대 正(정)의 관계」인 긴급피난과 다르다.

4. 피해자의 승낙

처분할 수 있는 자의 승낙에 의해 그 법익을 훼손한 행위는 법률에 특별한 규정이 있는 한 벌하지 아니한다고 하여 모든 피해자의 승낙이 위법성 조각사유가 되지는 않는다. 위법성을 조각하는 피해자의 승낙은 구성요건 해당성 자체를 조각하는 양해와는 구별된다.

한편 피해자의 승낙이 위법성을 조각할 수 없는 경우는 殺人罪(살인죄)에 대한 자살관여죄(형법 제252조), 일반물건방화죄에 대한 자기물건방화죄(형법 제167조) 등과 같이 피해자의 동의가 형의 감경사유로 되어 다른 구성요건에 해당되는 경우와 13세 미만의 부녀에 대한 간음 · 추행죄(형법 제305조) 등과 같이 피해자의 동의 유무와 관계없이 범죄가 성립되는 경우가 있다.

5. 정당행위

법령에 의한 행위 또는 업무로 인한 행위 기타 사회상규에 위배되지 아니하는 행위를 「正當行爲(정당행위)」라 하며 구성요건에 해당하지만 위법성이 조각되는 행위이다. 공무원의 법령에 의한 직무집행행위, 의사의 치료행위 등이 이에 속한다.

Ⅳ. 책임성 · 책임조각사유

범죄는 구성요건에 해당하는 위법한 행위가 책임을 질 수 있는 자에 의하여 행하여졌을 것을 요하는데 책임이란 위법한 행위에 대하여 행위자를 비난할 수 있는가의 문제이다. 이것은 행위자가 법규범의 의미내용을 이해하고 이에 따라 행위 할 수 있는 능력유무를 파악하여 행위자에게 이 능력이 없으면 비난가능성이 없기에 책임은 책임능력을 그 논리적 전제로 한다. 「책임 없으면 형벌 없다」는 말이 이를 잘 표현하고 있다.

「責任能力(책임능력)」은 일반적으로 범죄능력(도의적 책임론)으로 보는데 형법은 무엇이 책임능력이라고 적극적으로 규정하지 않고 책임무능력과 한정책임능력에 관하여 규정, 이를 책임조각사유로 인정한다.

1. 형법상 책임무능력자

14세가 되지 아니한 자의 행위는 「형사미성년자」라 하여 벌하지 아니하며(형법 제9조), 심신장애로 인하여 사물을 변별할 능력이 없거나 의사를 결정할 능력이 없는 자의 행위도 벌하지 아니한다(형법 제10

조). 또한 심신장애로 인하여 사물판별 · 의사결정능력이 미약한 자의 행위(형법 제10조), 농아자의 행위(형법 제11조)는 원칙적으로 책임능력을 인정하지만, 경우에 있어서는 그 책임을 제한하여 그 형을 감경한다.

2. 과실

형법은 원칙적으로 故意犯(고의범)에 대하여서만 처벌하고 過失犯(과실범)에 대하여는 예외로 법률에 특별한 규정이 있을 때에만 처벌한다(형법 제14조). 과실은 정상의 주의를 태만히 함으로 인하여 죄의 성립요건인 사실을 인식하지 못한 행위(인식 없는 과실) 또는 범죄사실은 인식하였으나 그 결과의 발생을 방지하지 못한 경우(인식 있는 과실)로 나눠볼 수 있다.

3. 착오

행위자에게 구성요건적 사실에 관한 인식은 있었으나 그 행위가 금지규범에 위반하여 위법함을 행위시에 착오로 인하여 인식하지 못한 경우로 법률의 착오와 사실의 착오가 있다.

「법률의 錯誤(착오)」에 대하여는 그 효과면에 있어서 고의에는 영향이 없고, 책임에만 영향이 미쳐 정당한 이유(회피불가능)가 있으면 책임이 조각된다(형법 제16조).

예로 자신의 정적인 줄 알고 죽였으나, 알고 보니 자신의 부친이었을 경우는 존속살해죄로 보지 않고 일반살해죄로 벌하는 경우는 「범죄사실에 대한 착오」이고, 남편이 부인에 대한 징계권이 있는 줄 잘못 알고 부인에게 체벌을 가한 경우는 「금지착오」에 해당된다.

4. 강요된 행위

저항할 수 없는 폭력이나 자기 또는 친족의 생명 · 신체에 대한 危害(위해)를 방어할 방법이 없는 협박에 의한 경우는 벌하지 아니한다(형법 제12조).

「강요된 행위」는 긴급피난이 위법성조각사유에 해당되는 데 반하여 기대불가능성으로 인해 책임이 조각되는 경우이다. 강요자는 간접정범으로 처벌된다.

Ⅴ. 미수

1. 미수범

형법은 원칙적으로 旣遂(기수)를 처벌하고 미수에 대하여는 특별한 규정이 있는 경우에만 처벌한다. 「未遂(미수)」는 범죄의 실행에 착수하여 실행행위를 종료하지 못하였거나 종료하였더라도 결과가 발생하지 아니한 경우(형법 제25조)로 실행에 착수한 점에서 예비와 구별되고 범죄가 완성되지 못한 점에서 기수와 다르다.

미수는 범죄의사를 가지고 있다는 것만으로 벌할 수 없으며, 범죄의사를 가지고 실현가능성 있는 행위의 개시가 있을 것을 요한다. 미수범의 형은 기수범보다 감경할 수 있다(형법 제25조).

2. 음모 · 예비

범죄의 음모 또는 예비행위가 실행의 착수에 이르지 아니한 때에는 법률의 특별한 규정이 없는 한 벌하지 아니한다(형법 제28조). 예비는 실행의 착수 이전의 개념이라는 점에서 그 이후의 개념인 미수와 구별된다.

3. 장애미수

「장애미수」는 행위가 의외의 장애 발생으로 자신의 의사에 반하여 범죄를 완성하지 못한 경우(형법 제25조)로 미수범으로 처벌한다. 타율적 의사에 의하여 범죄를 완성하지 못한 점에서 자의로 실행행위를 중지하거나 결과발생을 방지한 중지미수와 다르다.

4. 중지미수

범인이 자의로 실행에 착수한 행위를 중지하거나 그 행위로 인한 결과발생을 방지한 「중지미수」의 경우는 형을 감경 또는 면제한다(형법 제26조). 실행의 착수가 있었다는 점에서 장애미수와 동일하고 범죄의 기수를 방지하였다는 점에서 관대하게 처벌된다고 보는 견해가 있다(형사정책설, 책임감소설).

5. 불능미수

「불능미수」는 행위의 성질상 구성요건적 결과발생이 불가능하지만 그 위험성으로 인하여 미수범으로 처벌되는 경우이다(형법 제27조). 불능범은 위험성이 없어서 불벌이나 불능미수는 위험성이 있으므로 처벌된다. 이를테면 물총을 쏜 경우는 불능범이고 실탄 없는 권총을 쏜 경우는 불능미수에 해당한다. 그리고 그 형은 감경 또는 면제할 수 있다(형법 제27조 단서).

Ⅵ. 공범

1. 공동정범

「공동정범」은 2인 이상의 자가 공동의 범행계획에 따라 각자 실행의 단계에서 본질적인 기능을 분담하여 이행함으로써 성립하는 정범형태로 각자를 그 죄의 정범으로 처벌한다. 비록 일부만을 실행한 자라도 공동의 범행결의 안에서 발생한 결과 전체에 대하여 정범의 책임을 진다.

2. 교사범

타인을 교사하여 범죄실행의 결의를 생기게 하고 이 결의에 의하여 범죄를 실행시킨 자를 「敎唆犯(교사범)」이라 하고 죄를 실행시킨 자와 동일한 형으로 처벌한다(형법 제31조). 교사범이 성립하기 위해서는 교사자의 교사행위와 정범의 실행행위가 있을 것을 요한다. 교사범은 행위 지배를 행하는 공동정범과 의사지배를 하는 간접정범과 구별된다.

3. 종범

정범의 고의적인 범죄실행을 고의적으로 방조한 자는 「從犯(종범)」으로 처벌한다(형법 제32조). 「방조행위」는 실행행위 이외의 행위로 정신적 또는 물질적으로 정범을 원조하고 그 실행행위를 용이하게 하는 것이다. 종범은 정범에 종속되는 범죄인 점에서 도구화된 타인에 대해 의사지배를 하는 간접정범과 구별되고 그 형은 정범의 형보다 감경된다(형법 제32조)

각칙상 방조행위가 독립된 구성요건으로 특별히 규정된 경우(간첩방조죄, 자살방조죄)는 방조행위 자체가 정범의 실행행위에 해당함으로 형법 제32조를 적용하지 않는다.

4. 간접정범

어느 행위로 인하여 처벌되지 아니하는 자 또는 과실범으로 처벌되는 자를 교사 또는 방조하여 범죄행위의 결과를 발생하게 한 자는 교사 또는 방조의 예에 의하여 처벌한다(형법 제14조).

이는 타인을 생명도구로 이용한 점에서 피이용자는 정범도 공범도 아니고 단지 도구에 불과하므로 間接正犯(간접정범)은 일종의 단독정범으로도 볼 수 있다. 타인의 이용이라는 점에서 교사범과 유사하고 행위지배를 한다는 점에서 직접정범과 유사하다.

Ⅶ. 누범

「累犯(누범)」이라는 것은 넓은 의미로는 확정판결을 받은 범죄가 있는 경우에 그 후에 다시 범한 범죄이고, 좁은 의미로는 금고 이상의 형(유기형)을 받아 그 집행을 종료하거나 면제를 받은 후 3년 내에 금고이상에 해당하는 죄를 범한 것으로 후자가 일반적인 의미로 해석된다. 누범의 형은 그 죄에 정한 형의 장기의 2배까지 가중(형법 제35조) 할 수 있는데 이는 재범에 의하여 비난이 가중된 경우에 한하여 형을 가중함이 타당하다.

Ⅷ. 경합범

누범은 여러 개의 범죄가 누적적임에 대하여 「競合犯(경합범)」은 여러 개의 범죄가 병행적 관계에 있다. 경합범은 한 사람에 의하여 범해진 판결이 확정되지 아니한 수개의 죄, 또는 판결이 확정된 죄와 그 판결 확정 전에 범한 죄를 의미하는데 형의 부과방식으로는 흡수주의, 가중주의, 병료주의를 취하고 있다. 경합범은 행위가 수개라는 점에서 행위가 한 개인 상대적 경합과 구별된다.

Ⅸ. 상상적 경합

한 개의 행위가 수개의 죄에 해당되는 경우를 「상상적 경합」이라 하고 가장 중한 죄에 정한 형으로 처벌된다(형법 제40조). 예컨대 한 개의 폭탄을 던져서 수명을 살해하거나, 한 사람을 상해하고 가옥을 파괴한 경우가 그것이다.

제3절 형벌

Ⅰ. 의의

「刑罰(형벌)」이란 국가가 범죄에 대한 법률상의 효과로서 범죄자에 대하여 그의 책임을 전제로 하여 과하는 법익의 박탈을 가리키며, 책임을 기초로 과하여지는 제재라는 점에서 보안처분과 구별된다. 형벌의 주체는 국가이기에 형벌은 법률로서 정하여져 있어야 한다.

Ⅱ. 종류

刑法(형법)이 규정하고 있는 刑罰(형벌)에는 사형 · 징역 · 금고 · 자격상실 · 자격정지 · 벌금 · 구류 · 과료 · 몰수의 9종이 있다(형법 제41조). 이를 다시 박탈되는 법익의 종류에 따라 생명형 · 자유형 · 재산형 · 명예형으로 분류할 수 있는데, 사형은 생명을 박탈하는 것이므로 생명형에 속하고 이는 교도소 안에서 교수하여 집행한다. 사형 존폐에 대한 논의는 있으나 우리 형법은 이를 인정하고 있다.

「自由刑(자유형)」은 수형자의 신체적 자유를 박탈하는 것을 내용으로 하는 형으로 懲役(징역), 禁錮(금고), 拘留(구류)가 여기에 해당된다. 징역과 금고는 무기 또는 유기로 하고, 유기는 1월 이상 15년 이하로 하고 유기징역 또는 유기금고에 대하여 형을 가중하는 때에는 25년까지만 한다.

「財産刑(재산형)」은 범인으로부터 일정한 재산을 박탈하는 것을 내용으로 하는 형으로 罰金(벌금)은 5만원 이상, 科料(과료)는 2천원 이상 5만원 미만으로 판결 확정 후 30일 이내에 납입해야 한다(형법 제48조, 벌금등임시조치법 제2조 제3항). 沒收(몰수)는 범죄의 반복을 방지하거나 범죄행위와 관련된 재산 등을 박탈하여 이를 국고에 귀속시키는데, 몰수가 불가능한 경우는 그 가격을 추징한다.

자격상실(형법 제43조)과 자격정지(형법 제44조)는 「명예형」으로 그 상실되는 자격은 공무원이 되는 자격, 공법상의 선거권과 피선거권, 법률로 요건을 정한 공법상의 업무에 관한 자격, 법인의 이사 · 감사 또는 지배인 기타 법인의 업무에 관한 검사역이나 재산관리인이 되는 자격을 가리키고 이에 대한 정지는 1년 이상 15년 이하로 한다.

Ⅲ. 집행유예

「執行猶豫(집행유예)」란 일단 유죄를 인정하여 형을 선고하되 일정한 요건 아래 일정한 기간동안 그 형의 집행을 유예하고 그것이 취소·실효됨이 없이 유예기간을 경과하면 형의 선고의 효력을 상실케 하는 제도(형법 제62조)이다. 이는 단기자유형의 폐해를 제거하고 범인의 자발적·능동적 사회복귀를 도모하기 위함이다.

집행유예는 3년 이하의 징역 또는 금고의 형을 선고할 경우 범인의 연령, 성행, 지능과 환경, 피해자에 대한 관계(형법 제51조) 등 기타 정상을 참작할 만한 사유가 있을 때 1년 이상 5년 이하의 기간동안 형의 집행을 유예할 수 있고, 금고 이상의 형의 선고를 받아 집행을 종료하거나 면제된 경우는 5년을 경과하였을 것을 요한다. 다만 하나의 형의 일부에 대한 집행유예는 불가능하고(형법 제61조) 형의 竝科(병과)는 가능하다(형법 제62조).

Ⅳ. 선고유예

「宣告猶豫(선고유예)」란 犯情(범정)이 경미한 범죄인에 대하여 일정한 기간동안 형의 선고를 유예하고, 그 유예기간을 경과한 때에는 면소된 것으로 간주하는 제도이다. 선고유예는 피고인의 사회복귀를 용이하게 하는 제도로 선고의 여부는 법원의 재량이고 유예기간은 언제나 2년으로 한다. 선고유예는 1년 이상의 징역이나 금고, 자격정지 또는 벌금의 형을 선고할 경우와 개전의 정상이 현저할 것, 자격정지 이상의 형을 받은 전과가 없을 것을 요한다. 한편 개정 형법에서는 保護觀察制度(보호관찰제도)의 도입으로 재범 방지를 꾀하고 있다(형법 제

59의 2).

V. 가석방

「假釋放(가석방)」이란 자유형의 집행 중에 있는 자가 개전의 정이 현저하다고 인정되는 때에 형기만료 전에 조건부로 受刑者(수형자)를 석방하고 일정한 기간을 경과한 때에는 형의 집행을 종료한 것으로 간주하는 제도이다. 특별예방사상을 실현하고 정기형제도의 결함을 보충하기 위한 제도인데 가석방중 가석방의 처분자가 금고 이상의 형의 선고를 받아 그 판결이 확정된 때에는 실효되고 감시에 관한 규칙에 위배한 때에는 취소된다.

제4절 각종의 죄

I. 국가적 법익에 대한 죄

1. 국가의 존립과 권위에 대한 죄

1) 내란의 죄

「내란의 죄」란 국가의 내부로부터 헌법의 기본질서를 침해하여 국가의 존립을 위태롭게 하는 것을 내용으로 하는 범죄로, 국토를 참절하거나 국헌을 문란할 목적으로 폭동함으로써 성립하는 내란죄와 그 외 내란목적살인죄, 내란예비 · 음모 · 선동 · 선전죄 등이 있다.

2) 외환의 죄

「외환의 죄」는 外患(외환)을 유치하거나 대한민국에 항적하거나 적국에 이익을 제공하여 국가의 안전을 위태롭게 하는 것을 내용으로 하는 범죄이다. 외환의 죄에는 외국과 통모하여 대한민국에 대하여 전단을 열게 하거나 외국인과 통모하여 대한민국에 항적함으로써 성립하는 범죄인 외환유치죄, 적국과 합세하여 대한민국에 항적함으로써 성립하는 여적죄, 적국을 위한 모병에 관한 모병이적죄, 기타 시설제공이적죄, 시설파괴이적죄, 물건제공이적죄, 일반이적죄, 간첩죄, 전시군수계약불이행죄, 외환예비 · 음모 · 선동 · 선전죄 등이 있다.

3) 국기에 관한 죄

「국기에 관한 죄」는 국가의 권위와 대외적 측면을 보호법익으로 하는 국가에 관한 죄로서 대한민국을 모욕할 목적으로 國旗(국기)나 國章(국장)을 손상, 제거, 오욕 또는 비방하는 것을 그 내용으로 하는 국기 · 국장모독죄와 국기 · 국장비방죄를 말한다.

4) 국교에 관한 죄

「국교에 관한 죄」는 국제법상 보호되는 외국의 이익을 침해함으로써 외국과의 국교관계를 해하고 우리나라의 대외적 지위를 위태롭게 하는 것을 그 내용으로 한다. 국교에 관한 죄는 외국의 이익을 보호하기 위함과 동시에 국가의 대외적 지위를 보호한다. 외국원수에 대한 폭행 등 죄, 외국사절에 대한 폭행 등 죄, 외국국기 · 국장모독죄, 외국에 대한 私戰罪(사전죄), 중립명령위반죄, 외교상 기밀누설죄가 여기에 해당한다.

2. 국가의 기능에 대한 죄

1) 공무원의 직무에 관한 죄

「공무원의 직무에 관한 죄」는 공무원만이 정범이 될 수 있는 범죄로 공무원이 직무를 위배하거나 직권을 남용하는 행위와 뇌물을 수수하는 행위를 그 내용으로 하는 범죄이다.

공무원이 정당한 이유 없이 그 직무수행을 거부하거나 그 직무를 유기하여 성립하는 직무유기죄, 검찰 · 경찰 기타 범죄수사 관련 직무자가 직무를 행함에 대하여 취득한 피의사실을 공판청구 전에 공표하여 성립하는 「피의사실공표죄」, 공무원 또는 공무원이었던 자가 법령에 의한 직무상의 비밀을 누설한 「공무상 비밀누설죄」, 직권의 남용으로 사람의 권리행사를 방해하는 「직권남용죄」, 인신구속에 관한 직무를 행하는 자가 직권을 남용하여 사람을 체포, 감금하여 발생하는 「불법체포감금죄」, 「폭행 · 가혹행위죄」, 검찰 · 경찰 또는 군의 직에 있는 공무원이 선거의 자유를 방해하는 「선거방조죄」, 그리고 공무원 또는 중재인이 직무행위에 대한 대가로서 부당한 이익을 취득하는 것을 내용으로 하는 「수뢰죄」, 「사전수뢰죄」, 「제삼자 뇌물공여죄」, 「수뢰후부정처사죄」, 「부정처사후수뢰죄」, 「사후수뢰죄」, 「알선수뢰죄」, 「증뢰죄」 등이 그것으로 범인 또는 정을 아는 제3자가 받은 뇌물 또는 뇌물에 공한 금품은 몰수되고 몰수하기 불능한 때에는 그 가액을 추징한다. 뇌물의 몰수와 추징에서는 법관의 자유재량이 인정되지 않는다.

2) 공무방해에 관한 죄

「공무방해에 관한 죄」는 국가 또는 공공기관의 기능적 작용으로서의 공무 그 자체를 보호법익으로 하며 공권력행사를 방해하여 성립되는 범죄이다.

직무를 집행하는 공무원에 대하여 폭행, 협박함으로서 성립하는 「공무집행방해죄」, 공무원에 대하여 그 직무상의 행위를 강요 또는 저지하거나 그 직을 사퇴하게 할 목적으로 폭행 또는 협박하는 「직무사직강요죄」, 위계로써 공무원의 직무수행을 방해하는 「위계에 의한 공무집행방해죄」, 법원의 재판 또는 국회의 심의를 방해 또는 위협할 목적으로 법정이나 국회회의장 또는 그 부근에서 모욕 또는 소동함으로써 성립하는 「법정이나 국회회의장 모욕죄」, 경찰의 직무를 행하는 자가 인권옹호에 관한 검사의 직무집행을 방해하거나 그 명령을 준수하지 아니한 「인권옹호직무방해죄」, 공무원이 그 직무에 관하여 실시한 「봉인 · 압류 기타 강제처분의 표시를 손상 또는 은닉하는 죄」, 「공무상 비밀침해죄」, 「부동산 강제집행효용침해죄」 등이 있다.

3) 도주와 범인은닉의 죄

법률에 의하여 체포 · 구금된 자가 스스로 도주하거나 타인이 범인의 도주에 관여하는 것을 내용으로 하는 범죄로 「逃走(도주)의 죄」라 하고, 벌금 이상의 형에 해당하는 죄를 범한 자를 은닉 · 도피하게 하는 것을 내용으로 하는 범죄를 「범인은닉의 죄」라 한다.

도주죄, 집합명령위반죄, 수용설비 또는 기구를 손괴하거나 사람에게 폭행 또는 협박을 가하거나 2인 이상이 합동하여 도주함을 내용으로 하는 「특수도주죄」, 「도주원조죄」, 도주원조죄보다 책임이 가중되는 「간수자도주원조죄」, 「범인은닉죄」 등이 그것이다.

4) 위증과 증거인멸의 죄

「僞證(위증)의 죄」란 법률에 의하여 선서한 증인의 진술이 허위인 경우의 위증죄, 선서한 감정인 · 통역인 · 번역인이 감정 · 통역 또는 번역을 허위로 한 죄, 타인의 형사사건 또는 징계사건에 관한 증거를 인멸 · 은닉 · 위조 또는 변조하는 죄 등이 있다.

5) 무고의 죄

「誣告罪(무고죄)」는 타인으로 하여금 刑事處罰(형사처벌) 또는 懲戒處分(징계처분)을 받게 할 목적으로 공무소 또는 공무원에 대하여 허위의 사실을 신고함으로써 성립한다.

Ⅱ. 사회적 법익에 대한 죄

1. 공공의 안전과 평온에 대한 죄

1) 공안을 해하는 죄

「공안을 해하는 죄」에는 범죄를 목적으로 하는 조직 또는 이에 가입하거나 병역 또는 납세의 의무를 거부할 목적으로 단체를 조직하거나 이에 가입한 죄, 다중이 집합하여 폭행 · 협박 · 손괴의 행위를 하는 소요죄, 폭행 · 협박 또는 손괴의 목적으로 다중이 집합하여 그를 단속할 권한 있는 공무원으로부터 3회 이상의 해산명령을 받고 해산하지 않은 죄, 전쟁 · 천재 기타 사변에 있어서 국가 또는 공공단체와 체결한 생활필수품 등의 공급계약을 정당한 이유 없이 이행하지 아니하거나 방해하는 죄, 공무원의 자격을 사칭하는 죄 등이 이에 해당한다.

2) 폭발물에 관한 죄

「폭발물에 관한 죄」는 폭발물을 사용하여 사람의 생명, 신체 또는 재산을 해하거나 기타 공안을 문란케 하는 죄, 전쟁 또는 천재 기타 사변에 있어서 폭발물을 사용하는 사람에 성립하는 전시폭발물사용죄, 폭발물사용 예비 · 음모 · 선동죄, 전시폭발물 제조 · 수입 · 수출 · 수수 · 소지죄가 있다.

3) 방화와 실화의 죄

「방화와 실화의 죄」는 故意(고의) 또는 過失(과실)로 불을 놓아 건조물 등을 불타게 하는 범죄로서 현주건조물 등 방화죄, 현주건조물 등 방화치사상죄, 공용건조물 등 방화죄, 일반건조물 등 방화죄, 공공의 위험을 발생케 한 일반물건방화죄, 가스 전기 등의 공작물에 관련된 죄 등과 실화죄, 업무상실화 · 중실화 등이 있다.

4) 일수와 수리에 관한 죄

「일수의 죄」란 고의 또는 과실로 수해를 일으켜 공공의 안전을 해하는 것이며, 「수리방해죄」는 수리권의 침해를 그 내용으로 하는 범죄이다.

물을 넘겨 건조물, 기차, 전차, 자동차, 선박, 항공기 또는 광갱을 침해하는 현주건조물 등 일수죄, 수재에 있어서 방수용의 시설 또는 물건을 손괴 또는 은닉하거나 방수를 방해하는 방수방해죄, 제방을 결궤하거나 수문을 파괴하거나 기타 방법으로 수리를 방해하는 죄 등이 있다.

5) 교통방해죄

「교통방해죄」는 교통로 또는 교통기관 등 공공의 교통설비를 손괴 또는 불통하게 하여 교통을 방해하는 범죄로 일반교통방해죄, 기차 ·

선박 등 교통방해죄, 기차 등 전복죄, 교통방해치사상죄, 과실교통방해죄 등이 있다.

2. 공공의 신용에 대한 죄

1) 통화에 관한 죄

「통화에 관한 죄」는 행사할 목적으로 통화를 위조·변조하거나 위조·변조한 통화를 행사·수입·수출 또는 취득하거나 통화유사물을 제조·수입·수출·판매하는 것을 내용으로 하는 범죄이다.

내국통화위조·변조죄, 내국유통외국통화위조·변조죄, 외국통용외국통화위조·변조죄, 위조·변조통화행사 등 죄, 위조·변조통화취득죄, 취득 후 지정행사죄, 판매목적의 통화유사물 제조 등 죄가 이것이다.

2) 유가증권, 인지와 우표에 관한 죄

「유가증권 및 인지와 우표에 관한 죄」는 행사할 목적으로 대한민국 또는 외국의 공채증서 기타 유가증권을 위조 또는 변조하는 죄인 유가증권 위조·변조죄, 유가증권의 권리·의무에 관한 기재를 위조·변조한 죄, 타인의 자격을 모용한 유가증권 작성죄, 허위유가증권 작성죄, 위조·변조·작성 또는 허위기재한 유가증권을 행사하거나 행사할 목적으로 수입 또는 수출해 성립하는 위조 등 유가증권 행사 등 죄, 인지·우표위조·변조죄, 위조·변조인지·우표행사 등 죄와 취득죄, 소인 기타 사용의 표시를 말소한 소인말소죄, 인지·우표 등 유사물제조죄 등이 있다.

3) 문서에 관한 죄

「문서에 관한 죄」란 행사할 목적으로 문서를 위조 변조하거나 허위의 문서를 작성하거나 위조 · 변조 · 허위작성된 문서를 행사하거나 문서를 부정행사하는 것에 관한 범죄이다.

이는 공문서와 사문서에 관한 죄로 나뉘어지는데 공문서 위조 · 변조죄는 행사할 목적으로 공무원 또는 공무소의 문서 또는 도화를 위조 또는 변조함으로써 성립하며, 그 외 불법 · 가중된 자격모용에 관한 공문서작성죄, 공전자기록 위작 · 변작죄, 허위진단서 작성죄, 허위공문서작성죄가 공정증서원본 등 불실기재죄, 위조 · 변조 · 변작 또는 불실기재된 상기 각종 문서행사죄 등이 있고, 사문서에 관한 것으로는 사문서위조 · 변조죄, 사전자기록 위작 · 변작죄, 위조 · 변조 · 작성사문서행사죄, 사문서부정행사죄 등이 여기에 해당한다.

4) 인장에 관한 죄

「인장에 관한 죄」는 행사할 목적으로 인장 · 서명 · 기명 · 기호를 위조 또는 부정사용하거나 위조 또는 부정사용할 인장 · 서명 · 기명 · 기호를 행사함으로써 성립하는 범죄로 인장 등의 진정에 대한 공공의 신용을 그 보호법익으로 한다.

사인 등 위조 · 부정사용죄, 위조사인 등 행사죄, 공인 등 위조 · 부정행사죄, 위조공인 등 행사죄가 여기에 해당되며 기본적 구성요건에 불법이 가중된다

3. 공공의 건강에 대한 죄

1) 식용수에 관한 죄

「식용수에 관한 죄」는 일상 음용에 공하는 정수에 오물을 혼입하여 음용하지 못하게 함으로서 성립하는 식수사용방해죄, 독물 기타 건강을 해하는 물건을 혼입하여 성립하는 식용유해물혼입죄, 수도에 의하여 공중의 음용에 공하는 정수 또는 그 수원에 오물을 혼입하여 음용하지 못하게 하는 수도 식용수사용방해죄, 공중의 식용수를 공급하는 수도 기타 시설을 훼손 기타 방법으로 불통하게 함으로써 성립하는 수도불통죄가 있다.

2) 아편에 관한 죄

「아편에 관한 죄」는 아편을 흡식하거나 몰핀을 주사하는 경우, 아편흡식 또는 몰핀주사의 장소를 제공하여 이익을 취득하는 경우, 아편·몰핀 또는 그 화합물을 제조·수입 또는 판매하거나 판매할 목적으로 소지하는 경우, 아편흡식기구 제조·수입 또는 판매목적으로 소지하는 경우는 처벌되며 이들 각종의 죄를 상습적으로 범한 때에는 각종의 형의 1/2까지 가중한다.

4. 사회의 도덕에 대한 죄

1) 성풍속에 관한 죄

「성풍속에 관한 죄」란 성생활에 관련되는 성도덕 내지 성풍속을 해하는 행위를 내용으로 하는 범죄로 배우자 있는 자가 간통하거나 그와 상간하여 성립하는 간통죄, 영리의 목적으로 미성년 또는 음행의 상습

없는 부녀를 매개하여 간음한 음행매개죄, 음란물 · 문서 · 도화 · 필름 기타 물건을 반포 · 판매 또는 임대하거나 공연히 전시 또는 상영하여 성립하는 음화 반포 · 판매 · 임대 · 공연전시죄와 그것을 목적으로 음란물을 제조 · 소지 · 수집 또는 수출하는 음화 등 제조 · 소지 · 수입 · 수출죄, 공연히 음란한 행위를 한 경우가 있는데 이는 음란한 행위 자체를 처벌한다.

2) 도박과 복표에 관한 죄

「도박과 복표에 관한 죄」는 도박 또는 도박을 개장하거나 복표를 발매 · 중개 또는 취득하는 것을 그 내용으로 하고 일시오락의 경우는 처벌하지 않는다. 재물로써 도박하여 성립하는 도박죄와 그에 책임이 가중되는 상습도박죄, 도박개장죄, 발매자가 미리 특정한 표찰을 발매하여 다수인으로부터 금품을 모은 다음 추첨 등의 방법으로 당첨자에게 재산상 이익을 제공하고 다른 참가자에게는 손실을 주는 복표의 발매 · 중개 · 취득죄가 이것이다.

3) 신앙에 관한 죄

「신앙에 관한 죄」는 장례식, 제사, 예배 또는 설교를 방해하는 죄, 사체 · 유물 또는 유발을 모욕하는 죄, 분묘를 발굴하는 죄, 사체 · 유물 유발 또는 관내 장치한 물건을 손괴 · 유기 · 은닉 또는 영득하는 죄, 검시를 받지 않은 변사자의 사체에 변경을 가하는 죄 등이 있다.

Ⅲ. 개인적 법익에 대한 죄

1. 생명과 신체에 대한 죄

1) 살인의 죄

「살인의 죄」는 사람을 살해하여 그 생명을 침해한 범죄로 살인죄, 자기 또는 배우자의 직계존속을 살해하여 형이 가중되는 존속살해죄, 직계존속이 치욕을 은폐하기 위하여 또는 양육할 수 없음을 예상하거나 특히 참작할 만한 동기로 인하여 분만중 또는 분만직후의 태아를 살해하여 형이 감경되는 태아살해죄 등이 있고, 피해자의 촉탁승낙살인죄는 형의 감경, 위계 · 위력에 의한 살인죄는 보통살인죄의 형으로, 자기 또는 타인의 직계존속인 경우는 직계존속살해죄의 형으로 처벌한다. 그리고 사람을 교사 또는 방조하여 자살하게 하는 자살교사 · 방조죄는 촉탁 · 승낙에 의한 살인죄와 같이 처벌한다. 살인의 죄는 미수범도 처벌한다.

2) 상해와 폭행의 죄

사람의 신체에 대한 침해를 내용으로 하는 범죄인 상해와 폭행의 죄는 고의로 사람의 신체를 상해하는 것을 「傷害罪(상해죄)」라 하며 未遂犯(미수범)도 처벌한다. 여기에는 자기 또는 배우자의 직계존속의 신체를 상해함으로써 성립하는 존속상해죄가 있는데 이 경우는 형이 가중된다. 그리고 사람의 신체를 상해하여 생명에 대한 위험을 발생하게 하거나 불구에 이르게 하거나, 불치 또는 난치의 질병에 이르게 함으로써 성립하는 중상해죄 · 존속상해치사죄 등이 있다. 「暴行罪(폭행죄)」는 신체에 대하여 폭행을 가함으로써 성립하는 범죄로 미수를 처벌하지 않으며 반의사불벌죄에 해당한다. 폭행죄에 대하여 책임이 가중되는 존속폭행죄, 단체 또는 다중의 위력을 보이거나 위험한 물건을 휴대하여 사람의 신체에 대해 폭행하여 불법이 가중되는 특수폭행죄, 폭행죄 · 특수폭행죄의 결과적 가중범인 폭행치사상죄, 상습의 경우 책임이 가중되는 상습상해 · 폭행죄가 있다.

3) 과실치사상의 죄

과실로 인하여 사람을 사망에 이르게 하거나 사람의 신체를 상해하는 행위는 모두 처벌의 대상이 되는데, 이러한 죄를 「과실치사상의 죄」라고 한다. 업무상 과실로 인하여 사람을 사상에 이르게 한 때에는 그 형이 가중된다.

4) 낙태의 죄

「낙태의 죄」는 태아를 자연적인 분만에 앞서서 인위적으로 모체 밖으로 배출하거나 모체 안에서 살해하는 것을 그 내용으로 하는 범죄로 부녀가 약물 기타 방법으로 낙태하는 경우, 부녀의 촉탁 또는 승낙을 받아 낙태한 경우도 동일하게 처벌하며 위의 죄로 부녀를 치상 또는 치사에 이르게 한 경우에는 그 형이 가중된다. 의사 · 한의사 · 조산원 · 약제사 또는 약종상이 부녀의 촉탁 또는 승낙을 받아 낙태하게 된 때에는 일반인보다 그 형이 무겁고 이러한 자가 부녀의 촉탁 또는 승낙 없이 낙태한 경우에는 불법이 가중된다. 업무상 책임 있는 자의 낙태행위는 자격정지를 병과한다.

5) 유기와 학대의 죄

「遺棄(유기)의 죄」란 노유 · 질병 기타 사유로 인하여 부조를 요하는 자를 보호할 의무 있는 자가 유기하는 것을 내용으로 하며 단순한 유기죄와 달리 존속유기죄, 존속중유기죄와 같이 사람의 생명에 대한 위험을 발생케 한 경우는 그 형이 가중되고, 영아를 유기한 경우는 행위자의 특수한 동기로 인해 책임이 감경된다. 학대죄는 자기의 보호감독을 받는 사람을 학대함으로써 성립하고 존속학대죄는 자기 또는 배우자의 직계존속을 학대한 경우로 학대죄에 대하여 신분관계로 인한 책임이 가중된다. 한편, 자기의 보호 또는 감독을 받는 16세 미만의 자를 그 생명 또는 신체에 위험한 업무에 사용할 영업자 또는 종업자에게 인도하거나 인도받음으로써 성립하는 아동혹사죄가 있다. 유기죄 · 존속유기죄 · 영아유기죄 · 학대죄 · 존속학대죄를 범하여 사람을 사상에 이르게 한 때에는 중한 형으로 처벌한다.

2. 자유에 대한 죄

1) 협박의 죄

해악을 고지함으로써 개인의 의사결정의 자유를 침해하는 것을 그 내용으로 하는 죄가 「협박의 죄」로서 협박죄, 존속협박죄, 특수협박죄, 상습협박죄 등이 여기에 해당한다. 존속협박죄는 신분으로 인하여 책임이, 특수협박죄는 불법성으로 인하여 책임이, 상습협박죄는 상습성으로 인하여 책임이 가중된다.

2) 강요의 죄

사람의 자유의사와 의사활동의 자유를 보호법익으로 하는 「강요의 죄」는 폭행 또는 협박으로 사람의 권리행사를 방해하거나 의무 없는 일을 하게 하는 것을 내용으로 하는 범죄다. 강요죄는 폭행 또는 협박으로 사람의 권리행사를 방해하거나 의무 없는 일을 하게 하는 범죄이고 강요죄를 범하여 사람의 생명에 대한 위험을 발생하게 하는 중강요죄, 사람을 체포 · 감금 · 약취 또는 유인하여 이를 인질로 삼아 제3자에 대하여 권리행사를 방해하거나 의무 없는 일을 하게 함으로써 성립하는 인질강요죄는 불법이 가중되고 그 외 인질상해치상죄, 인질상해치사죄는 중한 형으로 하고 미수범도 처벌한다.

3) 체포와 감금의 죄

「체포와 감금의 죄」는 사람을 불법하게 체포 또는 감금하여 신체적 활동의 자유를 침해하는 범죄이며, 가혹한 행위를 가하면 중체포 · 중감금이 되어 형이 가중되고 직계존속의 경우는 신분상의 이유로 책임이 가중된다. 특수체포 · 감금죄, 상습체포 · 감금죄는 그 죄에 정한 형의 1/2까지 형이 가중되며, 이상의 각 죄를 범하여 사람을 사상에 이르게 한 때에는 상해죄와 비교하여 중한 형으로 처벌한다.

4) 약취와 유인의 죄

「略取(약취)와 誘引(유인)의 죄」는 사람을 약취 · 유인 또는 매매하여 자기 또는 제3자의 실질적 지배 하에 둠으로써 개인의 자유로운 생활관계를 침해하는 것을 내용으로 하는 범죄이다. 미성년자의 약취 · 유인죄를 기본적 구성요건으로 하고 추행 · 간음 · 영리의 목적으로 사람을 약취 · 유인하는 죄, 추업에 사용할 목적으로 부녀를 매매하는 죄, 국외이송목적 약취 · 유인 · 매매죄 등은 불법이 가중되는 범죄로 미수범도 처벌한다. 이상의 죄를 상습으로 범한 경우는 그 형에 책임이 가중되고 이들을 수수 또는 은닉한 자도 처벌한다. 기타 결혼목적 약취 · 유인죄 등이 있는데 이는 불법이 감경된다.

5) 강간과 추행의 죄

「강간과 추행의 죄」는 개인의 성적 자유를 침해하는 것을 내용으로 하는 범죄로서 폭행 또는 협박으로 부녀를 강간하여 성립하는 강간죄, 폭행 · 협박으로 타인을 추행하여 성립하는 강제추행죄, 사람의 심신상실 또는 항거불능의 상태를 이용하여 간음 또는 추행함으로써 성립하는 준강간죄, 준강제추행죄, 13세 미만의 부녀를 간음하거나 추행하여 성립하는 미성년자 의제강간 · 강제추행죄, 강간 등 상해 · 치상죄, 강간 등 살인 · 치사죄, 미성년자 · 심신미약자 간음 · 추행죄, 업무 · 고용 기타의 관계로 인하여 자기의 보호 또는 감독을 받은 부녀에 대하여 위계 또는 위력에 의하여 간음한 피감호부녀간음죄, 피구금부녀간음죄, 혼인빙자간음죄 등이 있으며 이상의 범죄는 모두 고소가 있어야 공소를 제기할 수 있는 親告罪(친고죄)에 해당한다.

3. 명예와 신용에 대한 죄

1) 명예에 관한 죄

「명예에 관한 죄」는 공연히 사실을 적시하여 사람의 명예를 훼손하거나 사람을 모욕하는 것을 내용으로 한다. 명예훼손죄, 사자의 명예훼손죄, 출판물에 의한 명예훼손죄, 모욕죄 등이 있으며 명예훼손죄와 출판물에 의한 명예훼손죄는 반의사불벌죄로 피해자의 명시한 의사에 반하여 공소를 제기할 수 없고 사자의 명예훼손죄와 모욕죄는 친고죄이다.

2) 신용 · 업무와 경매에 관한 죄

「신용 · 업무와 경매에 관한 죄」에는 허위의 사실을 유포하거나 기타 위계로써 사람의 신용을 훼손한 신용훼손죄, 위의 방법 또는 위력으로 사람의 업무를 방해한 업무방해죄, 컴퓨터 업무방해죄, 위계 또는 위력 기타 방법으로 경매 또는 입찰의 공정을 해하는 경매 · 입찰방해죄가 있고 일부는 재산죄로서의 성격도 가진다.

4. 사생활의 평온에 대한 죄

1) 비밀침해죄

「秘密侵害罪(비밀침해죄)」란 봉함 기타 비밀장치한 사람의 편지, 문서 기타 도서를 개봉하거나 특수매체기록을 기술적 수단을 이용하여 그 내용을 알아냄으로써 성립되는 범죄이고 비밀누설죄는 의사 · 한의사 등 일정한 직업에 종사하는 자 또는 종사하던 자가 업무처리중 또는 직무상 지득한 타인의 비밀을 누설함으로써 성립한다. 이는 고소가 있어야 공소를 제기할 수 있다.

2) 주거침입의 죄

「주거침입의 죄」는 주거침입죄, 퇴거불응죄, 특수주거침입죄, 주거 · 신체수색죄가 여기에 해당하는데 이 경우 미수범도 처벌한다. 주거침입죄는 사람의 주거, 관리하는 건조물, 선박이나 항공기 또는 점유하는 방실에 침입하여 성립되고, 퇴거불응죄는 적법 또는 과실로 주거 등에 들어간 경우 주거자 · 관리자 · 점유자의 퇴거요구를 받고 응하지 아니함으로써 성립한다. 특수주거침입죄는 단체 또는 다중의 위력을 보이거나 위험한 물건을 휴대하여 주거침입죄, 퇴거불응죄를 범한 경우이다.

5. 재산에 대한 죄

1) 절도의 죄

타인의 재물을 절취한 자는 「竊盜罪(절도죄)」로서 처벌되고 야간에 사람이 주거하는 저택, 건조물이나 선박 또는 점유하는 방실에 침입하여 절도죄를 범한 경우의 「야간주거침입절도죄」는 위법성이 가중된다. 그리고 야간에 문호 또는 장벽 기타 건조물의 일부를 손괴하고 주거 등에 침입하여 타인의 재물을 절취한 특수절도죄, 상습적으로 이상의 죄를 범하는 상습절도죄, 권리자의 동의 없이 타인의 자동차 · 선박 · 항공기 또는 원동기 장치자전거를 일시 사용하여 성립하는 자동차 등 불법사용죄 등이 있다. 상습절도죄는 앞의 각 죄를 범한 자에 대하여 그 죄에 정한 형의 1/2까지 형이 가중된다.

2) 강도의 죄

「강도의 죄」는 폭행 또는 협박으로 타인의 재물을 강취하거나 또는 재산상의 이익을 취득하거나 제3자로 하여금 이를 취득하게 하는 것을 그 내용으로 하는 범죄이다. 타인의 재물을 그 의사에 반하여 탈취한다는 점에서 절도죄와 동일하나 폭행 · 협박이 수단이 되고 재물 및 재산상의 이익까지도 그 객체로 인정한다는 점에서 그와 구별된다.

강도죄, 야간에 사람의 주거 · 관리하는 건조물 · 선박이나 항공기 또는 점유하는 방실에 침입하여 강도죄를 범하는 특수강도죄, 절도가 재물의 탈환을 항거하거나 체포를 면탈하거나 죄적을 인멸할 목적으로 폭행, 협박을 가한 준강도죄 등이 있으며 인질강도죄, 강도상해치상죄, 강도살인 · 치사죄, 강도강간죄, 해상강도죄, 상습강도죄, 강도예비죄도 여기에 해당한다. 미수범 역시 처벌된다.

3) 사기의 죄

「詐欺(사기)의 죄」는 사람을 欺罔(기망)하여 재물을 편취하거나 재산상의 불법한 이익을 취득하거나 제3자로 하여금 얻게 하는 행위를 내용으로 하는 범죄로 사기죄, 컴퓨터등사용사기죄, 미성년자의 知慮淺薄(지려천박) 또는 심신장애를 이용하여 재물을 교부받거나 재산상의 이익을 침해한 준사기죄, 부정한 방법으로 대가를 지급하지 아니하고 자동판매기, 공중전화 기타 유료자동설비를 이용하여 재물 또는 재산상의 이익을 취하는 편의시설부정사용죄가 있다. 또한 사람의 궁박한 상태를 이용하여 현저하게 부당한 이익을 취득하거나 제3자로 하여금 취득하게 한 자도 부당이득죄로 처벌된다.

4) 공갈의 죄

「恐喝(공갈)의 죄」는 사람을 공갈하여 재물의 교부를 받거나 재산상의 이익을 취득하거나 제3자로 하여금 취득하게 하는 것을 그 내용으로 한다. 공갈의 죄는 재산권 이외에 피공갈자의 자유권을 그 보호법익으로 한다. 공갈행위란 재물을 교부받거나 재산상의 이익을 취득하기 위하여 폭행 또는 협박으로 외포심을 일으키게 하는 것을 의미한다. 여기서의 폭행 · 협박은 사람의 의사결정과 행동의 자유를 제한하는 정도로도 충분하다. 상습적 공갈은 책임이 가중된다.

5) 횡령의 죄

「橫領(횡령)의 죄」는 자기가 보관하는 타인의 재물이나 점유이탈물을 불법하게 領得(영득)하여 성립하는 범죄로 타인의 신뢰관계를 위반하는 성질을 가지고 있다. 횡령죄가 재개의 재물에 대한 위탁관계를 기초로 한 재물죄임에 반해 배임죄는 재산상의 이익을 침해하는 순수한 이득죄라는 점에서 구별되며 횡령죄, 업무상횡령죄, 점유이탈물횡령죄가 있고 업무상횡령죄는 위탁관계가 업무로 되어 있어 횡령죄에 대하여 책임이 가중된다.

6) 배임의 죄

「背任(배임)의 죄」란 타인의 사무를 처리하는 자가 배임행위에 의하여 재산상의 이익을 취득하거나 제3자로 하여금 이를 취득하게 하여 본인에게 손해를 가하는 것이 그 내용이다. 순수한 이득죄인 배임죄와 업무상배임죄, 공무원의 뇌물죄에 상응하는 배임수뢰죄, 배임증뢰죄가 배임의 죄에 해당되고 미수범도 처벌된다.

7) 장물의 죄

「贓物(장물)의 죄」장물을 취득 · 양도 · 운반 · 보관 · 알선하는 것을 내용으로 하는 범죄로 업무상 과실 또는 중대한 과실에 의한 경우에는 그 형이 감경되고 상습으로 인한 장물죄는 책임이 가중된다. 장물죄를 범한 자와 피해자간에 친족관계가 있는 경우에는 그 형이 감경 또는 면제한다.

8) 손괴의 죄

타인의 재물, 문서 또는 전자기록 등 특수매체기록을 손괴 또는 은닉 기타 방법으로 그 효용을 해하는 損壞罪(손괴죄), 공익에 공하는 건조물을 파괴함으로써 성립되는 공익건조물파괴죄, 재물손괴죄와 공익건조물파괴죄를 범하여 사람의 생명 또는 신체에 대하여 위험을 발생하게 하는 중손괴죄 · 손괴치사상죄, 불법이 가중되는 특수손괴죄, 경계침범죄 등이 여기에 해당하고 경계침범죄는 재물문서손괴죄와 같은 형을 과한다.

9) 권리행사를 방해하는 죄

타인의 점유 또는 권리의 목적인 타인의 권리행사를 방해하거나, 강제집행을 면할 목적으로 채권자를 해하는 것을 내용으로 하는 범죄이다. 친족간에는 형이 면제되거나 고소가 있어야 공소를 제기할 수 있고 폭행 또는 협박으로 타인의 점유에 속하는 자기의 물건을 강취하는 점유강취죄, 타인의 점유에 속하는 자기의 물건을 취거함에 당하여 그 탈환을 항거하거나 체포를 면탈하거나 죄적을 인멸할 목적으로 폭행 또는 협박을 가하는 준점유강취죄가 있으며 이상의 죄를 범하여 사람의 생명에 대한 위험을 발생케 하는 중권리행사방해죄, 강제집행을 면할 목적으로 재산을 은닉, 손괴, 허위양도 또는 허위의 채무를 부담하여 채권자를 해함으로써 성립하는 강제집행면탈죄도 포함한다.

제4장 민법

제1절 서설

Ⅰ. 민법의 의의

「民法(민법)」은 사람의 私的(사적) 생활관계를 규율하기 위해 권리와 의무의 종류, 내용, 효력, 변동 등을 규정한 實體法(실체법)으로서 一般私法(일반사법)이다.

1. 일반사법으로서 민법

사람의 생활관계는 개인적 인간으로서의 사적 생활관계와 국민으로서의 공적 생활관계로 구분할 수 있는데, 민법은 이 중 사적 생활관계를 규율대상으로 한다는 점에서 「私法(사법)」이라고 할 수 있다.

또한 민법은 사적 생활관계 중에서도 일반적이고 보편적인 내용을 규율대상으로 하기 때문에 사법 중에서도 일반사법에 해당한다. 따라서 민법은 公法(공법)과 구분될 뿐만 아니라 特別私法(특별사법)인 商法(상법)과도 구분된다.

2. 실체법으로서의 민법

민법은 사람의 사적 생활관계를 규율하기 위한 권리와 의무의 종류, 내용, 효력, 변동 등을 규정한 實體法(실체법)으로서 권리와 의무의 내용을 구체적으로 실현하기 위한 세부적인 절차를 규정한 節次法(절차법)과 구분된다.

따라서 실체법인 민법에 규정된 권리와 의무는 절차법인 民事訴訟法(민사소송법)에 의해 그 내용이 구체적으로 실현될 수 있다.

Ⅱ. 민법의 법원

「法源(법원)」이란 법의 존재형식으로서 크게 法典(법전)의 형태로 존재하는 成文法(성문법)과 慣習(관습), 判例(판례), 條理(조리) 등의 형태로 존재하는 不文法(불문법)으로 대별된다. 따라서 민법의 법원은 그 국가가 성문법주의를 채택하느냐 아니면 불문법주의를 채택하느냐에 따라 그 존재형식이 결정된다. 우리 민법 제1조는 「民事(민사)에 관하여 법률에 규정이 없으면 慣習法(관습법)에 의하고 관습법이 없으면 조리에 의한다」고 규정하여 성문법주의를 원칙으로 하고 불문법주의를 보충적으로 인정하고 있다. 따라서 우리 민법의 법원은 民法典(민법전)과 民事慣習法(민사관습법), 조리 등의 형태로 존재한다고 할 수 있다.

Ⅲ. 민법의 기본원리

1. 근대민법의 3대기본원칙

「근대민법의 基本原理(기본원리)」는 개인주의와 자유주의를 실현하기 위해 형식적 자유와 평등, 그리고 절대적 소유를 사상적 배경으로 하여 소유권절대의 원칙, 계약자유의 원칙, 과실책임의 원칙 등을 3대기본원칙으로 채택하고 있다.

1) 소유권절대의 원칙

「所有權絕對原則(소유권절대의 원칙)」은 소유권은 신성불가침의 절대적 권리이기 때문에 국가도 이에 대하여 구속이나 제한을 가할 수 없다는 원칙으로서 프랑스 인권선언 제17조에서 그 근거를 찾을 수 있다. 이러한 사상은 소유권뿐만 아니라 모든 재산권에 동일하게 적용되어야 한다는 인식에서 「사적 재산권 존중의 원칙」이라고도 하며, 자본주의문명을 발전시키는 데 커다란 공헌을 하였다.

2) 계약자유의 원칙

봉건사회의 사적 생활관계는 신분에 따라 많은 구속을 받았으나 근대시민사회에서는 프랑스혁명으로 인해 사적 생활관계는 그 주체의 자유로운 의사에 따라 결정될 수 있는 사적 자치의 원칙이 인정되었다. 인간의 사적 생활관계는 대부분 계약에 의해 이루어지며, 이러한 계약은 그 당사자의 자유로운 의사에 의해 체결되고 국가는 이에 간여해서는 안된다는 것이 「契約自由(계약자유)의 원칙」이다.

이 원칙의 내용은 ① 계약의 체결여부를 결정하는 계약체결의 자유, ② 계약의 내용을 어떻게 할 것이냐에 대한 내용결정의 자유, ③ 누구를 계약의 상대방으로 결정할 것인가에 대한 상대방선택의 자유, ④ 계약의 체결방식은 어떻게 할 것이냐에 대한 방식 결정의 자유 등으로 되어 있다.

3) 과실책임의 원칙

「過失責任原則(과실책임의 원칙)」은 자신의 故意(고의) 또는 過失(과실)에 의한 결과에 대해서만 책임을 부담하고 그 외에는 책임을 지지 않는다는 원칙이다. 즉, 자신의 행위 이외에는 가족이나 친족의 행위에 대해서는 책임지지 않는다는 「자기책임의 원칙」을 말한다.

이 원칙의 채택으로 인해 고대나 중세사회에서 인정되던 손해배상 책임의 연좌제가 폐지되었으며, 이러한 현상은 근대사회의 기업발전에 크다란 기여를 하였다.

2. 3대기본원칙의 수정

資本主義(자본주의)의 발달로 인해 빈익빈 · 부익부현상 및 노사간의 갈등이 심화되는 사회적 병폐가 만연하게 되었으며, 이는 결국 실질적인 자유와 평등의 보장을 바탕으로 하는 공공복리사상을 싹트게 하였다. 이의 실현을 위해서는 근대민법의 기본원리에 대한 수정이 불가피하게 되었다.

이와 같은 사회적 요청에 따라 소유권절대의 원칙은 소유권상대의 원칙으로, 계약자유의 원칙은 계약공정의 원칙으로, 과실책임의 원칙은 무과실책임의 원칙으로 수정되었으며, 이를 「現代民法(현대민법)의 기본원리」라고도 한다.

1) 소유권상대의 원칙

공공복리사상의 실현을 위해서는 소유권의 사회성과 공공성이 강조되었으며, 이에 따라 소유권은 일정한 범위 안에서 제한을 받게 되었다.

「所有權相對原則(소유권상대의 원칙)」은 인간의 공동체 의식을 중요시한 것으로 1919년 바이마르헌법에서 유래한 것이며, 우리 헌법 제23조 제2항에서도 「재산권의 행사는 公共福利(공공복리)에 적합하도록 하여야 한다」는 기본원리를 채택하고 이에 따라 민법 제211조에서 소유자는 법률의 범위 안에서 그 소유물을 使用(사용) · 受益(수익) · 處分(처분)할 권리가 있다고 규정하여 법률로써 소유권의 행사를 제한할 수 있도록 하였다.

2) 계약공정의 원칙

계약자유의 원칙에 의하여 계약이 체결되는 경우 계약당사자의 지위에 따라 형평성이 결여되는 경우가 많다. 특히 경제적 강자와 약자 사이의 계약에서 그러하다. 따라서 계약자유의 원칙은 근대시민사회의 빈부의 격차를 심화시키는 결과를 가져왔으며, 이에 대한 사회적 대책이 요구되었다.

이러한 측면에서 契約(계약)의 公正性(공정성)과 妥當性(타당성)이 강조되었으며, 고용관계계약의 공정성을 위한 근로기준법, 특정 계약의 공정성을 위한 전기사업법 · 석유사업법 · 석탄수급조정에 관한 임시조치법, 정형화된 계약의 공정성을 위한 약관규제에 관한 법률 등이 제정되었다.

현대사회에서는 계약자유의 원칙의 내용이 많이 제한되고 있으며, 불공정한 계약은 무효화시켜 법적 보호를 제한하고 있다.

3) 무과실책임의 원칙

일반적으로 고의 또는 과실 있는 자에게만 책임을 부담케 하는 것이 정의롭고 공평하다고 할 수 있겠지만 사회가 복잡해지고 기업이 대형화되면서 위험성 또한 극도로 증대되면서 과실책임의 원칙에만 의존하는 것이 오히려 부당하다는 결론을 얻게 되었다.

따라서 기업주가 주의를 기울인다 하더라도 도저히 방지할 수 없는 재해에 대하여는 기업주의 고의 또는 과실이 존재하지 않는다 하더라도 그 기업주는 위험을 내포하면서 거대한 이익을 취하기 때문에 그로 인한 필연적 손해에 대하여 손해배상책임을 부담하여야 한다는 것이 「무과실책임의 원칙」이다. 이를 「결과책임의 원칙」이라고도 한다.

제2절 총칙

Ⅰ. 권리의 주체

1. 의의

「權利(권리)」란 특정인이 일정한 이익을 향유토록 법이 부여한 힘을 말하며, 법의 보호하에 일정한 이익을 얻을 수 있는 특정인을 「권리의 主體(주체)」라고 하는데, 일반적으로 권리는 의무를 수반하므로 「권리와 의무의 주체」라고도 한다.

2. 종류

권리의 주체는 사법관계의 주체를 말하는데, 민법상 권리의 주체가 될 수 있는 자는 자연인과 법인이다.

1) 자연인

(1) 의의

「自然人(자연인)」이란 유기적인 육체와 정신을 가지고 자연스럽게 생활하는 사람을 말하며, 모든 자연인은 行爲能力(행위능력)과 상관없이 생존하는 동안 권리와 의무의 주체가 된다(민법 제3조).

(2) 권리능력

「權利能力(권리능력)」이란 권리의 주체가 될 수 있는 지위 또는 자격을 말하는데, 이를 「人格(인격)」이라고도 한다. 외국인의 경우는 원칙적으로 내국인과 같이 권리능력이 인정되지만 일정한 경우에는 권리능력이 제한되는 경우도 있다. 선박이나 항공기는 외국인이 소유할 수 없게 제한(선박법 제2조, 항공법 제6조)하고 있는 것이 그 좋은 예이다.

또한 權利能力(권리능력)에서 문제가 될 수 있는 것은 태아의 경우인데, 태아는 임신에서 출산이전까지의 생명체이므로 민법 제3조에서 규정하고 있는 권리와 의무의 주체가 될 수 없다. 따라서 태아는 경우에 따라 부당한 대우를 받을 수 있다. 이에 대하여 민법은 不法行爲(불법행위)로 인한 損害賠償請求權(손해배상청구권)(민법 제762조), 상속순위(민법 제1000조 제3항), 대습상속(민법 제1001에 의한 제1000조 제3항의 준용), 사인증여(민법 제562조에 의한 제1064조의 준용), 유류분권(민법 제1112조 이하) 등의 규정을 두어 이러한 경우에는 태아가 이미 출생한 것으로 보고 태아의 법률상의 지위를 보호해 주고 있다.

(3) 행위능력

「行爲能力(행위능력)」이란 일정한 행위의 주체가 단독으로 완전히 유효한 法律行爲(법률행위)를 할 수 있는 능력을 말한다. 이러한 행위능력을 가지지 못하는 자, 즉 단독으로는 완전히 유효한 법률행위를 할 수 없는 자를 「無能力者(무능력자)」라고 한다. 민법은 무능력자에 대한 구체적인 규정을 두고 이에 해당하지 않는 자를 능력자로 인정하고 있다.

민법이 규정하고 있는 무능력자에는 미성년자, 한정치산자, 금치산자 등이 있다(민법 제4조 이하). 이러한 무능력자들의 권리는 法定代理人(법정대리인)에 의해 행사될 수 있다.

「未成年者(미성년자)」는 만 20세에 달하지 아니한 자를 말하며, 미성년자의 권리는 법정대리인에 의해 행사된다.

「限定治産者(한정치산자)」는 심신이 박약하거나 자신 또는 그의 가족의 생활을 궁박하게 할 염려가 있는 낭비벽이 심한 자로서 본인, 배우자, 4촌 이내의 친족, 後見人(후견인) 또는 검사의 신청에 의해 가정법원의 선고를 받은 자를 말한다.

「禁治産者(금치산자)」는 항상 정상적인 판단능력에 해당하는 意思能力(의사능력)이 없는 심신상실자로서 본인, 배우자, 4촌 이내의 친족, 후견인 또는 검사의 신청에 의해 가정법원의 선고를 받은 자를 말한다.

미성년자나 한정치산자는 법정대리인의 동의를 얻어 일정한 범위 안에서 유효한 법률행위를 할 수 있으나 금치산자의 경우는 법정대리인에 의한 법률행위만이 유효하다. 그리고 미성년자나 한정치산자가 법정대리인의 동의 없이 한 법률행위도 법정대리인의 사후 승인을 얻으면 유효하게 된다.

그러나 동의나 사후승인을 득하지 못한 미성년자나 한정치산자의 법률행위는 무효가 된다. 이와 같은 경우 그 상대방은 불안한 입장이 되거나 손해를 입는 경우가 많다. 따라서 민법은 무능력자의 상대방 보호를 위해 催告權(최고권)(민법 제15조), 撤回權(철회권)과 拒絶權(거절권)(민법 제16조), 取消權(취소권)의 排除(배제)(민법 제17조) 등의 규정을 두고 있다.

2) 법인

(1) 의의

「法人(법인)」이란 일정한 목적 위하여 결합된 인적 집합체 또는 일정한 목적을 위해 제공된 재산을 중심으로 형성된 결합체로서 일정한 요건을 갖추고 일정한 법적 절차를 거쳐 권리와 의무의 주체가 될 수 있는 자격, 즉 法人格(법인격)을 득한 자연인 이외의 자를 말한다.

(2) 종류

민법은 사단법인과 재단법인만을 인정하고 있으나, 법인의 종류는 여러 가지 기준에 따라 다양하게 구분될 수 있다.

사단법인과 재단법인은 그 실체의 요소를 중심으로 인적 요소가 중시되는 법인을 「社團法人(사단법인)」, 물적 요소가 중시되는 법인을 「財團法人(재단법인)」으로 구분한다.

그리고 법인은 공법인, 사법인 그리고 특수법인으로 나눌 수 있는데, 「公法人(공법인)」은 그 설립이나 관리에 관하여 국가의 공권력이 관여하는 법인을 말하고, 「私法人(사법인)」은 단체의 가입, 회비의 징수 등 그 내부의 법률관계에 공권력의 영향이 미치지 않는 법인을 말한다. 그리고 「特殊法人(특수법인)」이란 국가 또는 공공단체의 공익적 특수목적을 위해 특별법에 의해 설립된 법인을 말한다.

또한 법인의 설립목적이 경제적 이익을 노보하는 것이냐 아니면 친목 도모, 여론 형성 등과 같은 영리목적 이외의 사업을 설립목적으로 하느냐에 따라 전자를 「營利法人(영리법인)」, 후자를 「非營利法人(비영리법인)」이라 한다. 영리법인은 상사회사와 민사회사로 구분되는데, 「商事會社(상사회사)」는 상법이 규정하고 있는 상행위를 영업으로 사단법인을 말하고, 「民事會社(민사회사)」는 상행위 이외의 민법상의 영리행위인 농업, 수산업 등을 영업으로 하는 사단법인을 말한다.

(3) **법인의 능력**

법인의 능력에 대해서는 여러 가지 견해가 대립되고 있으나 일반적으로 자연인에 비해 많은 제한을 받고 있음은 분명하다.

민법 제34조는 법인의 권리능력에 대하여 「법인은 법률의 규정에 좇아 정관으로 정한 목적의 범위 내에서 권리의무의 주체가 된다」고 규정하고 있어 법인은 그 성질과 목적 그리고 법률에 의해 자연인과 달리 권리능력의 범위가 제한되고 있음을 알 수 있다.

그리고 법인의 행위능력은 학설에 따라 커다란 차이가 있으나 법인은 자연인과 같은 일정한 물리적 형체를 가지지 못하므로 결국 그 대표기관에 의해 행위가 이루어지는 것만은 사실이다. 따라서 법인도 행위능력이 있는 것으로 이해하는 것이 옳다고 본다. 또한 법인의 불법행위도 문제가 되는데, 법인은 물리적 실체를 형성하지는 못하지만 그 법인의 존재목적을 달성하기 위한 대표기관에 의한 행위로 인해 상대방이나 제3자에게 손해를 끼치는 경우가 발생할 수 있다. 따라서 법인의 행위능력을 인정하는 한 불법행위능력도 인정하는 것이 옳다고 본다. 통설의 입장도 마찬가지다.

II. 권리의 객체

1. 의의

「권리의 客體(객체)」란 권리의 내용 또는 그 목적 실현을 위한 대상으로서의 물건을 말하며, 권리의 종류에 따라 여러 가지 형태로 존재한다. 즉, 物權(물권)은 특정의 독립한 물건, 債權(채권)은 특정인의 행위, 無體財産權(무체재산권)은 저작 · 발명 등의 정신적 산물, 親族權(친족권)은 친족법상의 지위, 人格權(인격권)은 주체의 인격적 이익 등을 각각 그 객체로 한다. 민법은 이 가운데 물건에 관하여만 통칙규정을 두고 있다(민법 제98조 내지 제102조).

2. 물건

1) 의의

「物件(물건)」이란 유 · 무체의 모든 물건을 말하지만 민법 제98조는 「물건이라 함은 유체물 및 전기 기타 관리할 수 있는 자연력을 말한다」고 규정하고 있다. 그러나 이는 유체물과 무체물이 모두 배타적 지배가능성과 관리가능성을 가질 때 권리의 객체인 물건이 될 수 있는 것으로 이해하여야 한다. 왜냐하면 유 · 무체물 모두 지배 또는 관리할 수 없으면 법률상 사용 · 수익 · 처분할 수 없기 때문이다. 예컨대, 별이나 바다의 경우는 유 · 무체물에 상관없이 관리할 수 있고 배타적 지배가능성이 있으면 권리의 객체인 물건이 될 수 있다.

2) 종류

(1) 실정법상의 분류

① 동산과 부동산

동산과 부동산은 공시방법, 물권변동의 효력, 소유권취득시효의 기간, 先占(선점)의 효력 등을 기준으로 민법 제99조 제2항은 동산에 대하여 「부동산 이외의 물건」이라고 규정하고 있는데, 이는 관리 가능한 무체물과 소재의 이전이 용이한 토지의 부착물로 해석된다. 그리고 부동산에 대하여는 민법 제99조 제1항에서「토지 및 그 정착물」이라고 규정하고 있는데, 토지와 그에 부착된 건축물로서 소재의 이동과 현금화가 용이하지 않은 물건이 이에 해당한다.

② 주물과 종물

주물과 종물은 물건의 경제적 독립성을 기준으로 분류되는데,「主物(주물)」이란 다른 물건을 보조적으로 이용함이 없이 독립적으로 경제적 가치를 가지는 물건을 말하고,「從物(종물)」은 경제적으로 독립적 가치를 가지지 못하고 주물에 부속함으로써만 가치를 가지는 물건을 말한다. 예컨대, 자물쇠와 열쇠 또는 자동차와 그 부속품의 관계가 주물과 종물의 관계에 있다고 할 수 있다.

③ 원물과 과실

일정한 물건으로부터 발생하는 경제적 수익을「果實(과실)」이라 하고 그러한 과실을 산출하는 물건을「元物(원물)」이라 한다. 이때 자연적 원인에 의해 발생한 과실은「천연과실」, 법률관계로부터 발생한 과실은「法定果實(법정과실)」이라 한다.

(2) 강학상의 분류

① 단일물과 합성물 및 집합물

「單一物(단일물)」은 구성부분의 개성이 상실된 외형상 단일한 일체의 물건을 말하고,「합성물」은 내부적 구성부분의 개성을 유지하면서 외형상 하나의 물건으로 존재하는 물건을 말한다. 그리고 복수의 단일물이나 합성물이 합쳐져 경제적으로 단일한 가치를 가지고 거래의 대상이 되는 물건을 「집합물」이라 한다.

예컨대, 하나의 공장은 집합물이라 할 수 있고, 공장을 이루고 있는 여러 가지 시설이나 기계들은 합성물에 해당하며, 하나의 기계를 구성하고 있는 각각의 부품은 단일물이라 할 수 있다.

② 융통물과 불융통물

사법상 거래의 대상이 될 수 있는 물건은 「융통물」이라 하고, 거래의 대상에서 제외된 물건은 「불융통물」이라 한다.

예컨대, 개인 소유의 토지나 건물은 융통물에 해당하지만, 도로나 공원은 불융통물에 해당한다.

③ 가분물과 불가분물

물건의 본질 또는 가치에 대한 커다란 변화 없이 분할이 가능한 것은 「可分物(가분물)」이라 하고, 물건의 본질 또는 가치에 대한 커다란 손상 없이는 분할이 불가능한 것은 「不可分物(불가분물)」이라 한다.

예컨대, 토지나 현금은 가분물에 속하고, 한 마리의 가축이나 1동의 주택은 불가분물에 속한다.

④ 대체물과 부대체물

일반적인 거래에서 다른 것으로 갈음할 수 있고 그 개성이 중시되지 않는 물건을 「代替物(대체물)」이라 하고, 그 개성이 중시되어 다른 것으로는 갈음할 수 없는 물건을 「부대체물」이라 한다.

예컨대, 곡물이나 현금은 대체물에 해당하고, 토지나 골동품은 부대체물에 해당한다.

⑤ 소비물과 비소비물

1회 사용으로 그 용도가 종료되는 물건은 「消費物(소비물)」이라 하고, 같은 용도로 여러 차례 사용할 수 있는 것은 「비소비물」이라 한다.

예컨대, 휘발유나 곡물은 소비물에 해당하지만, 책이나 건축물은 비소비물에 해당한다.

⑥ 특정물과 불특정물

특정거래의 목적물로 확정되어 다른 것으로 대체할 수 없는 물건은 「특정물」이라 하고, 거래관계에서 다른 것으로 대체 가능한 물건은 「불특정물」이라 한다.

예컨대, 거래의 목적물로 지정되어 특정 용기에 포장된 쌀은 특정물에 해당하고, 무작위로 쌓아놓은 창고의 쌀은 불특정물이다.

Ⅲ. 법률행위

1. 의의

권리 · 의무의 발생, 변경, 소멸을 「권리 · 의무의 변동」이라 하고, 그 원인이 되는 요건을 「法律要件(법률요건)」이라 한다. 그리고 법률요건에 의하여 발생하는 권리 · 의무의 변동을 「法律效果(법률효과)」라고 하는데, 이러한 법률효과의 발생을 목적으로 하는 의사표시를 「法律行爲(법률행위)」라 한다.

2. 요건

1) 성립요건

법률행위가 성립되기 위해서는 일반요건으로서 당사자, 목적, 意思表示(의사표시) 등이 있어야 하고, 또한 유언에 있어서 일정한 방식과 같은 개별적 법률행위의 성립에 필요한 특별성립요건을 갖추어야 한다.

2) 효력요건

법률행위가 유효하기 위해서는 ① 법률행위의 당사자가 능력자일 것, ② 법률행위의 목적이 확정적이고 가능 · 적법 · 공정 · 사회적 타당성을 가질 것, ③ 의사표시에 하자가 없고 의사와 표시가 일치할 것 등의 일반요건을 갖추고, 또한 유언에 있어서 유언자의 사망과 같이 개별적 법률행위에 특별히 요구되는 특별요건을 갖추어야 한다.

3. 법률행위의 종류

1) 의사표시의 모습에 따른 분류

(1) 단독행위

「單獨行爲(단독행위)」란 단일의 의사표시에 의해 성립하는 법률행위로서 동의나 채무면제와 같은 상대방 있는 단독행위와 권리의 포기나 유언과 같은 상대방 없는 단독행위로 구분된다.

(2) 계약

「契約(계약)」이란 둘 이상의 대립하는 의사표시의 합치로서 상대방을 구속하려는 법률행위로 채권계약, 물권계약, 준물권계약, 가족법상의 계약 등이 있으며, 좁은 의미의 계약은 채권계약만을 말한다.

(3) 합동행위

「合同行爲(합동행위)」는 동일한 목적을 위한 둘 이상의 의사표시로 성립하는 법률행위로서 사단법인의 설립행위, 사원총회의 결의 등이 이에 해당한다. 합동행위는 동일한 목적을 위한 복수의 의사표시에 의해 성립한다는 점에서 대립하는 복수의 의사표시에 의해 성립하는 계약과 구별된다.

2) 의사표시의 방법에 따른 분류

(1) 요식행위

「要式行爲(요식행위)」란 법률행위의 요소인 의사표시에 일정한 방식을 필요로 하는 행위로서 어음행위, 법인의 설립행위 등이 이에 해당한다.

(2) 불요식행위

「不要式行爲(불요식행위)」란 일정한 방식을 필요로 하지 않는 행위로서 매매계약의 체결행위, 증여행위 등이 이에 해당한다.

3) 법률행위의 목적에 따른 분류

(1) 재산행위

재산관계의 변동을 목적으로 하는 행위를 「재산행위」라 하는데, 이는 그 법률효과에 따라 채권행위, 물권행위, 준물권행위 등으로 구분된다.

(2) 가족법상의 행위

「가족법상의 행위」는 혼인, 입양, 유언 등과 같이 신분관계의 변동을 목적으로 하는 행위를 말한다.

4. 의사표시

1) 의의

「意思表示(의사표시)」란 일정한 法律效果(법률효과)의 발생을 기대하면서 내적 심리상태를 외부로 표현하는 행위를 말하며, 이는 법률행위의 불가결의 요소가 되는 법률사실이다. 계약의 체결을 제시하는 請約(청약)이나 그에 응하겠다는 承諾(승낙)이 그에 해당한다.

2) 하자 있는 의사표시

「瑕疵(하자) 있는 의사표시」란 의사와 표시가 일치하지 않는 경우와 사기·강박에 의한 의사표시를 말하는데, 이는 「흠 있는 의사표시」로서 「비정상적 의사표시」라고도 한다.

(1) 의사와 표시의 불일치

① 진의 아닌 의사표시

의사와 표시가 일치하지 않음을 表意者(표의자)가 알고 있으면서 그것을 알리지 않고 행한 의사표시를 「眞意(진의) 아닌 의사표시」 또는 「非眞意意思表示(비진의의사표시)」라 한다. 이러한 의사표시는 표시된 대로 효과가 발생하는 것이 원칙이지만(민법 제107조 제1항 전문), 상대방이 표의자의 진의 아님을 알았거나 알 수 있었을 경우는 무효이다(민법 제107조 제1항 단서).

② 통정허위표시

상대방과 통모하여 진의와 다르게 표시하는 것을 「통정허위표시」라 한다. 이러한 의사표시는 당사자 사이에서 항상 무효이다(민법 제108조 제1항). 따라서 이행할 필요가 없으며, 이행한 후에는 부당이득반환의 문제가 발생한다. 그러나 허위표시 그 자체가 違法行爲(위법행위)는 아니므로 불법원인급여의 문제는 발생하지 않는다.

③ 착오

내적 심리상태인 의사와 그 표시가 일치하지 않는다는 사실을 표의자가 인식하지 못한 경우의 의사표시를 「錯誤(착오)」라고 한다. 법률행위의 중요부분에 착오가 있는 경우는 그를 取消(취소)할 수 있으나(민법 제109조 제1항), 선의의 제3자에게는 대항하지 못한다(민법 제109조 제2항). 그러나 표의자에게 중대한 과실이 있는 경우는 내용상의 중요부분에 착오가 있더라도 취소할 수 없다(민법 제109조 제1항 단서).

(2) 사기 · 강박에 의한 의사표시

① 사기에 의한 의사표시

「사기에 의한 의사표시」는 표의자가 타인의 欺罔(기망)에 의하여 착오에 빠져서 의사표시를 한 경우를 말한다. 이러한 경우의 의사표시는 취소할 수 있으나(민법 제110조 제1항), 그 취소한 결과로 선의의 제3자에게 대항할 수는 없다(민법 제110조 제3항). 또한 상대방 있는 의사표시에서 제3자가 사기를 행한 때에는 상대방이 그 사실을 알았거나 알 수 있었을 때에만 취소할 수 있다(민법 제110조 제2항).

② 강박에 의한 의사표시

「강박에 의한 의사표시」는 害惡(해악)을 알려 상대방이 두려운 마음을 가지고 그에 의해 마음에 없이 행한 의사표시를 말한다. 이에 대한 효과는 사기에 의한 의사표시의 경우와 같다.

3) 의사표시의 효력발생

의사표시는 일정한 요건을 모두 갖추었을 때에 그 효력을 발생하게 되는데, 그 효력발생시기에 대하여는 여러 가지 입법주의가 있으나 민법은 의사표시가 상대방에게 도달한 때에 그 효력이 발생한다는 도달주의를 원칙으로 채택하고(민법 제111조 제1항), 승낙의 효력발생시기에 대하여는 예외로 발신주의를 인정하고 있다(민법 제53조).

5. 법률행위의 대리

1) 대리제도의 의의

「代理制度(대리제도)」란 타인이 특정인에 갈음하여 법률행위 또는 의사표시의 수령을 함으로써 발생하는 법률효과를 특정인에게 귀속시키는 제도를 말한다. 이때 타인을 「代理人(대리인)」이라 하고, 특정인을 「本人(본인)」이라 한다.

2) 대리의 종류

(1) 임의대리와 법정대리

「任意代理(임의대리)」는 본인의 위촉, 즉 위임에 의한 대리를 말하고, 「法定代理(법정대리)」는 일정한 법률규정이나 그에 따른 절차에 의해 代理權(대리권)이 발생하는 경우를 말한다.

(2) 능동대리와 수동대리

「能動代理(능동대리)」는 본인을 위하여 제3자에게 의사표시를 하는 대리를 말하며 이를 「적극대리」라고도 한다. 「수동대리」는 본인을 위하여 제3자의 의사표시를 수령하는 대리를 말하는데, 이를 「소극대리」라고도 한다.

(3) 유권대리와 무권대리

「有權代理(유권대리)」는 정상적인 대리권을 가진 경우의 대리를 말하고, 「無權代理(무권대리)」는 대리인이라고 자칭하는 자가 정당한 대리권을 가지지 못한 경우를 말한다. 무권대리는 좁은 의미의 무권대리와 表見代理(표현대리)로 나뉜다.

(4) 단독대리와 공동대리

대리인이 본인을 위하여 단독으로 유효한 대리권행사를 할 수 있는 경우는 「單獨代理(단독대리)」 또는 「各自代理(각자대리)」라고 한다. 그러나 「共同代理(공동대리)」는 단독으로는 본인을 위해 유효한 대리권행사를 할 수 없고 다른 대리인과 공동으로만 유효한 대리권을 행사할 수 있는 경우를 말한다.

(5) 복대리

「複代理(복대리)」란 대리인이 자신의 이름으로 선임하여 그의 권한의 범위 안에서만 본인을 위하여 대리권을 행사할 수 있도록 한 대리를 말하며, 이는 모두 임의대리에 해당한다. 복대리인에 의한 법률행위의 효과도 본인에게 귀속된다.

3) 대리권

(1) 의의

「代理權(대리권)」이란 타인이 본인을 위하여 일정한 법률행위를 할 수 있는 지위 또는 자격을 말한다. 이는 권리가 아니라 권한에 해당한다.

(2) **대리권의 범위와 그 제한**

법정대리의 경우는 수권법규에 의하여 대리권의 범위가 결정되고, 임의대리의 경우는 수권행위의 내용에 따라 대리권의 범위가 결정된다. 그러나 대리권의 범위가 명백하지 않는 경우, 대리인은 처분행위는 할 수 없으나 관리행위는 할 수 있다(민법 제118조). 대리인은 대리권의 범위 안에서만 권한을 행사할 수 있으며, 자기계약이나 쌍방대리는 원칙적으로 할 수 없다(민법 제124조). 민법 제124조를 위반한 대리는 절대무효는 아니며 무권대리가 된다. 또한 전술한 바와 같이 공동대리는 단독으로 유효한 대리권의 행사가 불가능하고 다른 대리인과 공동으로만 유효한 대리권행사가 가능하므로 그 범위 안에서 대리권이 제한되는 경우라 할 수 있다.

(3) **대리권의 소멸**

일반적으로 ① 본인의 사망, ② 대리인의 사망, ③ 대리인의 금치산·파산선고에 의해 대리권은 소멸한다. 그리고 임의대리의 경우는 ① 원인된 법률행위가 종료되거나 ② 본인이 수권행위를 철회한 경우에도 대리권이 소멸되고, 법정대리의 경우는 ① 대리인의 사퇴, ② 대리인의 임무종료, ③ 대리인의 일정한 자격상실, ④ 법원의 해임 또는 개임 등의 사유에 의해 대리권이 소멸된다.

대리권이 소멸된 후의 대리행위는 무권대리가 된다. 그러나 상대방이 선의, 무과실인 경우는 「대리권 소멸 후의 표현대리」가 성립되어 그 대리행위는 유효하다(민법 제129조).

6. 법률행위의 무효와 취소

1) 법률행위의 무효

(1) 무효의 의의

法律行爲(법률행위)가 무효화되면 그 법률행위가 성립 당시부터 법적으로 당연히 효력을 가지지 못한다. 법률행위의 무효는 당연히 절대적으로 무효이며, 확정적이고 종국적이며 시간의 경과로 보정되지도 않는다. 이러한 법률행위의 무효는 법률행위의 부존재나 불성립과 구분된다.

(2) 무효행위의 전환

무효인 특정 법률행위가 다른 법률행위로서의 요건을 갖춘 경우 유효한 다른 법률행위로 인정하는 것을 「무효행위의 전환」이라고 한다. 예컨대, 방식이 결여된 어음은 어음으로서의 효력은 가지지 못하지만 차용증서로서의 효력이 인정되는 경우가 이에 해당한다.

(3) 무효행위의 추인

무효인 법률행위는 절대적이고 확정적이기 때문에 그 후 그 행위를 유효하게 하는 의사표시, 즉 추인을 하더라도 효력을 가지지 못하는 것이 원칙이다(민법 제139조 본문). 그러나 당사자가 무효임을 알면서 추인한 때에는 새로운 법률행위를 한 것으로 본다(민법 제139조 단서).

2) 법률행위의 취소

(1) 취소의 의의

「법률행위의 取消(취소)」란 일단 유효하게 성립된 법률행위를 행위자의 무능력, 사기 · 강박 · 착오 등의 이유로 행위시로 소급하여 효력을 소멸시키는 의사표시를 말한다. 이러한 취소는 종국적인 법률효과가 발생하기 이전에 그 효과의 발생을 저지하는 撤回(철회)와 구분되며, 계약관계에서만 특유한 解除(해제)와도 여러 가지 차이점을 가진다.

(2) 취소권

「取消權(취소권)」이란 특정인, 즉 취소권자가 상대방에 대하여 취소의 의사표시를 함으로써 유효한 법률행위를 처음부터 무효화시키는 법률상의 힘을 말한다. 이러한 취소권은 ① 취소권의 행사나 ② 추인으로 소멸되며, ③ 추인할 수 있는 날로부터 3년 이내에 또는 법률행위가 있은 날로부터 10년 이내에 행사하지 아니하면 소멸된다.

(3) 취소할 수 있는 행위의 추인

취소할 수 있는 법률행위는 그 효력이 불확정적이므로 이해관계자는 불안하게 된다. 이 경우의 불확정적 효력의 법률행위를 취소할 수 없도록 확정하는 취소권자의 단독행위를 「追認(추인)」이라 하는데, 이는 취소권을 포기하는 결과가 된다. 또한 민법은 이러한 추인이 없더라도 객관적으로 추인으로 인정할 만한 사실이 있는 경우에도 취소권자의 의사표시와 상관없이 추인이 있는 것으로 인정하는데 이를 「법정추인」이라 한다(민법 제145조).

Ⅳ. 소멸시효

1. 시효의 의의

일정한 사실상태가 일정기간동안 계속되는 경우 권리관계의 진실여부와 관계없이 그대로 인정하여 일정한 법률효과를 발생케 하는 법률요건으로서 취득시효와 소멸시효가 있다.

「取得時效(취득시효)」는 진정한 권리를 가지지 않은 자가 권리자처럼 일정한 기간동안 계속하여 권리를 행사하고 있는 경우 그 자에게 진정한 권리를 취득케 하는 제도를 말한다. 「消滅時效(소멸시효)」는 진정한 권리자가 자신의 권리를 행사할 수 있음에도 불구하고 일정한 기간동안 계속하여 그 권리를 행사하지 않는 경우 그 권리를 소멸시키는 제도를 말한다.

2. 소멸시효의 중단과 정지

시효기간의 진행 중 소멸시효의 진행을 방해하는 사유가 발생하면 그 소멸시효는 중단되고 그 이전에 진행된 시효기간의 효력은 무효가 된다. 또한 시효기간이 완성될 무렵 권리자가 시효중단행위를 하는 것이 불가능하거나 매우 곤란한 경우 그러한 장해가 소멸될 때까지 일정기간에 한하여 시효의 완성을 유예시키는 제도를 「시효의 정지」라 한다.

제3절 물권법

Ⅰ. 물권의 개념

1. 물권의 의의

일정한 물건을 직접 지배하여 일정한 이익을 누리는 것을 내용으로 하는 배타적 권리를 「物權(물권)」이라 하고, 이러한 물권관계를 규율하는 법규범을 「物權法(물권법)」이라 한다.

2. 물권의 특질

(1) 직접적 지배성

물권은 일종의 재산권으로서 그 내용을 실현함에 있어 타인의 행위를 필요로 하지 않는다. 즉, 물권자가 그의 권리의 내용을 실현하기 위해서는 물권의 객체에 관한 권능을 임의대로 실행하면 된다. 이를 물권의 「직접적 지배성」이라 한다. 이 점에서 권리의 내용을 실현하기 위해서 타인의 행위를 필요로 하는 채권과 뚜렷이 구분된다.

(2) 배타적 지배성

물권은 배타적 지배성을 가지기 때문에 그 객체에 대하여 동일한 복수의 권리를 인정하지 않는다. 즉, 하나의 물건에는 하나의 물권만이 인정되고, 동일한 다른 물권은 인정되지 않는다는 특질을 가진다. 이를 「一物一權主義(일물일권주의)」라 한다.

(3) 절대성

물권은 절대적인 효력을 가지는 재산권이므로 특정 상대방이 정해지는 것이 아니고 누구에게나 효력을 가진다. 이러한 점에서 물권은 「對世權(대세권)」이라고도 한다.

Ⅱ. 물권변동

1. 의의

「物權變動(물권변동)」이란 물권의 득실변경, 즉 물권의 발생, 변경, 소멸을 총칭하는 것을 말하며, 이를 물권의 주체적 입장에서 보면 물권의 취득, 변경, 상실로 표현된다.

이러한 물권변동은 입법주의에 따라 다른 모습으로 나타나는데, 의사주의에 의하면 물권변동은 그것을 목적으로 하는 의사표시, 즉 物權行爲(물권행위)만으로 발생하고 그 밖의 登記(등기)나 引渡(인도)를 요하지 않는다. 그러나 형식주의에 의하면 당사자의 의사표시와 등기나 인도라는 공시방법을 갖추었을 때에 물권의 변동이 발생하게 된다.

2. 부동산물권의 변동

민법 제186조는 「부동산에 관한 법률행위로 인한 물권의 득실변경은 등기하여야 그 효력이 생긴다」고 규정하여 부동산의 물권변동에 관하여 형식주의를 취하고 있다. 따라서 법률행위로 인한 부동산의 물권변동은 물권행위와 등기의 요건을 갖추었을 때에 비로소 효력을 가진다. 상속, 공용징수, 판결, 경매 기타 법률의 규정에 의한 부동산에 관한 물권의 취득에는 등기를 요하지 않는다(민법 제187조 본문). 그러나 상속, 공용징수, 판결, 경매 기타 법률의 규정에 의해 취득한 부동산 물권을 처분하기 위해서는 등기하여야 한다(민법 제187조 단서).

3. 동산물권의 변동

민법 제188조 제1항은「동산에 관한 물권의 양도는 그 동산을 인도하여야 효력이 생긴다」고 규정하여 동산의 물권변동에 관하여도 형식주의를 취하고 있다. 따라서 동산의 물권변동은 물권행위와 인도라는 공시방법을 요건으로 법적 효력을 가진다.

Ⅲ. 물권의 종류

1. 물권법정주의

물권은 전술한 바와 같이 절대적인 효력을 가지는 권리이다. 이러한 권리를 누구나 자유롭게 창설할 수 있다면 엄청난 혼란을 가져올 것이 분명하다. 따라서 민법 제185조는「물권은 법률 또는 관습법에 의하는 외에는 임의로 창설할 수 없다」고 규정하고 있다. 이를「物權法定主義(물권법정주의)」또는「物權限定主義(물권한정주의)」라고 한다.

2. 민법상의 물권

민법은 물권의 종류에 대하여 점유권, 소유권 그리고 지상권, 지역권, 전세권 등 3가지의 용익물권과 유치권, 질권, 저당권 등 3가지의 담보물권을 명문으로 규정하고 있다.

1) 점유권

「占有權(점유권)」이란 권리의 객체인 물건에 대한 사실적 지배관계인 점유의 사실을 법률요건으로 하여 인정되는 물권을 말한다(민법 제192조). 이는「점유할 수 있는 권리」또는「점유할 권리」와 같은 점유를 정당하게 하는 「本權(본권)」과는 구별된다.

예컨대, 도둑은 그가 훔친 물건에 대하여 점유권은 가지지만 본권은 가지지 못한다.

2) 소유권

「所有權(소유권)」은 법률이 허용하는 범위 안에서 그 객체인 물건을 자유롭게 사용, 수익, 처분할 수 있는 전면적·포괄적인 지배권이다(민법 제211조).

여기서 「물건을 사용한다」는 것은 물건의 물질적 이용을 말하며, 「수익한다」는 것은 그 물건으로부터 생기는 과실을 수취하는 것을 말하고, 「처분한다」는 것은 그 물건의 교환가치의 지배를 말한다.

3) 용익물권

「用益物權(용익물권)」이란 타인의 물건을 일정한 범위 안에서 사용, 수익할 수 있는 물권을 말한다. 이는 권리의 객체인 물건을 제한된 목적을 위해서만 이용할 수 있다는 점에서 「制限物權(제한물권)」이라고도 한다.

(1) 지상권

「地上權(지상권)」은 타인의 토지 위에 건물 기타의 공작물이나 수목을 소유하기 위해 그 토지를 사용할 수 있는 물권이다(민법 제279조). 이는 用益權(용익권)이란 점에서 채권인 임차권과 유사하나 성실, 색체, 대항력, 양도성, 존속기간, 사용료 등에서 큰 차이점을 가진다.

(2) 지역권

「地役權(지역권)」이란 자기 도지(요역지)의 이용가치를 증가시키기 위하여 타인의 토지(승역지)를 이용할 수 있는 부동산용익물권이다(민법 제291조).

(3) 전세권

「傳貰權(전세권)」은 전세금의 지급을 요건으로 타인의 부동산을 점유하여 그 부동산의 용도에 맞게 사용, 수익할 수 있고, 그 부동산에 대하여 후순위 권리자나 기타의 채권자보다 전세금을 우선변제 받을 수 있는 용익물권이다. 이는 경제적 약자인 세입자를 보호하기 위해 민법이 물권으로 규정하였으나 경제적 강자인 부동산의 소유권자들이 전세권등기의 설정을 기피하여 거의 실익을 거두지 못하고 있다.

4) 담보물권

「擔保物權(담보물권)」이란 자기의 채권을 확보하기 위하여 타인 소유의 물건에 대한 교환가치를 지배하는 권리, 채무자의 채무변제가 없으면 그 목적물로부터 우선변제 받을 수 있는 권리를 말한다.

(1) 유치권

타인의 물건이나 유가증권을 점유하는 자가 그로부터 발생한 채권을 가지는 경우에는 그 채권을 변제 받을 때까지 그 물건이나 유가증권을 유치할 수 있는 법정담보물권을 「留置權(유치권)」이라고 한다(민법 제320조).

예컨대, 타인의 시계를 수리하여 그 시계를 점유하고 있는 자는 수리비를 변제 받을 때까지 그 시계를 유치할 수 있다.

(2) 질권

「質權(질권)」이란 채권자가 그의 채권확보를 위하여 채무자 또는 제

3자(물상보증인)로부터 인수한 물건을 점유하고 채무의 변제 시까지 그 물건을 유치하다가 변제가 없으면 그 물건으로부터 우선변제 받을 수 있는 담보물권을 말한다(민법 제329조, 제345조).

예컨대, 전당포 주인이 채권확보를 위해 채무자로부터 인수한 시계에 대하여 가지는 권리가 이에 해당한다.

(3) 저당권

「抵當權(저당권)」이란 채권자가 자신의 채권확보를 위해 채무자나 제3자로부터 부동산 그 밖의 물건에 대한 점유는 이전받지 않고 권리를 설정해 둠으로써 채무의 변제가 없을 시 그 목적물로부터 다른 채권자나 후순위채권자보다 우선변제 받을 수 있는 담보물권을 말한다(민법 제356조). 이는 채무자나 제3자로부터 목적물의 점유를 이전받지 아니한다는 점에서 질권과 다르다.

제4절 채권법

Ⅰ. 채권의 개념

1. 채권의 의의

「債權(채권)」이란 특정인(채권자)이 상대방(채무자)에게 일정한 행위(급부)를 청구할 수 있는 재산권이다. 이는 특정 상대방에 대해서만 효력을 가지는 권리란 점에서 「대인적 권리」라고도 한다.

이러한 채권자와 채무자의 관계를 규율하는 법규범을 「債權法(채권법)」이라 한다.

2. 채권과 물권

1) 공통점

채권과 물권은 財産權(재산권)이라는 점에서 그 성질을 같이 한다. 따라서 身分權(신분권)과 구별된다.

2) 차이점

(1) 내용

물권은 물건에 대한 지배를 그 내용으로 하는 반면, 채권은 채무자의 일정한 행위를 요구하는 권리이다.

(2) 성질

물권은 누구에게나 행사할 수 있는 절대적, 대세적, 배타적 권리인데 비해 채권은 특정 상대방에게만 행사할 수 있는 상대적, 대인적 권리이다.

(3) 양도성

물권은 절대적 효력을 가지기 때문에 그 성질상 당연히 양도성을 가지는 반면에, 채권은 당사자 사이에서 유효한 상대적 권리이기 때문에 대인관계의 변화를 가져오는 양도는 그 범위 안에서 일정한 제한을 받게 된다.

3. 채권의 발생사유

1) 계약

(1) 의의

「넓은 의미의 계약」은 물권계약, 채권계약, 신분법상의 계약 등을 포함하지만 여기서 말하는 계약이란 「좁은 의미의 계약」으로서 채권발생을 목적으로 대립하는 두 개 이상의 의사표시의 합치로써 상대방을 구속하려는 법률행위로서 債權契約(채권계약)을 말한다.

(2) 종류

민법은 증여, 매매, 교환, 소비대차, 사용대차, 임대차, 고용, 도급, 현상광고, 위임, 임치, 조합, 종신정기금, 화해 등 14가지의 계약에 관하여 규정하고 있다. 이는 일상생활에서 가장 많이 사용되는 계약의 종류로서 法典(법전)에 규정된 계약이란 뜻으로 「典型契約(전형계약)」 또는 「有名契約(유명계약)」이라고 한다. 그리고 전속계약과 같이 법전에 규정되지 아니한 계약을 「비전형계약」 또는 「무명계약」이라고 한다. 두 개 이상의 전형계약이나 비전형계약 또는 전형계약과 비전형계약이 합쳐진 계약을 「혼합계약」이라 한다. 예컨대, 가정교사로서의 임금을 받지 아니하고 대신 자취방을 임차하는 경우가 이에 해당한다.

2) 사무관리

(1) 의의

「事務管理(사무관리)」란 법률상의 의무 없이 타인을 위하여 사무를 처리하는 행위를 말한다(민법 제734조 제1항).

(2) 성립요건

사무관리가 유효하게 성립하기 위해서는 ① 타인의 사무를 관리할 것, ② 타인을 위한다는 의사가 존재할 것, ③ 법률상 의무가 없을 것,

④ 본인에게 불리하거나 본인의 의사에 반함이 명백하지 않을 것 등의 요건을 갖추어야 한다.

(3) 효과

① 위법성의 조각

사무관리가 성립되면 그 관리행위는 적법한 것이 되어 위법성이 조각된다. 따라서 사무관리의 결과가 본인에게 손해를 주더라도 불법행위가 성립되지 않는다.

② 관리자의 의무

관리자는 그 사무의 성질에 따라 본인의 이익에 가장 적합한 방법으로 관리할 의무, 본인에 대한 사무개시의 통지의무, 관리계속의 의무 등을 부담한다.

③ 본인의 의무

본인은 관리자가 사무관리를 위해 지출한 필요비 및 유익비의 상환의무 등을 부담한다.

3) 부당이득

(1) 의의

법률상의 원인 없이 부당하게 타인의 재산 또는 노무로 인하여 재산적 이득을 얻고, 이로 말미암아 타인에게 손해를 준 자에 대하여 그 이득의 반환을 명하는 제도(민법 제741조)를 「不當利得(부당이득)」이라 한다.

(2) 성립요건

부당이득이 성립하기 위해서는 ① 타인의 재산 또는 노무에 의하여 이익을 얻었을 것, ② 일방의 이득으로 인하여 타방이 손해를 입었을 것, ③ 일방의 이득과 타방의 손해 사이에 상당한 인과관계가 존재할 것, ④ 법률상의 원인이 없을 것 등의 요건을 갖추어야 한다.

(3) 효과

위의 요건에 따라 부당이득이 성립되면 수익자는 부당이득을 반환할 의무를 부담하며, 수익자가 선의인 경우는 현존하는 이익의 범위 안에서 반환하면 되고(민법 제748조 제1항), 악의인 경우에는 수익자가 얻은 이익에 이자를 붙여 반환하고 손해가 발생한 경우는 손해배상책임도 부담한다(민법 제748조 제2항).

4) 불법행위

(1) 의의

행위자의 고의 또는 과실로 인한 위법행위로 타인에게 손해를 가하는 행위를 「不法行爲(불법행위)」라 하며, 이때 손해를 입은 자는 그 행위자에게 그 손해의 배상을 청구할 수 있다(민법 제750조). 이는 위법한 행위라는 점에서 다른 채권발생원인과 구별된다.

(2) 성립요건

일반적으로 불법행위가 성립하기 위해서는 ① 행위자가 책임능력을 가질 것, ② 행위자의 고의 또는 과실이 존재할 것, ③ 위법한 행위일 것, ④ 손해가 발생할 것, ⑤ 위법행위와 손해발생 사이에 인과관계가 존재할 것 등의 요건을 갖추어야 한다.

(3) 효과

불법행위가 성립되면 피해자는 가해자에게 손해배상청구권을 행사할 수 있다. 손해배상은 재산적 손해와 정신적 손해를 포함하며, 금전배상을 원칙으로 하고 있다(민법 제763조, 제394조).

Ⅱ. 채권의 목적

1. 의의

「채권의 목적」이란 채권자가 채무자에게 청구할 수 있는 일정한 행위, 즉 給付(급부)를 말한다. 이러한 채권의 목적은 급부의 목적과 구분되는데, 급부의 목적은 급부되어야 할 대상으로서 채권의 목적물 또는 객체를 말한다.

예컨대, 채무자가 채권자에게 일정한 금전을 지급하는 행위는 채권의 목적인 급부에 해당하지만 금전 그 자체는 채권의 목적물, 즉 급부의 목적이 된다.

2. 요건

채권의 목적이 되기 위해서는 채권의 목적이 ① 확정할 수 있을 것, ② 실현 가능할 것, ③ 적법할 것, ④ 사회적으로 타당할 것 등의 요건을 갖추어야 한다.

3. 분류

1) 특정물채권

「特定物債權(특정물채권)」이란 일정한 거래에서 당사자가 지정한 물건의 점유에 대한 이전을 목적으로 하는 채권을 말한다. 이는 증여, 매매, 교환, 사용대차, 임대차, 임치 등에 의해 발생하는 경우가 많고, 종류채권이나 선택채권에 의해서도 목적물이 특정되면 그때부터 특정물채권으로 된다.

2) 종류채권

「種類債權(종류채권)」이란 일정한 종류의 물건 중에서 어느 물건을 인도할 것인지가 특정되어 있지 않은 채권을 말한다. 이는 당사자가 채권의 목적으로서 인도되는 물건 자체의 개성을 중요시하지 않고 일정한 종류에 속하는 물건의 일정량이면 어느 부분이라도 좋다고 하는 데 그 특색이 있으며, 소비대차, 소비임치, 혼합임치 등에 의해서도 발생하지만 상품거래에 있어서 가장 많이 발생한다.

3) 금전채권

「金錢債權(금전채권)」이란 일반적으로 일정액의 금전을 지급할 것을 목적으로 하는 채권을 말한다. 이에는 금액채권, 금종채권, 특정금전채권, 외화채권 등이 있으며, 이 중 금액채권을 일반적으로 금전채권이라 한다.

4) 이자채권

「利子債權(이자채권)」이란 이자의 지급을 목적으로 하는 채권을 말한다. 민법상 「이자」란 「금전 그 밖의 대체물(원본)」의 사용에 대한 대가로서 원본액과 그 사용기간에 비례하여 지급되는 금전 그 밖의 대체물을 말하며 법정과실의 일종이다.

이는 消費貸借(소비대차)나 消費任置(소비임치)에 의해서도 발생하지만 법률상 당연히 발생하는 수도 있다.

5) 선택채권

「選擇債權(선택채권)」이란 채권의 목적이 선택적으로 정해지는 채권, 즉 선택될 때까지는 선택의 대상으로 되어 있는 여러 개의 급부가 채권의 목적으로 되나, 선택에 의하여 그 중에서 어느 하나만이 채권의 목적으로 확정되는 채권을 말한다. 선택채권이 이행되기 위해서는 여러 개의 급부 중에서 하나의 급부로 특정하여 단순채권으로 변경하여야 하는데, 이를 「특정」 또는 「집중」이라고 한다.

이는 증여, 임차 등의 계약에 의해서 발생하는 경우와 무권대리인의 책임(민법 제135조 제1항) 또는 점유자의 유익비상환청구(민법 제203조 제2항) 등의 법률규정에 의해서도 발생한다.

6) 임의채권

「任意債權(임의채권)」이란 채권의 목적은 하나로 특정되어 있으나 채권자나 채무자가 본래의 급부에 갈음하여 다른 급부를 할 수 있는 권리(대용권, 보충권)를 가지는 채권을 말한다.

이는 법률행위에 의해 발생하지만 외화채권(민법 제378조), 주채무자의 면책청구(민법 제443조), 명예훼손의 경우의 특칙(민법 제764조) 등의 법률규정에 의해서도 발생한다.

Ⅲ. 채권의 효력

1. 대내적 효력

1) **채무불이행에 대한 강제적 이행력**

채무자가 임의로 채무를 이행하지 않는 경우, 즉 채무불이행의 경우 채권자는 법원을 통해 채무자의 채무이행을 강제적으로 실현할 수 있다. 이를 위해 채권자는 급부청구권, 이행수령권, 판결청구권, 강제이행청구권, 손해배상청구권 등을 가진다.

2) **채권자지체**

채무이행에 채권자의 협력을 요하는 경우 채무자의 채무이행은 있었으나 채권자의 협력이 없어 채무불이행이 발생하는 경우를 「채권자지체」 또는 「수령지체」라고 하는데, 이러한 경우 채무자는 그 채무불이행에 대한 책임을 지지 않는다.

2. 대외적 효력

1) **채무자의 일반재산 확보**

채권자의 채권을 실현하기 위해서는 담보로서 채무자의 일반재산에 대한 확보가 필요하다. 이를 위해 민법은 채권자에게 債權者代位權(채권자대위권)과 債權者取消權(채권자취소권)을 인정하고 있는데, 이러한 권리는 제3자에 대하여도 영향을 미친다.

2) **제3자의 채권침해에 대한 효력**

채권이 제3자에 의해 침해되는 경우는 방해배제청구권이 인정되며, 그로 인해 손해가 발생한 경우는 손해배상청구권도 인정된다.

Ⅳ. 다수당사자의 채권관계

1. 의의

「다수당사자의 채권관계」란 하나의 급부에 관하여 복수의 채권자 또는 채무자가 존재하는 채권관계를 말하며, 이를 「다수주체의 채권관계」 또는 「복수주체의 채권관계」라고도 한다.

2. 분할채권관계

하나의 채권관계에 당사자가 복수이고 채권의 목적이 분할가능한 급부인 경우 다수의 채권자 또는 채무자들은 각자 균등한 비율로 분할된 독립의 채권 또는 채무를 가지게 되는데, 이를 「分割債權關係(분할채권관계)」라고 한다. 이 경우 채권자 또는 채무자 개인에 대한 이행지체, 이행불능, 경개, 면제, 혼동, 시효 등의 사유는 다른 채권자나 채무자에게 영향을 미치지 않는다. 따라서 각 채권자는 자신의 권리만을 행사하고 각 채무자는 자신의 채무만을 이행하면 된다.

3. 불가분채권관계

채권의 목적이 성질상 분할할 수 없고 당사자는 복수인 경우를 「不可分債權關係(불가분채권관계)」라 한다. 이 경우 각 채권자는 모든 채권자를 위하여 자기에게 전부의 급부를 이행토록 청구할 수 있고, 채무자도 임의로 특정 채권자에게 전부의 급부를 이행할 수 있다(민법 제409조).

4. 연대채무

「連帶債務(연대채무)」란 수인의 채무자가 동일한 내용의 급부에 대하여 독립적으로 변제할 의무를 부담하고, 채무자 한 사람이 채무를 이행하면 다른 채무자들의 채무도 모두 소멸하는 다수당사자의 채무관계이다. 그리고 이러한 연대채무자들 사이에 공동목적에 의한 주관적 연결이 없으면 이를 「부진정연대채무」라고 한다. 이 경우 채무자 일인이 채무를 변제하면 나머지 채무는 모두 소멸한다. 그러나 각 채무자들 사이에는 주관적 연결이 없으므로 부담부분이 없고 구상관계도 발생하지 않는다.

5. 보증채무

「保證債務(보증채무)」란 주채무와 동일한 내용을 가지는 종된 채무로서 주채무자가 그의 채무를 이행하지 않았을 때에 그 이행책임을 부담하는 채무를 말한다(민법 제428조).

보증채무관계에서 채권자는 주채무자의 채무불이행에 대하여 보증인에게 채무의 이행을 청구할 수 있다. 이때 보증인은 채권자에 대하여 보증채무의 부종성 및 보충성에 기인한 최고 및 검색의 항변권 등을 행사할 수 있다. 그러나 보증인이 자기의 출재로 주채무를 소멸케 한 경우는 주채무자에 대하여 求償權(구상권)을 행사할 수 있다.

Ⅴ. 채권양도와 채무인수

1. 채권양도

「채권의 양도」란 채권의 동일성을 유지하면서 종래의 채권자로부터 제3자에게 이전시키는 계약을 말하는데, 이때 채권을 넘겨받는 제3자를 양수인이라 한다. 채권양도는 매매, 증여 등의 목적으로 이루어지는 것이 보통이지만 다른 채권의 담보나(양도담보) 채권추심의 목적(추심을 위한 채권양도)으로도 이용된다.

2. 채무인수

「債務引受(채무인수)」란 채무의 동일성을 유지하면서 종래의 채무자로부터 제3자에게 이전시키는 계약을 말한다. 이때 채무를 이전받는 제3자를 引受人(인수인)이라 한다.

이는 계약에 의해 발생하는 것이 보통이지만 상속, 포괄유증, 회사의 합병 등에 의한 포괄적 승계의 경우와 같은 법률규정에 의해 발생하는 경우도 있다.

Ⅵ. 채권의 소멸

1. 의의

「채권의 소멸」이란 채권이 절대적 객관적으로 존재하지 않게 되는 현상을 말한다. 따라서 이는 전술한 채권양도와 같이 채권의 주체만 변동하는 것과는 구별된다.

2. 채권소멸의 원인

1) 변제

「辨濟(변제)」란 채무의 내용인 급부를 실현함으로써 채권을 소멸시키는 채권자 등의 일정한 準法律行爲(준법률행위)를 말하는데, 「履行(이행)」이라고도 한다.

2) 대물변제

「代物辨濟(대물변제)」란 본래의 급부에 갈음하여 다른 급부를 현실적으로 이행함으로써 채권을 소멸시키는 채권자와 변제자 간의 계약을 말한다. 이는 후술하는 경개와 유사하지만 경개는 본래의 급부에 갈음하는 다른 급부를 할 새로운 채무를 부담하는 데 그치지만 대물변제는 본래의 급부에 갈음하는 급부를 현실적으로 행하여 채권을 소멸시킨다는 점에서 구별된다.

3) 공탁

「供託(공탁)」이란 법령의 규정에 의하여 금전 유가증권 기타의 물건을 공탁소에 임치하는 것으로, 공탁법이 정하는 공탁기관과의 임치계약을 말한다. 공탁제도는 일반적으로 변제나 담보 또는 보관을 위하여 이용되지만, 여기서 공탁이란 변제대용으로서의 공탁을 말하며 이로써 채무는 소멸한다.

4) 상계

「相計(상계)」란 채무자가 채권자에 대하여 동종의 채권을 가지는 경우 그 채권과 채무를 대등액에서 소멸케 하는 일방적 의사표시인 단독행위를 말하며, 상계에 의해 수동채권과 자동채권은 대등액에서 소멸한다. 그러나 채권자와 채무자 사이에 상계금지의 합의가 있거나 법률규정(민법 제496조 내지 제498조)에 의해 상계가 금지된 경우는 상계가 불가능하다.

5) 경개

「更改(경개)」란 채무의 중요부분을 변경함으로써 새로운 채무를 성립시키는 동시에 구채무를 소멸시키는 계약을 말한다(민법 제500조). 예컨대, 채무자나 채권자가 변경된 경우가 이에 해당한다.

6) 면제

「免除(면제)」란 무상으로 채무를 소멸시키는 채권자의 일방적 의사표시인 단독행위를 말한다(민법 제506조). 이는 채권자의 권리포기이자 채권의 처분행위이기도 하다. 그러나 계약에 의해 채무를 면제해 주는 경우는 「면제계약」이라고 한다.

면제로 인해 채권은 소멸되며, 그 채권에 수반하는 담보 등 종된 권리도 소멸한다.

7) 혼동

「混同(혼동)」이란 채권과 채무가 동일인에게 귀속하는 사건을 말한다. 예컨대, 채무자가 채권자로부터 채권을 상속받거나 채무자가 채권자로부터 그 채권을 양수한 경우가 이에 해당한다.

혼동에 의해 채권은 소멸하는 것이 원칙이지만, 그 채권이 제3자의 채권의 목적으로 되어 있는 경우는 채권이 소멸하지 않는다. 또한 독립한 유가물로서 유통성을 본질로 하는 증권적 채권(지시채권, 무기명채권 등)은 혼동으로 소멸하지 않는다.

제5절 가족법

Ⅰ. 친족법

1. 친족관계

1) 친족의 의의

혼인과 혈연을 기초로 한 사람과 사람의 관계를 「친족관계」라 하고, 이러한 친족관계를 이루는 구성원인 사람을 서로 「親族(친족)」이라 한다. 민법상의 친족은 배우자, 혈족 및 인척을 말한다(민법 제767조). 이러한 친족관계를 규율하는 법규범을 「親族法(친족법)」이라 한다.

2) 친족의 범위

민법 또는 다른 법률에 특별한 규정이 없는 한 친족의 범위는 8촌 내의 혈족과 4촌 내의 인척 그리고 배우자이다(민법 제777조). 따라서 친족관계로 인한 법률상의 효력은 이 범위 내에 미치게 된다.

2. 가족관계등록제도

1) 의의

가족관계증명제도는 2007. 4. 27. 호주제도가 폐지됨에 따라 「가족관계등록등에관한법률」을 제정하여 2008. 1. 1.부터 시행하고 있으며, 이는 2005년 헌법재판소의 헌법불합치 결정 및 민법 개정으로 호주제가 폐지된 지 2년여 만에 가(家) 중심의 호주제를 대체할 새로운 제도가 확정되어 개인의 존엄과 양성평등의 헌법이념을 구체화할 수 있게 되었다.

이 제도에서 획기적으로 달라지는 가족제도로는 부성주의 원칙의 수정, 성(姓)변경, 친양자 제도 등을 들 수 있다.

2) 본적의 폐지와 등록기준지의 도입

가(家)의 근거지로 호적의 편제기준인 본적 개념을 폐지하고 각종 신고를 처리할 관할을 정하는 기준으로서 "등록기준지"의 개념을 도입하였다. 가족이 동일한 등록기준지를 가져야 하는 것은 아니고 개인이 자유롭게 등록기준지를 변경할 수 있어 과거의 본적지제도에 비해 편리하게 되었다. 그리고 등록기준지는 국내 주소가 없는 사람들을 위한 재판기준지의 결정 등을 위한 기능도 한다.

가족관계등록부 중 가족관계증명서에 나타나는 가족은 본인을 기준으로 부모, 배우자 및 자녀이다. 따라서 본인의 할아버지나 형제 및 손자는 나타나지 않는다. 한편, 과거의 호적에서 가족들의 모든 신분

가족관계증명서의 종류 및 기재사항

<table>
<tr><th rowspan="2">증명서 종류</th><th colspan="2">기재사항</th></tr>
<tr><th>공통사항</th><th>개별사항</th></tr>
<tr><td>가족관계증명서
(구 호적등본)</td><td rowspan="5">본인의 등록기준지, 성명, 성별, 본, 출생연월일 및 주민등록번호</td><td>부모, 배우자, 자녀의 인적사항
(3대에 한함)</td></tr>
<tr><td>기본증명서
(구 호적초본)</td><td>본인의 출생, 사망, 개명 등의 인적사항(혼인, 입양 여부 별도)</td></tr>
<tr><td>혼인관계증명서
(신설)</td><td>배우자의 인직사항 및 혼인</td></tr>
<tr><td>입양관계증명서
(신설)</td><td>양부모 또는 양자 인적사항 및 입양, 파양에 관한 사항</td></tr>
<tr><td>친양자입양관계증명서
(신설)</td><td>친생부모, 양부모 또는 친양자 인적사항 및 입양, 파양에 관한 사항</td></tr>
</table>

사항을 기재한 것과 달리 가족관계증명서는 가족의 이름, 출생연월일 등 개인을 특정하는 데 필요한 사항만 기재하고 있어 개인의 정보가 보호될 수 있다.

3) 부성주의 원칙의 수정과 성(姓)변경제도

과거의 호주제에서 적용해 왔던 부성주의(父姓主義) 원칙을 수정하여 모(母)의 성과 본을 따를 수 있게 하여 자녀의 성과 본은 아버지를 따르는 것을 원칙으로 하되, 혼인당사자가 혼인신고시 자녀의 성과 본을 모의 성과 본으로 따르기로 하는 협의를 한 경우 그 자녀는 모의 성과 본을 따를 수 있다(민법 제781조 제1항 단서).

또한 자녀의 복리를 위하여 부 또는 모의 청구로 법원의 허가를 받아 자녀의 성과 본을 변경할 수 있다(민법 제781조 제6항). 이는 이혼을 하였거나 남편과 사별한 여자가 자녀와 함께 재혼을 하는 경우 자녀와 재혼한 남편과의 성이 달라 발생하는 여러 가지 사회적 문제를 해결하기 위해 마련한 제도이다.

4) 친양자제도

친양자제도는 만 15세 미만자에 대하여 가정법원의 친양자재판을 받아 친생자관계를 인정받는 제도로서 친양자는 혼인중의 출생자로 보아 친생부모와 친족관계가 모두 소멸하는 법률효과가 인정되기 때문에 일반적인 입양제도와 달리 성과 본의 변경이 가능하고 재판상 파양만 인정된다(민법 제908조의 2부터 제908조의 8까지).

친양자입양과 일반입양의 차이점

	일반입양	친양자입양
성립요건	협의	재판
자녀의 성과 본	친생부의 성과 본 유지	양부의 성과 본으로 변경
친생부모와의 관계	유지	단절
법적 효력	입양시부터 혼인중의 자로 간주되지만 친생부모와의 관계에서도 친권을 제외하고는 변함 없음	재판확정시부터 혼인중의 자로 간주되며 동시에 친생부모와의 법적인 관계가 모두 소멸

5) 가족의 범위

새로운 가족제도에서는 가족의 범위를 배우자, 직계혈족 및 형제자매, 직계혈족의 배우자, 배우자의 직계혈족 및 배우자의 형제자매를 원칙으로 하고, 직계혈족의 배우자, 배우자의 직계혈족 및 배우자의 형제자매 등은 생계를 같이하는 경우에만 인정하고 있다(민법 제779조).

3. 혼인제도

1) 의의

「婚姻制度(혼인제도)」는 시대적, 사회적 상황에 따라 변해 왔으며, 오늘날 일반적으로 혼인이라 함은 평생의 공동생활을 목적으로 하는 계속적인 일남일녀의 결합관계를 말한다. 따라서 일시적인 일남일녀의 결합은 혼인이라 할 수 없다.

장래의 혼인을 성사시키기 위한 당사자간의 합의를 「約婚(약혼)」 또는 「혼인예약」이라고 하는데, 남자는 만 18세, 여자는 만 16세에 달하면 부모나 후견인의 동의를 얻어 약혼할 수 있다(민법 제801조).

2) 혼인의 성립

민법상 혼인이 성립하기 위해서는 실질적 요건으로서 ① 당사자간에 혼인에 관한 합의가 있을 것, ② 당사자가 혼인적령에 달하였을 것, ③ 미성년자나 금치산자의 경우 부모 등의 동의가 있을 것, ④ 동성혼이 아닐 것, ⑤ 중혼이 아닐 것, ⑥ 재혼금지기간이 지났을 것 등을 갖추고, 형식적 요건으로서 호적법이 정하는 바에 따라 혼인신고를 마쳐야 한다.

실질적 요건은 갖추었으나 형식적 요건인 혼인신고를 하지 않은 경우는 법률상 혼인으로 인정받지 못하는 부부관계를 「事實婚(사실혼)」이라 한다.

3) 혼인의 해소

배우자의 사망이나 失踪宣告(실종선고), 離婚(이혼) 등의 사유가 발생하면 유효하게 성립된 혼인관계가 해소된다.

4. 이혼

「離婚(이혼)」이란 법률상 유효한 혼인을 부부생존 중에 당사자의 협의나 법원의 판결로 해소하는 행위를 말한다.

1) 협의상 이혼

부부는 협의하여 이혼할 수 있다(민법 제834조). 그 원인은 무엇이든 관계없다. 다만 협의이혼이 유효하게 성립하기 위해서는 이혼 당사자간에 이혼의사의 합치가 있어야 하며(민법 제834조), 이혼신고시를 작성하여 성년자인 증인 2인의 연서와 본적지 또는 주거지의 관할 가정법원에서 이혼의사의 확인을 받아 그 확인 받은 날로부터 3월 내에 호적법에 따라 이혼신고를 하여야 한다(민법 제836조). 금치산자의 경우에는 후견인의 동의가 있어야 한다(민법 제835조).

2) 재판상 이혼

「재판상 이혼」이란 이혼의 사유가 있음에도 불구하고 협의이혼이 되지 않을 때에 법률에 정하여진 이혼 원인에 의하여 부부의 일방이 가정법원에 이혼의 심판을 청구하여 성립된 이혼을 말한다(민법 제840조). 법률에서 정하고 있는 재판상 이혼사유(민법 제840조)는 ① 배우자의 부정행위, ② 배우자의 악의의 유기, ③ 배우자 또는 직계존속에 의한 심히 부당한 대우, ④ 자기의 직계존속이 배우자에게 심히 부당한 대우를 받았을 때, ⑤ 배우자가 생사가 3년 이상 분명하지 아니한 때, ⑥ 기타 혼인을 계속하기 어려운 중대한 사유가 있을 때 등이다. 혼인을 계속하기 어려우나 혼인관계가 심각하게 파탄되어 다시는 혼인에 적합한 생활공동관계를 회복할 수 없을 정도에 이른 객관적 사실이 있고, 이러한 경우에 혼인생활의 계속을 강요하는 것은 일방 배우자에게 참을 수 없는 고통이 될 경우 인정될 것이다.

현행법이 調停前置主義(조정전치주의) 취하고 있기 때문에 재판상 이혼은 먼저 가정법원에 조정을 신청하여야 한다. 조정이 성립되지 않을 때 비로소 당사자는 가정법원에 이혼소송을 제기할 수 있다. 당사자는 가정법원에서 판결이 확정된 후 1개월 이내에 판결의 등본 및 확정증명서를 첨부하여 이혼신고를 하여야 한다.

3) 이혼의 효과

이혼을 하게 되면 혼인으로 인해 생겼던 모든 효과는 장래에 향하여 소멸하며, 처는 본인의 의사에 따라 친가에 복적하거나 일가를 창립하여 단독호주가 될 수 있으며, 혼인으로 생긴 인척관계는 소멸한다.

자녀에 대해서는 부모가 이혼을 하더라도 그 신분에는 아무런 영향이 없다. 다만 부모의 협의로 친권을 행사할 자를 정하고 협의를 할 수 없거나 협의가 이루어지지 않는 경우에는 당사자의 청구의 가정법원이 결정하게 된다(민법 제909조). 또 이혼 후 자녀의 양육책임은 부모의 협의에 의해 정하며, 협의가 되지 않거나 협의할 수 없는 경우에는 가정법원이 당사자의 청구에 의해 그 자의 연령, 부모의 재산 상대 기타 여러 사정을 참작하여 양육에 필요한 사항을 정한다(민법 제837조). 부모 중 일방이 양육을 하는 경우 양육하는 일방은 상대방에 대하여 현재 및 장래에 있어서의 양육비 중 적정 금액의 분담을 청구할 수 있다. 또 자녀를 직접 양육하지 아니한 부모 중 일방은 면접교섭권을 가진다(민법 제837조의 2). 「面接交涉權(면접교섭권)」이란 이혼 후 미성년자인 자에 대한 친권자나 양육권자가 아닌 자가 그 자녀와 면접 · 교통 · 방문 · 숙박 등을 할 수 있는 권리를 말한다. 이는 자의 최선의 복리증진을 위한 것으로 현실적으로는 자녀를 양육할 권리가 없다고 하더라도 자녀와 면접하여 애정을 보여 줄 기회를 주는 제도이다. 면접교섭권은 조부모에게도 인정할 수 있으며, 자녀의 복리를 위하여 필요한 때에는 당사자의 청구에 의하여 가정법원은 면접교섭권을 제한하거나 배제할 수 있다.

이혼에 책임이 있는 배우자는 상대방에게 위자료를 청구할 수 있으며, 또 과실유무를 막론하고 배우자 일방은 상대방에게 혼인 중 취득한 재산에 대하여 재산형성에 기여한 몫에 따라 재산을 분할하여 줄 것을 요구할 수 있다. 재산분할은 당사자의 협의에 의하나 협의가 되지 않거나 협의할 수 없을 때에는 가정법원이 당사자의 청구에 의하여 당사자 쌍방의 협력으로 이룩한 재산의 액수 기타 사정을 참작하여 분할의 액수와 방법을 정한다. 財産分割請求權(재산분할청구권)은 이혼 후 2년이 경과하면 소멸한다.

5. 친자관계

1) 의의

「親子關係(친자관계)」란 혼인을 기점으로 하여 전개되는 부모와 자의 관계로서 친족관계의 원초적인 것이다. 이에는 자연적 혈연에 의한 친생자관계와 혈연에 관계없이 인정되는 양친자관계가 있다.

2) 친생자

「親生子(친생자)」란 적법하게 혼인한 남녀 사이에서 출생한 자녀인 적출자녀, 즉 혼인중의 자와 법률상 부부가 아닌 남녀 사이에서 출생한 비적출자, 즉 혼인외의 자로서 부의 인지에 의해 부가에 입적된 자를 말한다. 그리고 비적출자녀도 후에 부모가 법률혼관계를 형성하면 그때부터 적출자녀의 신분을 가지게 되는데, 이를 「準正(준정)」이라고 한다.

3) 양자

「養子(양자)」란 입양에 의하여 혼인중의 출생자로서의 신분을 얻은 자를 말한다. 양자관계의 기초가 되는 입양이 유효하게 성립하기 위해서는 실질적 요건으로서 ① 당사자 사이에 입양의 합의가 존재할 것, ② 양친은 성년자일 것, ③ 양자가 될 자가 15세 미만인 때에는 법정 대리인의 입양승낙이 있을 것, ④ 양자가 될 자(성년자와 미성년자 포함)의 부모의 동의를 득하였을 것, ⑤ 후견인이 피후견인을 양자로 입양하는 경우는 가정법원의 허가를 득하였을 것, ⑥ 배우자 있는 자가 양자를 할 때에는 배우자와 공동으로 할 것 등을 갖추고, 형식적 요건인 입양신고를 하여야 한다.

이와 같이 적법절차에 의해 유효하게 성립된 양자관계는 파양에 의해 장래에 향하여 소멸한다.

Ⅱ. 상속법

1. 상속제도

1) 상속의 의의

「相續(상속)」이란 피상속인의 사망으로 일정한 친족관계에 있는 상속인이 피상속인의 재산을 포괄적으로 승계받는 것을 말한다.

2) 상속개시의 원인

상속은 호주승계의 경우와 달리 피상속인의 사망에 의해서만 개시된다(민법 제997조).

3) 상속순위

민법 제1000조에 의하면 상속은 ① 피상속인의 직계비속, ② 피상속인의 직계존속, ③ 피상속인의 형제자매, ④ 4촌 이내의 방계혈족 등의 순으로 상속인이 되고, 동순위의 상속인이 수인인 경우는 최근친을 선순위로 하고 동친 등의 상속인이 수인인 경우는 공동상속인이 된다. 그리고 태아는 상속순위에 있어서는 이미 출생한 것으로 본다.

배우자의 경우는 위의 제1순위 상속인과 제2순위 상속인이 있으면 그 상속인과 공동상속하고, 그 상속인이 없으면 단독상속 한다.

4) 법정상속분

민법 제1009조는 「법정상속분에 대하여 동순위의 상속인이 수인인 경우는 均分(균분)으로 하고, 피상속인의 배우자는 직계비속이나 직계존속의 상속분의 5할을 加算(가산)한다」고 규정하고 있다.

2. 유언

「遺言(유언)」이란 유언자의 사망 후 일정한 결과의 발생을 기대하며 행하는 상대방 없는 단독의 의사표시로서 민법 제1061조는 유언적령을 만 17세 이상으로 규정하고 있다.

이러한 유언은 자필증서, 녹음, 공정증서, 비밀증서, 구수증서 등의 법정 방식에 의해 할 수 있으며, 유언의 효력은 유언자의 사망과 동시에 발생한다.

3. 유류분제도

1) 의의

「遺留分(유류분)」이란 상속재산을 피상속인의 유족들의 공헌과 협조로 이룬 것으로 인정하고 상속재산 중 일부는 피상속인이 유언으로서도 처분할 수 없도록 하여 상속인이 일정액의 상속분을 반드시 상속

받을 수 있도록 한 제도이다.

2) 유류분의 권리자와 유류분

민법 제1112조는 피상속인의 직계비속과 배우자는 그 법정상속분의 1/2, 피상속인의 직계존속과 형제자매는 그 법정상속분의 1/3을 유류분으로 法定(법정)하고 있다.

제5장 상법

제1절 개설

Ⅰ. 상법의 의의

1. 실질적 의의의 상법

商法(상법)이 규율하는 생활관계의 실상을 구명함으로써 파악된 통일적이며 체계적인 法域(법역)을 「실질적 의의의 상법」이라 하는데, 이를 다음과 같이 분설할 수 있다.

1) 기업에 관한 법

「企業(기업)」이란 상인적 설비와 방법에 의해서 일정한 계획에 따라 계속적 의도로 영리활동을 실현하는 경제적 조직체이다. 이러한 기업간의 경제적 이익의 조정을 목적으로 하는 법규범을 「상법」이라 한다.

2) 기업에 관한 사법

자본주의경제체제하에서 기업간의 관계는 원칙적으로 자유경쟁관계이며, 따라서 각 기업간의 사법상의 권리 · 의무와 같은 사법적 규정이 기업관계를 규율하는 상법의 본질적인 내용이다. 따라서 기업의 이익을 초월하는 부분 및 근로자의 이익보장 등에 관한 사항을 통제, 조정하는 經濟法(경제법)이나 勞動法(노동법)과 구분된다.

3) 기업에 특유한 법

상법은 인간의 경제생활 일반을 규율하는 민법과는 달리 경제생활 중에서 특히 기업을 중심으로 한 생활관계를 규율하는 特別私法(특별사법)으로서 일반적인 民法(민법)을 보충하고 변경한다.

2. 형식적 의의의 상법

성문법의 형태로 존재하는 商法典(상법전)을 「형식적 의의의 상법」이라 하며, 우리 상법전은 1962년 1월 20일 법률 제1000호로서 제정 · 공포되고, 1963년 1월 1일부터 시행되어 오다가 1999년 9차 개정을 거쳐 총칙, 상행위, 회사, 보험, 해상 등의 全文(전문) 874조와 부칙으로 이루어져 있다.

Ⅱ. 상법의 특성

1. 기업의 유지 · 강화

기업은 단순한 영리적 존재만이 아니라 국민경제발전에 기여하는 바가 크다. 따라서 상법은 이러한 기업의 형성을 쉽게 하고 일단 형성된 기업을 유지 · 발전시키고 그 해체를 방지하고 있다.

2. 기업활동의 원활 · 합리화

기업의 영리목적과 사회적 기능은 기업의 활동에 의하여 실현되는 것이므로 상법은 기업의 유지 · 발전과 함께 기업활동의 원활 · 합리화를 보장하고 있다.

3. 진보적 경향

나날이 발전하는 사회에 대처하기 위해 기업활동은 유동성과 진보성을 띠게 된다. 따라서 이러한 기업활동을 규율대상으로 하는 상법도 동일한 특성을 가지게 된다.

4. 통일화 경향

국제거래의 발달로 기업의 활동무대가 세계화되면서 상법의 세계화·통일화가 추진되고 있다. 예컨대, 어음의 통일법에 관한 조약(1930), 신용장통일규칙(1975), 국제물품매매계약에 관한 UN협약(1980) 등이 그 예이다.

Ⅲ. 상법의 법원

1. 의의

「상법의 法源(법원)」이란 실질적 의의의 상법이 존재하는 형식, 실질적 의의의 상법의 내용을 파악할 수 있는 근거를 말한다. 상법 제1조는 商事適用法規(상사적용법규)에 대하여 「商事(상사)에 관하여 본법에 규정이 없으면 商慣習法(상관습법)에 의하고 상관습법이 없으면 民法(민법)의 규정에 의한다」고 규정하고 있어 이를 상법의 법원에 관한 규정이라고 잘못 이해하는 경우도 있으나, 상법의 법원이 되기 위해서는 영업적 생활관계를 전제하는 특별사법적 성격을 가져야 한다. 따라서 민법은 상법의 법원이 될 수 없다.

2. 종류

1) 상사제정법

「商事制定法(상사제정법)」은 기업의 생활관계를 규율하기 위해 일정한 절차에 따라 제정된 법규범으로서 商法典(상법전), 商事特別法令(상사특별법령), 商事條約(상사조약) 및 국제법규 등이 있다.

2) 상관습법

상거래관계에서 자연적으로 발생한 관행이나 관례가 법적 확신을 얻어 법적 규범으로 승인·강행되기에 이른 것을 「商慣習法(상관습법)」이라 한다.

3) 상사자치법

「商事自治法(상사자치법)」이란 회사 기타 단체가 그 조직, 활동, 구성원의 권리·의무를 정한 근본적인 규범으로서 보통거래약관, 회사의 정관, 어음교환소의 교환규칙 등이 이에 해당한다.

제2절 상인

Ⅰ. 상인의 개념

1. 의의

기업의 주체를 「商人(상인)」이라 하는데, 입법주의에 따라 여러 가지로 파악된다. 實質主義(실질주의)에 의하면 실질적으로 특정한 행위, 즉 商行爲(상행위)를 하는 자만을 상인으로 보고(프랑스, 스페인),

形式主義(형식주의)에 의하면 사업의 종류나 내용에 관계없이 형식적으로 상인적 방법에 의해 영업을 하는 자를 상인으로 본다(스위스). 그리고 折衷主義(절충주의)에 의하면 「실질에 의한 상인」과 「경영의 형식이나 방법에 의한 상인」의 두 종류가 모두 상인으로 인정된다(독일, 일본, 한국).

2. 종류

1) 당연상인

상법 제4조는 「자기 명의로 상행위를 영업으로 하는 자」를 「當然商人(당연상인)」으로 규정하고 있다. 즉, 상법은 제46조에서 규정하고 있는 21가지의 기본적 상행위나 특별법상의 상행위를 영업으로 하는 자를 실질에 의한 상인으로 인정하고 있다.

2) 의제상인

상법 제5조는 상인처럼 상행위 이외의 영업을 하는 자를 「擬制商人(의제상인)」으로 인정하고 있다.

(1) 설비상인

상법 제5조 제1항에서는 「점포 기타 유사한 설비에 의하여 상인적 방법으로 상행위 이외의 영업을 하는 자」를 「設備商人(설비상인)」이라고 규정하고 있다. 예컨대, 목축업자나 농장주 등이 이에 해당한다.

여기서 「점포 기타 유사한 설비」란 영업을 위하여 마련된 모든 물적 설비를 말하며, 「상인적 방법」이란 거래관례상 상인이 보통 이용하는 경영방법을 말한다.

(2) 민사회사

상법 제5조 제2항에서는 「民事會社(민사회사)」에 대하여 「상행위 이외의 영업을 하는 회사」라고 규정하고 있는데, 농업회사나 수산업 회사 등이 이에 해당한다.

3) 소상인

상법 제9조는 「小商人(소상인)」에 관한 규정을 두고 있는데, 이는 기업의 규모가 자본금 1,000만원에 미달하는 상인으로서 회사가 아닌 자를 말한다(상법시행규칙 제2조). 이는 완전상인에 대응하는 개념으로서 「간이상인」이라고도 한다. 소상인은 그 경제적 규모가 영세하여 상업장부 등 상법상의 의무를 면제시켜 주고 있다.

Ⅱ. 상업사용인

1. 의의

상인은 보다 많은 이익을 위해 수많은 거래자들과 접촉하여야 하는데, 이러한 경우 상인을 대신해서 상인의 영업을 대리해 줄 사람이 필요하다. 이러한 경우 특정상인, 즉 영업주에 종속하여 경영상의 대외적 업무에 종사하는 자연인을 「商業使用人(상업사용인)」이라 하며, 이를 「경영보조자」 또는 「상인의 인적설비」라고도 한다.

2. 종류

1) 지배인

「支配人(지배인)」이란 영업주를 갈음하여 그 영업에 관한 재판상 또는 재판 외의 모든 행위를 할 수 있는 포괄적인 營業代理權(영업대리권)을 가진 최고급의 경영보조자로서, 지배인이 아닌 점원 기타 사용인을 선임 또는 해임할 수 있다(상법 제11조).

지배인은 영업주 또는 그 대리인이 선임할 수 있으며(상법 제10조), 지배인의 사망 · 금치산 · 파산, 영업주의 해임, 영업주의 파산 등에 의해 지배권이 소멸되는데 이는 등기하여야 제3자에게 대항할 수 있다.

영업주가 수인의 지배인을 선임한 경우 이들 지배인들은 공동으로 지배권을 행사하여야 할 공동지배인이 되며, 경영활동상 본점 또는 지점의 영업주임임을 나타내는 명칭을 가진 자가 실제로는 지배인이 아니지만 영업거래에 있어서 선의의 제3자를 보호하기 위해 지배인과 동일한 대리권을 인정하는 자를 「表見支配人(표현지배인)」이라 한다.

여기서 「영업주임」은 일반적으로 영업소의 영업에 관한 포괄적인 대리권을 가진 자를 칭하는 것으로 지점장, 지점장대리, 회사지부장, 지사장, 출장소장 등이 있다.

2) 부분적 포괄대리권을 가진 상업사용인

특정 종류 또는 내용의 영업에 관한 재판 외의 행위를 할 수 있는 포괄적인 대리권을 가진 자, 즉 부장, 과장, 계장 등을 「부분적 포괄대리권을 가진 상업사용인」이라 한다. 이들의 선임 및 대리권의 소멸 등은 등기사항이 아니다.

3) 물건판매점포 사용인

물건을 판매하는 점포의 사용인은 그 판매에 관한 모든 권한이 있는 것으로 보는데, 이러한 대리권을 가진 사용인을 「물건판매점포 사용인」이라 한다. 예컨대, 점원이나 서기 등이 있다.

3. 상업사용인의 의무

1) 경업피지의무

「競業避止義務(경업피지의무)」는 상업사용인이 영업주의 허락 없이 자기 또는 제3자의 계산으로 영업주의 영업부류에 속하는 거래는 하여서는 아니 되는 의무를 말한다. 이를 위반하는 경우 영업주는 介入權(개입권) 또는 奪取權(탈취권), 이득양도청구권, 손해배상청구권, 계약해지권 등을 행사할 수 있다.

2) 겸직금지의무

영업주의 허락 없이 상업사용인은 다른 회사의 무한책임사원, 이사 또는 다른 상인의 사용인이 되지 못한다.

Ⅲ. 상인의 물적설비

1. 영업소

「營業所(영업소)」는 상인의 영업활동의 중심이 되는 장소로서, 주된 영업소인 본점과 종된 영업소인 지점이 있다.

영업소는 ①영업에 관한 채무이행장소, ②상업등기소의 관할기준, ③재판적의 기준, ④소송서류의 송달 장소, ⑤어음상의 권리행사 또는 보전의 장소, 지배인의 선임 단위 등의 법적 효력이 있다.

2. 상호

1) 의의

「商號(상호)」란 상인이 기업활동상 자기를 표시하기 위하여 사용하는 명칭으로서 문자로 표시되고 발음하여 호칭할 수 있는 것이어야 한다. 따라서 기호, 도안 등은 상호가 될 수 없다. 이런 점에서 상호는 상품의 표시인 「商標(상표)」와 구별된다.

2) 상호의 선정

상호선정에 관한 입법주의는 상호자유주의, 상호진실주의, 절충주의가 있으며, 우리나라는 상호자유주의를 취하여 「성명 기타의 명칭」으로써 자유로이 상호를 선정할 수 있게 하면서 다음과 같은 제한을 두고 있다.

① 회사의 상호는 그 종류에 따라 합명회사, 합자회사, 주식회사, 유한회사 등의 문자를 사용하여야 한다(상법 제19조). ② 회사 아닌 자는 회사의 상호를 사용할 수 없다(상법 제20조). 이를 위반하는 경우는 200만원 이하의 과태료 처분을 받게 된다(상법 제28조). ③ 부정한 목적으로 타인의 영업이라고 오인시킬 수 있는 상호를 사용해서는 아니 된다(상법 제23조). 이를 위반하면 위 ②의 경우와 동일하다. ④ 타인에게 자기의 상호를 사용토록 허락한 자는 그 거래에서 생긴 채무에 관하여 그 타인과 연대하여 변제의 책임을 져야 한다(상법 제24조).

3) 상호의 등기

상호는 회사설립등기 사항(상법 제180조 제1호)으로서 강제된다. 그러나 개인회사는 그러하지 아니하며, 상호의 등기는 타인의 동일 또는 유사상호사용을 제한하는 법적 효력이 있다.

3. 상업장부

1) 의의

상인이 그의 영업상의 이익과 재산의 상태를 명백히 하기 위해서 상법상의 의무로서 작성하는 장부로서 회계장부와 대차대조표의 두 가지가 있다. 사경제적 의의 및 국민경제적 의의(재산평가의 통일성 및 진실성의 요구)를 가진다.

2) 상업장부에 관한 상인의 의무

(1) 작성의무

소상인을 제외한 상인은 상법에 규정한 것을 제외하고 일반적으로 공정타당한 회계관행에 의해 상업장부의 작성의무를 부담한다(상법 제29조).

(2) 보존의무

각 기업은 10년간 그 상업장부와 영업에 관한 중요한 서류를 보존하여야 하며, 전표나 이와 유사한 서류는 5년간 보존하여야 한다(상법 제33조 제1항). 보존기간의 기산점은 장부폐쇄의 날, 즉 결산마감일이다.

(3) 제출의무

법원은 신청에 의하거나 직권으로 소송당사자에게 상업장부 또는 그 일부분의 제출을 명할 수 있다. 장부의 법정 증거능력은 인정되지 않으며 법원의 자유심증에 의한다. 일반인이 상업장부의 열람을 요구하기 위해서는 계약이나 특별법규에 의하여야 한다.

(4) 제재

상업장부의 작성 · 제출 · 보존의무 위반에 대하여 회사기업의 그 부정작성 또는 부실기재에 대한 책임자(업무집행사원, 이사, 감사, 청산인, 지배인)는 500만원 이하의 과태료처분을 받게 된다(상법 제635조 제1항 제9호). 그러나 개인기업에 대하여는 이 규정이 적용되지 않는다. 따라서 이러한 규정을 불완전법규라 한다. 단 개인기업도 파산법에 의한 형사처벌은 피할 수 없다.

3) 상업장부의 종류

상업장부의 종류에는 회계장부, 대차대조표, 재무제표 등이 있으나 재무제표는 주식회사와 유한회사에만 작성의무가 부여된다.

4. 상업등기

1) 의의

상거래의 안전을 도모하기 위하여 상법이 정하는 사항을 영업소의 소재지 관할법원의 상업등기부에 등기하여야 한다. 1995년 개정상법에서는 전산정보처리조직에 의해서도 상업등기를 할 수 있도록 하고 있다(상법 제34조의 2).

상업등기부에는 상호, 지배인, 미성년자, 법정대리인, 주식회사, 합명회사, 합자회사, 유한회사, 주식회사, 외국인회사 등의 9종이 있으며, 선박등기, 상호보험회사등기, 협동조합등기 등은 상업등기가 아니다.

2) 등기사항

상법이 정한 등기사항으로는 ① 상인일반에 공통되는 등기사항으로서는 상호, 지배인의 선임 및 해임 등이 있고, ② 개인기업에 관한 등기사항으로는 미성년자, 법정대리인에 의한 영업 등이 있으며, ③ 회사에 관한 등기사항으로는 회사의 설립 · 해산 · 청산 · 합병 등에 관한 사항이 있다.

3) 등기의 효력

1995년 개정상법 이전에는 등기사항을 등기, 공고 후가 아니면 선의의 제3자에게 대항할 수 없었으나 이제는 일정한 절차에 따라 등기함으로써 선의의 제3자에게 대항할 수 있는데, 이를 「등기의 일반적 효력」이라고 한다.

이 외에도 상업등기는 새로운 법률관계를 창설하는 창설적 효력, 법률관계의 하자를 치유하는 보완적 효력, 일정한 행위가 허용되거나 면책되는 부수적 효력 등의 특수한 효력을 가진다.

5. 영업양도

1) 의의

영리적 목적을 실현하기 위해 영업의 동일성은 유지하면서 기업을 이전하여 소유와 경영이 법적 관계에 변동을 가하는 채권계약을 「營業讓渡(영업양도)」라 한다. 이는 영업주의 자유이지만 기업이 사회에 미치는 영향을 감안하여 법률은 일정한 범위 안에서 이를 제한하고 있다.

2) 효과

(1) 대내적 효과

영업양도계약이 성립되면 양도인은 영업재산의 종류에 따라 등기, 등록, 인도 등의 방법으로 양도하여야 하며, 또한 10년 동안 일정한 지역 안에서 양도한 영업과 동종인 영업을 할 수 없다. 이때 기간은 당사자간의 합의로 20년을 초과하지 않는 범위로 정할 수 있다.

(2) 대외적 효과

① 양수인이 기존의 상호를 계속해서 사용하는 경우는 양수인은 양도인의 영업상의 채무를 중첩적으로 인수하게 된다. 따라서 양수인은 이에 대한 변제책임을 부담한다(상법 제42조 제1항). 그러나 양수인이 영업양도를 받은 후 지체 없이 양도인의 채무에 대한 책임 없음을 등기한 경우는 면책된다.

② 양수인이 기존의 상호를 계속해서 사용하지 않는 경우는 별도의 채무인수나 채무부담행위가 없는 한 양수인은 변제책임이 없다. 단, 채무인수를 채권자에게 통지 또는 공고한 경우는 변제책임을 진다(상법 제44조).

제3절 상행위

Ⅰ. 상행위의 개념

1. 상행위의 의의

「商行爲(상행위)」란 실질적 의미로 보면 영리에 관한 모든 행위라

할 수 있으며, 형식적으로는 상법과 특별법에서 상행위로 규정된 행위를 말한다.

2. 상행위의 분류

1) 기본적 상행위와 보조적 상행위

「기본적 상행위」는 당연상인의 개념의 기초가 되는 상행위로서 상법 제46조가 규정하고 있는 21가지와 특별법에서 규정한 담보부사채 총액의 인수, 신탁의 인수 등이 있고, 「보조적 상행위」는 상인의 영업을 보조하는 상행위를 말하는데(상법 제47조), 예컨대, 영업을 위한 사업장의 임차 · 금전소비대차 · 사무원의 채용 등이 해당한다.

2) 준상행위

상행위를 영업으로 하지 않더라도 점포 기타 유사한 설비에 의해 상인적 방법으로 영업을 하는 자 또는 상행위 이외의 영리를 목적으로 하는 사단으로서 회사편의 규정에 위하여 설립된 민사회사의 영업행위, 즉 설비상인의 영업행위에는 상행위에 관한 규정이 준용되는데, 이를 「準商行爲(준상행위)」라 한다(상법 제66조).

3) 쌍방적 상행위와 일방적 상행위

당사자 쌍방에게 상행위가 되는 행위는 「쌍방적 상행위」라 하고, 당사자 일방에 대해서만 상행위가 되는 행위는 「일방적 상행위」라고 한다. 쌍방적 상행위에 대하여는 당연히 상법이 적용되며, 일방적 상행위에 대해서도 상법은 그 거래당사자 전원에 대하여 적용된다(상법 제3조). 따라서 상사법정이자 6분 및 5년의 상사채권의 시효는 상인과 거래한 비상인에 대해서도 적용된다.

Ⅱ. 상행위의 일반원칙

1. 상사거래의 성립

기업의 상거래는 일반적으로 상업사용인의 대리에 의해 성립되는데, 商事代理(상사대리)는 민법이 채택하고 있는 顯名主義(현명주의)와 달리 비현명주의를 인정하여 상거래의 원활을 도모하고 있다(상법 제48조).

또한 상법은 위임의 본지에 반하지 아니하는 범위 내에서 위임받지 아니한 행위를 할 수 있도록 허용하고(상법 제49조), 본인의 사망에 의해서도 대리권이 소멸하지 않으며, 대화자간의 청약은 즉시 승낙이 없으면 실효되고(상법 제51조), 계약의 청약을 받은 상인에게 낙부통지의무 및 물건보관의무를 부담시키는 등 민법상의 대리에 대한 특칙을 두고 있다.

2. 상행위의 특칙

1) 상행위의 유상성

상인은 영업의 범위 내에서 타인을 위하여 어떠한 행위를 하였을 때에는 보수에 관한 특약이 없더라도 당연히 상당한 보수를 청구할 수 있는데(상법 제61조), 이를 「상인의 報酬請求權(보수청구권)」이라고 한다.

2) 법정이자청구권

상인간의 금전소비대차 또는 상인이 그 영업의 범위 내에서 타인을 위하여 금전의 체당을 한 때에는 특약이 없어도 법정이율을 청구할 수 있다(상법 제55조). 상행위로 인하여 생긴 채무의 상사법정이율은 년 6분으로(상법 제54조) 민사법정이율인 년 5분에 비해 20%나 높게 정하고 있다.

3. 상사거래관계의 소멸

상사거래관계는 상사채무의 내용에 일치하는 이행이 있거나, 상사소멸시효의 완성으로 소멸한다. 일반상사채무는 상법 및 다른 법령에 다른 단기의 시효기간이 규정된 경우를 제외하고 5년의 소멸시효에 걸린다(상법 제64조).

그러나 특수한 상사채무인 운송주선인의 채권, 창고업자의 채권, 보험료청구권 등은 1년, 보험금청구권, 보험료 및 적립금의 반환청구권 등은 2년의 단기시효에 걸린다.

Ⅲ. 특수한 상사계약

1. 상호계산

「相互計算(상호계산)」이란 계속적인 거래관계에 있는 양당사자가 일정기간 내의 거래에서 생기는 채권 · 채무의 총계를 상계하고, 그 잔액을 지급할 것을 내용으로 하는 계약이라 하며(상법 제72조), 이를 「간이결제제도」라고도 한다.

이 계약의 목적은 당사자간의 거래에서 발생한 금전채권 · 채무에 한정되며, 상호계산기간의 정함이 없는 경우는 6개월로 한다(상법 제74조).

2. 익명조합

「匿名組合(익명조합)」이란 당사자의 일방(익명조합원)이 상대방(영업자)의 영업을 위하여 출자를 하고, 상대방이 영업으로 인한 이익을 분배할 것을 약정하는 계약으로서(상법 제78조) 대외적으로는 영업자의 영업만이 존재하는 보조적 상행위이다.

Ⅳ. 각종 상행위

1. 대리상

「代理商(대리상)」이란 상업사용인이 아니면서 일정한 상인을 위하여 항상 그 영업부류에 속하는 거래의 대리 또는 중개를 하는 독립상인을 말한다(상법 제87조). 거래의 대리를 하는 대리상은 「체약대리상」이라 하고, 중개를 하는 대리상은 「중개대리상」이라 한다.

대리상은 본인과의 관계에서 선관자주의의무, 통지의무, 경업피지의무 등을 부담하고 보상청구권, 보수청구권 및 유치권을 가진다. 그리고 제3자와의 관계에서는 체약대리상은 특약이 없는 한 계약체결의 대리권만 가지고 중개대리상은 아무런 대리권을 가지지 않으나 특히 거래상대방을 보호하기 위하여 상법은 물건의 판매나 그 중개의 위탁을 받은 대리상에 대하여 목적물의 하자 또는 수량부족 기타 매매의 이행에 관한 통지를 받을 권한을 인정하고 있다(상법 제90조).

2. 중개업

「仲介業(중개업)」이란 타인간의 상행위에 대한 흥정을 붙여 계약이 체결되도록 중개하고 수수료를 받는 영업을 말하며. 이를 업으로 하는 독립상인을 「중개인」이라 한다. 이는 특정 상인만을 위하여 계속적으로 상행위의 중개를 대리하는 「중개대리상」 및 상행위가 아닌 법률행위를 중개하는 「민사중개인」과 구별된다.

중개인은 견품보관의무, 결약서교부의무, 장부작성 및 등본교부의무, 성명묵비의무, 개입의무(이행담보책임) 등을 부담하는 반면 보수청구권을 가진다.

3. 위탁매매업

「委託賣買業(위탁매매업)」이란 자기의 명의로 타인의 계산하에 물건 또는 유가증권의 매매를 주선하는 영업을 말하며, 이러한 영업을 하는 독립상인을 「위탁매매인」이라 한다.

위탁매매인과 위탁자의 관계는 위임계약관계이며, 위탁매매인은 선관자주의의무, 통지의무 및 계산서 제출의무, 지정가액준수의무, 이행담보책임, 하자통지의무 등을 부담하며, 보수청구권, 비용상환청구권, 유치권, 공탁 · 경매권, 개입권 등을 행사할 수 있다. 그러나 위탁매매인과 제3자와는 일반적인 매매의 매도인과 매수인의 관계에 선다.

4. 운송주선업

자기명의로 위탁자(송하인)의 계산하에 물건운송을 주선하는 영업을 「運送周旋業(운송주선업)」이라 하며, 이러한 영업을 하는 독립상인을 「운송주선인」이라 한다(상법 제114조). 주선행위는 운송계약의 체결뿐만 아니라 운송물의 수령, 보관, 인도, 보험계약의 체결 기타 운송의 실현에 필요한 행위를 포함한다.

운송주선인은 선관자주의의무, 통지의무, 운임의 지정가액준수의무, 손해배상책임을 부담하고, 보수청구권, 비용상환청구권, 유치권, 개입권 등을 가진다.

5. 운송업

상법은 물건 또는 여객을 장소적으로 이동하는 영업적 상행위를 「運送業(운송업)」이라 하고 이를 영업으로 하는 독립상인을 「운송인」이라 한다. 상법은 운송이 이루어지는 지역을 중심으로 육상에서 이루어지는 육상운송과 호천이나 항만에서 이루어지는 해상운송에 대해서만 규정하고 최근 수요가 급증하고 있는 항공운송에 대하여는 아무런 규정도 두고 있지 않아 이에 대한 입법적 대책이 시급하다.

6. 공중접객업

「公衆接客業(공중접객업)」이란 극장, 여관, 음식점 기타 고객의 집래를 위한 시설에 의한 거래를 하는 상행위의 영업을 말한다(상법 제151조). 이러한 영업을 하는 공중접객업자는 고객으로부터 물건의 임치를 받은 경우 통상의 주의로서 그 물건의 멸실 또는 훼손을 방지할 수 있는 범위 안에서만 책임을 부담한다(상법 제152조 제1항). 이 책임은 고객의 휴대물에 대하여 책임 없음을 제시한 때에도 면할 수 없다(상법 제152조 제3항). 그러나 高價物(고가물)에 대하여는 고객이 그 종류와 가액을 명시하여 임치한 경우에만 그 물건의 멸실 또는 훼손에 대한 손해배상책임을 부담한다(상법 제153조). 이러한 공중접객업자의 책임은 임치물을 반환하거나 고객이 휴대물을 가져간 후 6월이 경과하면 소멸시효가 완성한다.

7. 창고업

「倉庫業(창고업)」이란 타인을 위하여 창고에 물건을 보관해 주는 영업을 말하며, 이러한 영업을 하는 독립상인을 「창고업자」라 한다(상법 제155조). 창고업자는 특약이 없어도 任置人(임치인)에 대하여 보관료를 청구할 수 있으며(상법 제162조), 이를 위해 留置權(유치권)을 행사할 수 있다.

또한 창고업자는 운송인처럼 유가증권인 창고증권을 발행할 수 있으며(상법 제156조), 임치물에 대한 손해배상책임을 부담한다(상법 제160조). 이러한 창고업자의 책임에 대한 소멸시효는 물건을 출고한 날로부터 1년이 경과하면 완성된다(상법 제166조).

8. 새로운 상행위

1) 리스

「리스(Lease)」란 일정한 물건의 소유자가 타인에게 그 물건을 일정한 기간동안 사용, 수익케 하고 그 대가로 사용료를 받기로 하는 계약으로서, 임대차의 일종이라고 할 수 있다. 이는 1950년경 미국에서 시작되어 1972년 한국산업리스주식회사의 설립으로 우리나라에 도입되었다.

2) 프랜차이즈

「프랜차이즈(franchise)」 시스템은 끊임없이 새로운 업종이나 업태를 개척하여 다양한 형태로 발전되고 있으므로 그 개념을 명백히 하는 것은 쉬운 일이 아니다. 국제프랜차이즈협회의 정의에 의하면 「프렌차이즈 계약」이란 프랜차이즈설정자가 이용사의 영업에 대하여 노하우(know-how)나 연수 등의 분야에서 계속적으로 이익을 제공하고 이용자는 자기자본으로 설정자가 보유 또는 통제하는 상호나 양식 기타 절차에 따라 영업을 하는 계약관계라고 한다.

그러나 우리나라에서는 연쇄점, 특약점, 대리점, 자유연쇄점, 라이센스 계약 등으로 혼용하여 사용되고 있는 실정이다.

3) 팩터링

「팩터링(Factoring)」이란 팩터링회사가 거래기업의 외상매출채권을 상환청구권 없이 매입하고 이를 거래기업이 그의 채무자에게 통지하며, 그 후 채권의 관리 · 추심, 장부의 작성, 채무자의 지급불능으로 인한 손해 등을 팩터링회사가 부담한다. 뿐만 아니라 거래기업의 요청이 있는 경우는 매입채권의 매입대금을 선지급하고 채무자의 신용조사, 거래기업의 경영상담, 컴퓨터서비스 등을 제공하는 3자간 계약이다.

그러나 우리나라의 팩터링은 사실상 어음할인제도와 유사한 형태로 이용되고 있는 실정이다.

제6장 사회법

제1절 개설

「社會法(사회법)」이라 함은 자본주의의 구조적 모순에서 발생하는 사회적 부조리를 해결하여 자본에서 소외된 사회적 약자에게 실질적 자유와 권리를 확보해 주기 위하여 제정된 실정법 질서를 말한다. 근대시민사회의 자유와 권리 확보는 경제생활에서 사유재산제도로 나타났고, 사유재산제도는 소유권절대의 원칙과 계약자유의 원칙이라는 두 개의 다리를 매개체로 하여 주로 자본소유자가 가고자 하는 길을 질주했다. 여기에서 자본소유자와 자본부소유자 사이의 갈등이 증폭되었다. 사회적 전제조건이 동일하지 않았던 두 주체사이에 계약자유의 원칙은 강자인 자본소유자의 이익을 더욱 조장하고 약자인 중소기업가나 노동자 또는 일반소비자의 주머니를 더욱 비우게 하여 시민법의 자유 아래에서 그들의 생존권을 위협하게 되었다. 이에 자본주의는 그 자체가 가진 구조적 모순을 해결하기 위하여 경제생활에 있어서의 자유를 제한하고 사회적 약자에게 기본적 권리를 헌법에서 확인·부여하여 자본가와 대등한 지위에서 계약을 체결하게 하여 그의 생존권을 확보하도록 전환된 수정자본주의의 길을 가게 되었다. 즉, 수정자본주의는 자본주의의 완전한 폐기가 아니라 적정한 수준에서 그의 폐해를 조정하는 방식으로 진행되었고 이러한 길로 유도한 것이 현대복지국가 헌법이며 사유재산제도의 제한원리인 공공복리의 원칙이다.

이와 같이 현대복지국가의 헌법원리에서 생성된 사회법은 그 세 3가지의 영역으로 발전했다고 볼 수 있다. 첫째는 사용자와 노동자 사이의 노동관계에 대한 노동법 분야이다. 원래 민법상의 고용관계는 사적자치의 원칙에 따라 당사자의 자유에 맡겨져 있으나 종속노동관계를 특징으로 하는 노동관계에 있어서 노동자에게 근로계약체결에 있어 대등한 지위를 확보하고 기타 노동자 권리를 보장하려는 것을 주목적으로 한다. 둘째는 독점자본가와 중소생산업자 사이의 사적 거래에 대한 제한규범인 경제법 분야이다. 대자본을 소유한 대기업은 시장경제에 있어서 그의 우월한 지위를 이용하여 중소기업이나 소비자의 이익을 침해하고 초과이윤을 획득하려는 경향을 가진다. 경제법은 이러한 대기업의 시장지배력을 억제하여 실질적인 자유시장원리의 회복을 목적으로 한다. 셋째는 실업 · 질병 · 노약 등의 이유로 생활을 스스로 유지할 수 없는 극빈자의 생활보호에 관한 사회보장법 분야이다. 현대복지국가는 국민의 생존권을 확보해 주는 것이 국가의 의무로 되었다. 따라서 국가는 국가재정의 범위 안에서 그의 책임으로 이들의 생활을 보장할 대책을 세워야 하며, 그에 관한 규범체계를 정립하여야 한다.

제2절 노동법

Ⅰ. 노동법의 개념

1. 노동법의 의의

「勞動法(노동법)」이라 함은 근로자와 사용자간의 근로관계를 규율하는 법을 말한다. 노동관계는 대등한 당사자를 전제로 하여 사적 자치의 원칙이 지배하는 민법상의 고용관계와는 달리 종속노동관계를 규율하는 것이 특징이다. 즉 일반적인 고용관계는 계약자유의 원칙에 따라 당사자의 자유에 맡겨져야 하나, 경제적 약자인 노동자는 고용계약에 있어서 일방적으로 불리한 조건에서 계약을 체결할 수밖에 없게 되어 우리 헌법이 추구하는 전국민의 실질적 자유와 평등의 확보를 불가능하게 했다. 이에 현대복지국가 헌법원리에 따라 노동자에게 최저한 생존권을 확보하게 하고 자본주의의 건전한 발전(수정자본주의)을 위해 노동자가 사용자와 대등한 입장에서 노동관계를 설정할 수 있도록 근로기본권을 부여하고 있다.

2. 근로기본권

우리 헌법은 인간다운 생활을 할 권리를 확보하기 위하여 근로자의 기본권으로서 근로의 권리(헌법 제32조 제1항)와 노동 3권(헌법 제33조)을 규정하고 있다. 이러한 헌법상의 근로기본권을 구체적으로 확보하기 위한 법률이 바로 근로기준법, 노동조합및노동관계조정법, 노동위원회법 등이다.

Ⅱ. 근로기준법

1. 의의

「근로기준법」이라 함은 헌법에 의거하여 근로조건의 기준을 정함으로써 근로자의 기본적 생활을 보장·향상시키며 균형 있는 국민경제의 발전을 기하기 위해 제정된 법(근로기준법 제1조)을 말한다. 20세기의 현대복지국가는 公共福利(공공복리)의 원칙에 따라 근로자의 근로조건, 기타 생활조건을 일정수준이상으로 유지케 하기 위하여 노사관계에 대한 국가적 조정의 일환으로 근로기본권을 규정하고 있다. 우리 헌법도 제32조 제3항에서 「근로조건의 기준은 인간의 존엄성을 보장하도록 법률로 정한다」고 규정하고 있는데, 이에 의거하여 제정된 법이 바로 「근로기준법」이다.

2. 내용

근로기준법은 제2조에서 본법이 근로조건의 최저기준을 설정한 것임을 밝히고, 그외 근로조건의 자유결정(근로기준법 제3조), 노사간 단체협약 등의 준수(근로기준법 제4조), 성별 · 국적 · 신앙 · 사회적 신분으로 인한 차별적 대우의 금지(근로기준법 제5조), 근로의 강요금지(제6조) 등의 일반규정과 근로계약(근로기준법 제20조 내지 제33조), 임금(근로기준법 제34조 내지 제41조), 근로시간과 휴식(근로기준법 제42조 내지 제49조) 등의 개별규정을 두고 있다.

Ⅲ. 노동조합및노동관계조정법

1. 의의

이 법은 헌법상의 노동 3권을 보장하여 근로조건의 유지 · 개선과 근로자의 경제적 · 사회적 지위의 향상을 도모하고, 노동관계를 공정하게 조정하여 노동쟁의를 예방 · 해결함으로써 산업평화의 유지와 국민경제의 발전에 이바지하기 위해 과거의 노동조합법과 노동쟁의 조정법을 통합하여 1997년 3월 13일에 제정되었다(노동조합및노동관계조정법 제1조). 여기에서 「노동조합」이란 근로자가 주체가 되어 자주적으로 단결하여 근로조건의 유지 · 개선과 근로자의 복지증진을 위한 단체 또는 그 연합단체를 말한다(노동조합및노동관계조정법 제2조 제4호).

「노동쟁의」란 임금 · 근로시간 · 후생 · 해고 기타 대우 등 근로조건에 관한 근로관계 당사자간의 주장의 불일치로 인한 분쟁상태를 말한다(노동조합및노동관계조정법 제2조 제5호). 노사간에 발생한 분쟁은 노사의 자주적인 노력에 의하여 해결되어야 하지만, 그 자발적 해결을 기대하기가 어려울 때는 국가가 중재인이 되어 조정해야 할 필요성이 있는 것이다.

2. 내용

노동조합에 관한 주요내용은 부당노동행위와 단체협약에 관한 것인데, 「부당노동행위제도」는 우리 헌법이 보장하고 있는 근로기본권을 구체적으로 보호하려는 것이다. 즉, 사용자가 근로자의 단결권 및 쟁의권을 방해하거나 또는 이에 대항하는 사용자의 해고권 등을 부당노동행위로 간주하여 이를 봉쇄하려는 것이다.

「단체협약」이란 노동조합과 사용자 또는 그 단체와의 협정으로 낱낱의 근로자의 근로조건 기타의 대우에 관한 기준을 설정할 것을 목적으로 하는 自治法規(자치법규)를 말한다. 단체협약의 내용은 크게 세 가지로 나눌 수 있는 바, ① 근로조건 기타 근로자의 대우에 관한 기준을 정한 규범적 부분, ② 경영협의회 · 불평처리기관의 설치 등과 같은 노사간에 설치되는 제도의 조직 · 운영에 관한 조직적 부분, ③ 협약당사자가 상호 부담하는 채권 · 채무에 관한 채무적 부분이 그것이다.

노동관계조정에 관한 주요내용은 쟁의행위와 쟁의조정으로 이루어져 있다. 쟁의행위로는 동맹파업(strike), 태업(sabotage), 직장폐쇄(lock out) 기타 근로관계 당사자가 그 주장을 관철할 목적으로 하는 행위와 이에 대항하는 행위로서 업무의 정상적 운영을 저해하는 것이 있다(노동조합및노동관계조정법 제3조).

쟁의조정의 방법으로는 조정 · 중재 · 긴급조정의 세 가지가 있다.

① 조정

「調停(조정)」은 노동위원회에 설치한 조정위원회가 당사자의 신청에 의해 관계당사자의 의견을 듣고 조정안을 작성하여 이를 관계당사자에게 지시하고, 그 수락을 권고함으로써 분쟁을 해결하려는 조정방법이다(노동조합및노동관계조정법 제53조 내지 제61조).

② 중재

「仲裁(중재)」는 관계당사자 쌍방이 함께 중재신청을 하거나 관계당사자 일방이 단체협약에 의하여 중재신청을 한 때에 하는 「임의중재」, 또는 공익사업에 있어서 노동위원회가 직권 또는 행정관청의 요구로 중재회부의 결정을 한 때에 이루어지는 「강제중재」에 노동위원회에 설치한 중재위원회가 裁定(재정)을 내림으로써 분쟁을 해결하는 방법이다(노동조합및노동관계조정법 제62조 내지 제70조).

③ 긴급조정

「緊急調整(긴급조정)」은 쟁의행위가 공익사업에 관한 것이거나 그 규모가 크거나 그 성질이 특별한 것으로서 현저히 국민경제를 해하거나 국민의 일상생활을 위태롭게 할 위험이 현존하는 때에 노동부장관의 결정통고에 의하여 중앙노동위원회가 행하는 조정방법이다(노동조합및노동관계조정법 제76조 내지 제80조).

Ⅳ. 노동위원회법

1. 의의

「노동위원회법」은 노동위원회의 조직과 권한에 관한 법이다. 노동위원회는 노사간의 쟁의관계에 개입하여 노사관계의 공정한 조절을 기함으로써 노사분쟁의 평화적 해결을 촉진하며 나아가서는 노동행정의 민주화를 지향하는 것을 임무로 한다. 노사간에 발생한 여러 문제 중 자발적 해결을 기대할 수 없는 것이 있을 때는 국가나 사회에 끼치는 심각한 영향을 고려하여 제3자의 입장에서 노동위원회에 의한 평화적이고도 합리적인 해결이 필요한 것이다.

2. 내용

노동위원회법의 내용은 크게 그 조직과 권한으로 나눌 수 있다.

먼저 노동위원회의 조직에 관해서 살펴보면, 노동위원회에는 중앙노동위원회 · 지방노동위원회 및 특별노동위원회를 설치한다(노동위원회법 제3조). 노동위원회는 노동조합에서 추천한 근로자위원 10명, 사용자단체에서 추천한 사용자위원 10명, 그리고 행정관청 단독으로 각각 대통령(중앙노동위원회) · 당해 중앙행정기관의 장(특별노동위원회) · 노동부장관(지방노동위원회)이 위촉하는 공익위원 10명으로 구성된다(노동위원회법 제6조 제1항 · 제2항).

노동위원회의 권한에는 판정적 권한과 조정적 권한이 있다.

1) 판정적 권한

노동조합및노동관계조정법상의 ㉠ 노동조합규약과 결의가 법령에 위반하거나 또는 공익을 해하는가의 여부를 심사 결의하는 권한, ㉡ 노동조합대표자가 총회 또는 대의원회의 소집을 기피 · 해태하는가의 여부를 심사 결의하는 권한, ㉢ 부당노동행위의 처리, 구제명령을 발하는 권한 등이 있으며, 근로기준법상의 ㉠ 근로조건위반에 대한 근로자측의 손해배상청구에 관한 처리, ㉡ 근로자의 「귀책사유」 존부에 관한 결정, ㉢ 최저임금에 대한 동의권 등이 있다.

2) 조정적 권한

노동쟁의에 대한 조정 · 중재 및 긴급조정의 권한 등이 있다.

제3절 경제법

Ⅰ. 개념

1. 의의

「經濟法(경제법)」이라 함은 국가가 경제질서를 규율하기 위하여 제정한 법규범의 총체로서, 이는 개별경제주체간의 이익을 초월하여 국민경제적 견지에서 사적 기업활동을 국가가 간섭 · 지도 · 통제하여 바람직한 경제질서를 유지하고 국민경제의 균형적 발전을 기하기 위해 제정된다.

2. 발생배경

근대 정치원리로서의 民主主義(민주주의)와 경제원리로서의 資本主義(자본주의)는 규범체제로서의 법치국가에 의해 연결된다. 근대적 입헌주의의 헌법이 추구하는 자유는 자본주의의 발전단계에 있어서 치명적인 구조적 결함을 현출시켰다. 즉 자본주의 발전단계를 보면 상업자본주의 · 산업자본주의 · 독점자본주의로 그 시대적 구분을 할 수 있는데 초기자본주의인 상업자본주의와 산업자본주의는 근대입헌주의 시대의 사적 자치의 원칙에 따라 경제적 거래관계의 형성을 당사자에게 일임하는 자유방임의 시대였다. 그 결과 경제적 강자는 그의 우월한 지위를 이용하여 자본의 축적 · 집적을 이루었고, 그에 따른 자본의 독점화단계에까지 이르게 되어 경제지배 나아가서 사회지배라는 결과를 초래하였다. 이에 전국민에 대한 실질적 자유 · 평등을 추구하는 현대법치국가는 사유에 맡겨져 있었던 사적 거래분야에 있어서 전체국민의 복지를 확보하기 위하여 경제거래관계에 규제와 조정을 법적인 형태로 가하기 시작하였다.

세계 제국가의 경제법 성립의 동기는 그러나 한결같지는 않다. 자본주의가 발전한 미국과 같은 나라는 초창기(1870년대)부터 독점규제입법들이 경제법의 중핵을 이루고 있지만, 독일은 1차대전이 끝난 후 제정되기 시작해서 1919년의 바이마르헌법 이후에는 사회민주주의의 실현수단으로서 경제법을 제정하였던 것이다. 우리나라에서 경제관련법규가 제정되기 시작한 것은 1960년대 이후인데, 이것은 5 · 16군사혁명 후 경제후진성을 극복하고 자립경제를 이룩하기 위하여 제정된 즉, 경제정책을 수행하기 위한 법적 수단이었다.

Ⅱ. 우리나라의 경제관련법규

1. 헌법규정

우리 헌법은 제119조에서 '① 대한민국의 경제질서는 개인과 기업의 경제상의 자유와 창의를 존중함을 기본으로 한다. ② 국가는 균형있는 국민경제의 성장 및 안정과 적정한 소득의 분배를 유지하고, 시장의 지배와 경제력의 남용을 방지하며, 경제주체간의 조화를 통한 경제의 민주화를 위하여 경제에 관한 규제와 조정을 할 수 있다.' 고 규정함으로써 우리나라가 경제질서에 대해서는 사회적 시장경제체제를 채택하고 있음을 밝히고 있다.

2. 법률

현대복지국가의 실현을 위해 경제에 관한 규제와 조정을 구체적 법률로 할 수 있는 바, 현재에 제정 · 공포된 주요한 경제법으로는 물가안정에관한법률(1975. 12. 31.), 외국인투자및외자도입에관한법률(1983. 12. 31.), 하도급거래공정화에관한법률(1984. 12. 31.), 독점규제및공정거래에관한법률(1990. 1. 13.), 대외무역법(1986. 12. 30.), 소비자보호법(1980. 1. 4.), 약관의규제에관한법률(1986. 12. 31.), 할부거래에관한법률(1991. 12. 31.) 등이 있다.

제4절 사회보장법

Ⅰ. 개념

1. 의의

「社會保障法(사회보장법, law of social security)」이라 함은 현대복

지국가의 원리 하에서 국가가 모든 국민이 인간다운 생활을 할 수 있도록 보장하기 위하여 제정된 법을 말한다. 오늘날의 사회보장법의 내용은 生存權(생존권)의 실현을 주로 경제적인 급부를 통하여 달성하려는 법체계이며, 모든 국민을 그 대상으로 최저경제생활수준을 유지하기 위하여 국가가 경제적 급부를 이행하는 것이 법률적 의무임을 확정하고 있다.

2. 성립배경

현대의 독점자본주의하에서는 사적 자치나 자기책임의 원칙에 의해서는 자본을 소유하지 못한 계층은 자기 생존권을 스스로 지킬 수 없다는 것을 알게 되었다. 이에 현대복지국가는 국가가 그의 책임으로 자본에서 소외된 계층의 생존권을 보호하고 사회공동의 책임 하에 모든 국민의 인간다운 생활을 확보하려는 사회보장제도를 창출해 냈다. 사회보장의 제도적 체계는 이를 형성하고 있는 각 제도들을 규정하는 입법에 의하여 구체화되는 것이며, 이러한 성격의 법규들을 사회보장법으로 통일시키려고 하는 것이다.

Ⅱ. 우리나라의 사회보장법

1. 헌법규정

우리 헌법은 제34조 제1항에서 「모든 국민은 인간다운 생활을 할 권리를 가진다」라고 규정한 것을 시초로 하여 국가의 사회보장 · 사회복지 증진의무(헌법 제34조 제2항), 여자 · 노인 · 청소년의 복지향상의무(헌법 제34조 제3항 · 제4항), 생활무능력자의 국가보호의무(헌법

제34조 제5항), 국가의 재해예방의무(헌법 제34조 제6항) 등을 규정하고 있다.

2. 법률

헌법을 근거로 제정된 사회보장법으로서는 사회복지사업법(1997. 8. 22. 전면개정), 국민의료보험법(1997. 12. 31.), 국민기초생활보장법(1999. 9. 7.), 노인복지법(1997. 8. 22.), 모·부자복지법(1989. 4. 1.), 아동복지법(1981. 4. 13.), 장애인복지법(1989. 12. 30.) 등이 있다.

제7장 국제관계법

제1절 개설

일반적으로 법률은 국가를 기초로 하고 있다. 하나의 통치권이 미치는 영역을 그 대상으로 하고 있다. 그러나 때로는 일정한 영역을 뛰어넘어 국제관계에 적용되는 법규범이 있다. 국제관계에 적용되는 법규범은 주로 국가나 국제단체가 주체가 되어 정립되는 국제법과 섭외적 사법관계에 대하여 적용해야 할 準據法(준거법)을 정하는 국제사법이다. 國際法(국제법)은 公法(공법)이지만 국제사법은 국내법에 해당하며 私法(사법)의 일종이다.

제2절 국제법

Ⅰ. 개념

1. 의의

「國際法(국제법)」이라 함은 국제사회의 법으로서 구체적으로는 국가와 국제조직 및 개인에 관하여 규정하고 있는 법을 말한다. 즉 국제법은 국제사회 그 자체의 단체적 구성과 기능 및 국제조직과 그 구성원인 국가들의 관계, 그리고 각 국가의 상호관계, 나아가서는 국제조직과 개인간의 관계뿐만 아니라 직접 개인의 관계에 대해서도 규율한다.

2. 법적 성질

국제법은 법규범이기는 하나 국내법과는 다른 성질을 가지고 있다. ① 국내법처럼 따로 법을 제정하는 입법기관이 없으며 단지 국제법주체간의 합의(명시적 합의-조약, 묵시적 합의-국제관습법)에 의해 성립한다는 점, ② 국제법을 통일적으로 해석 적용할 세계적인 통일조직기구가 없다는 점, ③ 위반한 주체에 대한 제재가 미약하다는 점 등이 특징이다. 따라서 국제법이 국내법과는 달리 비통일적, 비조직적인 국제사회를 배경으로 존재하는 것인 이상 그 성립, 존재형식, 실효성 등의 면에 있어서는 국내법에 비하여 불완전한 법인 것이다.

3. 체계

국제법의 체계문제는 국제법이 법규범에서 가지는 지위의 문제이며 결국 국내법과의 관계에 관한 문제이다. 이에 대해서는 이원론과 일원론의 대립이 있고, 일원론은 다시 국제법우위설과 국내법우위설로 나누어져 있다. 이에 대해서 우리 헌법은 제6조 제1항에서 「헌법에 의하여 체결 · 공포된 조약과 일반적으로 승인된 국제법규는 국내법과 같은 효력을 가진다」고 규정하고 있기 때문에 헌법보다는 하위이고 법률과는 동위의 효력을 가지는 법규범이라고 이해하는 것이 일반적 견해이다.

Ⅱ. 국제법의 법원

1. 조약

「條約(조약, treaty, Vertrag)」이란 문서에 의한 국가간의 합의이며 서로가 일정한 행위를 하거나 또는 하지 않을 것을 내용으로 하는 협약이다. 그러나 반드시 문서에 의하여야 하는 것으로는 보지 않으며, 그 명칭에 있어서도 조약에 한하지 않고 협정 · 협약 · 의정서 · 결정서 · 선언 · 규약 · 헌장 · 양해각서 등의 명칭이 사용되고 있다.

2. 국제관습법

국제사회에 있어서 어떤 사실이 여러 번 반복하여 행하여지면 국제관행이 성립되고, 이 국제관행이 국가들로부터 법적 확신을 얻게 되었을 때 국제관습법이 성립하게 된다. 유엔총회는 국제관습법의 法典化(법전화)를 위해 국제법위원회를 설립하였으며, 국제법위원회는 법전화 작업의 결과로서 「조약법에 관한 비엔나 협약」, 「외교관계에 관한 비엔나 협약」 등을 제정하였다.

이 외에 「법의 일반원칙」, 즉 국제사법재판소규정 제38조의 「문명제국에 의하여 승인된 법의 일반원칙」이 국제법의 법원이 될 수 있을 것인가에 대해 주장이 엇갈리고 있지만, 우리의 경우에는 우리 헌법 제6조 제1항의 「일반적으로 승인된 국제법규」에는 국제관습법뿐만 아니라 법의 일반원칙도 포함된다고 보아 법원성을 인정하여야 한다고 본다.

Ⅲ. 국제법의 주체

국제법의 주체로는 원칙적으로는 국가가 있으나 그 외 국제기구나 개인이 주체가 되는 경우가 있다.

1. 국가

「國家(국가)」는 국가권력의 자주성과 독립성 · 영역 · 국민을 필수요소로 구성되는 하나의 국제법상의 단체이다. 국제법의 주체로서 국가는 독립권, 평등권, 교섭권, 자위권 등의 기본적 권리와 국내문제불간섭의 의무, 국제법의 준수의무, 국가책임의무, 국제협력의무 등의 의무를 갖는다. 한편, 새로운 국가가 국제법상의 주체가 되기 위해서는 타국에 의한 승인이 있어야 한다.

2. 국제기구

「국제기구」는 공동목적을 달성하기 위해 국가간의 조약에 의해 창설되고 설립조약에 따라 행동하는 독립된 법인격체이다. 이를 「정부간 국제기구(inter-governmental organization)」라고 하며, 민간인에 의하여 결성되는 「비정부간 기구(Non-governmental organization)」와는 구별되는 것이다. UN, 국제전기통신연합, 국제노동기구, 그리고 새로이 출범하는 세계무역기구(World Trade Organization) 등이 그 대표적인 것들이다.

국제기구는 그 목적수행을 위해 필요한 한도 내에서 설립조약의 규정에 따라 국제법의 주체성을 인정받는다. 즉 국제기구는 설립조약이 명시적 또는 묵시적으로 인정하고 있는 권한의 범위 안에서 조약체결권, 외교사절의 접수권, 출소권, 청구권, 특권과 면제, 국제사법재판소에 권고적 의견(advisory opinion)을 물을 수 있는 권리를 갖는다.

3. 개인

개인도 때로는 국제질서를 형성하는 중요한 주체이므로 국제법의 규범수명자의 지위로부터 자유로울 수 없다. 오늘날 국제사회는 점점 발달하고 있으며 국경의 중요성은 상대적으로 희박해지고 있다. 이러한 경향에 따라 국제법은 개인에 관해서도 규정하고 있으며 그 결과 개인은 국제법상의 권리 · 의무를 갖게 되었다. 개인의 국제법상의 권리로서는 외교사절의 외교특권, 조약상(특히 통상조약)의 제권리, 즉 입국 · 거주 · 통상 · 영업 등의 권리가 있으며 그 밖에도 국제재판소에의 출소권이 인정되어 있있다. 의무로서는 해적행위를 하지 않을 의무, 전시에 중립국의 국민이 전시금제품의 운송 · 봉쇄의 침파 · 군사적 원조 등의 행위를 하지 않을 의무, 침략적 전쟁을 하지 않을 의무, 전쟁법규준수의무, 집단살해를 하지 않을 의무 등이 있다.

Ⅳ. 국제법의 적용범위

국제법은 국가권력내의 지역이든 국가권력이 미치지 않는 지역, 즉 공해이든 상관없이 전 공간에 적용됨이 그 특징이다.

1. 국가영역

국가란 원치적으로 하나의 국가권력이 배다적으로 지배하고 있는 공간이며, 영토 · 영해 · 영공으로 구분된다. 영토는 육지로 구성된 국가영역이며, 영토내의 하천 · 운하 · 호소는 영토의 일부분으로 취급된다. 영해는 영토의 해안선에 접속하는 일정한 범위인데, 12해리를 초과하지 않는 범위 안에서 연안국이 결정하도록 하고 있다(1982년 해양법협약 제3조). 영공은 영토와 영해의 상공부분으로서 지배가능한 범위로 한정된다.

2. 공해

「公海(공해)」라 함은 영해를 제외한 바다로서 어떠한 국가의 영역에도 속하지 않으며, 어떠한 국가도 이를 배타적으로 관할할 수 없는 특수한 영역이다. 이와 같이 어떠한 국가의 영역에도 속하지 않고 어떠한 국가도 배타적으로 관할권을 갖지 않는다는 의미에서 공해는 자유이며, 이를 공해자유의 원칙이라 한다. 공해에 있어 국가관할권은 원칙적으로 자국 선박에 한정된다. 그러나 예외적으로 해적행위, 노예무역행위, 공해에서의 무허가방송, 해저전선의 파괴나 훼손, 마약범죄, 어업규칙의 위반에 대해서는 외국선박에 대해서도 관할권을 행사할 수 있다.

Ⅴ. 국제교섭기관

1. 외교사절

「외교사절」은 국가를 대표하여 외교교섭을 하는 것을 그 임무로 하는 기관이다. 외교사절에는 전권대사, 전권공사, 변리공사 및 대리공사의 네 종류가 있다. 자국이 임명한 외교사절을 외국에 파견하는 데 있어서는 그의 성명, 인물, 경력 등을 미리 상대국에 통고하여 상대국의 승인을 얻는 것이 예로 되어 있다. 이 경우에 상대국이 그 인물의 자국주재를 동의하는 것을 아그레망(Agrément)을 준다고 한다.

외교사절은 그 주재국에서 광범한 특권을 가진다. 이 특권은 보통

불가침권과 각종의 특권 · 면제로 나누어진다. 불가침권은 사절의 신체 · 명예 · 문서 · 통신 및 관사가 그 의사에 반하여 침해당하지 않는 권리를 말하며, 특권과 면제 중 면제란 외교사절은 주재국의 관할권에 복종하지 않는 권리를 말한다. 따라서 그 재판권 · 경찰권 · 과세권 등에서 제외 받는다. 외교사절의 수행원(관원, 가족, 고용인)에 대하여도 일정한 특권이 인정된다.

2. 영사

「領事(영사)」는 주로 자국의 통상 · 항해상의 이익의 보호와 재유자국인의 보호를 임무로 하는 것이다. 영사는 국가를 대표하여 외국에 파견되는 대표기관과는 다르다. 즉, 영사는 외교사절은 아니다. 영사는 총영사, 영사, 부영사, 영사대리의 계급으로 구분되는데, 외교사절과 같이 일정한 특권이 인정되나, 외교사절의 그것보다는 좁다. 영사는 외교사절과 달라서 주재국의 정부와 직접 교섭할 수가 없고, 지방관헌과 교섭할 수 있을 뿐이다.

Ⅵ. 국제분쟁

1. 평화적 해결

국제분쟁이 빈생했을 때 이를 평화적으로 해결하는 방법으로는 이교적 수단에 의한 해결방법과 국제재판에 의한 해결 방법이 있다.

1) 외교적 수단에 의한 해결방법

(1) 직접교섭

분쟁당사국이 제3국의 도움 없이 직접적인 외교교섭으로 자발적으로 분쟁을 해결하는 방법이다.

(2) 주선 · 중개

제3국의 도움으로 분쟁을 해결하는 방법으로는 주선과 중개가 있다. 주선의 경우에는 제3국이 분쟁해결을 위해 사무적인 원조를 제공하는 데 비해 중개의 경우에는 제3국이 분쟁당사국의 교섭에 개입하고 해결책을 제시하는 등 적극적인 역할을 수행한다.

(3) 심사

당사국의 합의로 구성되는 독립기관인 심사위원회가 분쟁의 원인이 된 사실을 명확히 함으로써 분쟁해결을 용이하게 하는 것이 심사이다. 그렇지만 심사위원회의 심사보고서는 당사국에 대해 구속력을 갖지 않는다.

(4) 조정

독립적 지위에 있는 제3자가 분쟁을 심사하여 분쟁당사국에게 해결조건을 제시하는 방법이 「조정」이다. 조정의 경우에도 조정위원회 또는 조정위원의 해결조건을 반드시 수락할 필요는 없다는 것이 그 한계이다.

2) 국제재판에 의한 해결방법

(1) 중재재판

분쟁당사국들이 선정한 중재재판관에 의해 당사국들이 합의한 재판준칙과 재판절차로 구속력을 갖는 판결을 내림으로써 분쟁을 해결하는 제도가 「중재재판」이다. 이에는 임의적 중재재판과 상설적 중재재판이 있다. 중재재판은 사법재판과는 달리 재판의 성립, 구성, 준칙, 절차 등이 당사자의 합의에 따라 이루어지므로 당사자의 의사가 존중된다는 점에서 보다 적절한 해결방법이라고 할 수 있다.

(2) 사법재판

국제사법재판소처럼 미리 선임된 법관에 의해 국제법을 재판준칙으로 하여 분쟁을 해결하는 제도를 사법재판이라 한다. 상설국제사법재판소의 시초를 이루는 것은 국제연맹의 상설국제사법법원(PCIJ-1920년)이라고 할 수 있다. 현재 상설사법재판소로는 국제연맹의 상설국제사법법원을 실질적으로 계승한 국제연합의 국제사법재판소(ICJ)가 일반적 관할권을 갖고 있으며, 그 외에 특별분쟁에 대하여는 국제노동기구 행정법원 · 유럽연합의사법재판소 · 유럽인권재판소 · 미주인권법원 등이 관장하고 있다.

2. 강제적 해결

1) 보복

타국이 부당한 행위에 의하여 자국의 이익을 침해하던가 또는 타국이 우의 또는 예의에 반하는 행위를 하였을 때 자국도 마찬가지의 행위로 대응하는 것을 「보복」이라 한다. 예를 들면 자국의 수출품에 대하여 부당하게 고율의 관세를 부과하는 경우에 당사국으로부터의 수입품에 대하여 똑같이 고율의 관세를 부과하는 것을 말한다.

2) 복구

타국의 不法行爲(불법행위)에 의하여 자국의 권리가 침해되었을 때

평화적인 방법으로 해결하지 못할 때 상대국의 불법행위와 같은 정도의 불법행위로 상대국의 이익을 동등한 크기로 침해하는 것을 「복구」라 한다.

3) 간섭

국제분쟁 당사국의 일방이 국제법을 위반하였을 때 상대국의 자력에 의한 구제를 하지 못할 경우에 제3국이 분쟁당사국의 일방에 가하는 강제를 「간섭」이라 한다. 국제연합의 안전보장이사회는 평화에 대한 위협, 평화의 파괴 및 침략행위에 대하여는 국제평화 및 안전을 유지 또는 회복하기 위하여 경제단교, 교통수단의 중단, 외교관계의 단절을 행할 수 있도록 하고 있다(유엔헌장 제39조 이하 참조).

4) 전쟁과 중립

「전쟁」이란 국가가 투쟁의 의사로서 상대국을 자국에 굴복시키기 위하여 국제법상 허용된 모든 수단을 취하는 상태를 말한다. 「전쟁은 경험하지 않을수록 좋다(Dulce bellum inexpertis)」라는 에라스무스의 말처럼 국제법상 전쟁은 이제 더 이상 국제적 분쟁해결의 수단으로 인정할 수 없다는 것이 일반적 견해이지만 실제에 있어서는 모든 국가가 국제법을 충실히 준수하여 줄 것을 기대할 수는 없다. 전쟁이 개시되면 교전법규가 적용되고, 중립국이 있을 때에는 중립법규의 적용이 필요하게 된다. 중립이란 전쟁에 참가하지 않고 교전국 쌍방에 대하여 공평한 태도를 취하는 것을 말하며, 그러한 지위에 있는 국가를 중립국이라 한다. 교전국과 중립국간의 관계를 규율하는 일련의 법규를 「중립법규」라 한다. 이 중립법규에 의하여 중립국이 준수해야 할 의무에는 회피의 의무 · 방지의 의무 · 용인의 의무가 있다. 그리고 교전국

상호간의 관계를 규율하는 교전법규와 교전국과 중립국과의 관계를 규율하는 중립법규를 총칭하여 「전시법(Kriegsrecht)」이라 한다.

제3절 국제사법

Ⅰ. 개념

1. 의의

「國際私法(국제사법)」이라 함은 섭외적 사법관계에 적용할 私法(사법)을 지정하는 법규를 말한다. 섭외적 사법관계에 적용될 사법은 그 생활관계에 있어서 한 국가의 법률만을 적용함으로써 해결되는 것이 있고 또 한편으로는 외국의 법을 적용하여야 하는 것도 있기 때문에 국제사법이란 섭외사법의 적용범위를 결정하는 법규라고 정의할 수 있다.

2. 입법이유

섭외적 사법관계에 대해 적용될 수 있는 국내외의 다수법규범들이 존재할 때 이러한 섭외사법관계를 어떻게 법적으로 규율할 것인가에 대해서는 ①세계사법의 통일, ②세계사법의 선정, ③법률저촉의 해결이라는 세 가지 해결방법이 있다. 아직까지 세계사법의 통일 혹은 실정은 이루어지지 않고 있으므로 결국 내용이 다른 여러 나라의 사법을 그대로 두고 문제된 섭외사법관계를 규율하는 데 가장 적합한 사법을 선택하여 적용하는 방법을 취할 수밖에 없다. 이와 같이 저촉하는 국내사법과 국외사법 중 어느 법을 선택해서 적용할 것인가 하는 準據法(준거법)의 지정에 관한 법이 곧 「국제사법」 또는 「涉外私法(섭외사법)」이다.

3. 본질

국제사법은 법률문제를 직접 해결하는 데 적용되는 실질사법이 아니란 점에서 간접규범이며 적용규범이다. 그리고 국제사법은 실질사법을 선택하는 규범이므로 상위규범이며, 국내 입법기관에 의해 국내적으로 제정되므로 국내법이며, 섭외적 사법관계를 그 대상으로 한다는 점에서 사법에 해당한다고 말할 수 있다.

Ⅱ. 국제사법의 적용

어떤 섭외적 생활관계가 어느 나라의 법원에서 문제되었을 때 법원의 재판에 의해 해결되기 위해서는 국제사법규정의 특수성으로 인해 대개 몇 가지 일정한 단계를 거쳐야 한다. 그 단계는 ①당해 법률관계가 국제사법의 어느 규정의 적용을 받아야 하는가를 결정하는 법률관계의 성질결정, ②문제된 당해 법률관계와 실질법인 준거법을 연결하여 주는 요소인 연결점의 결정, ③국제사법이 지정하는 준거법이 외국법인 경우 외국법과 국내법질서의 융화를 따지는 공서법 등의 문제를 차례로 해결하여야 한다.

1. 법률관계의 성질결정

어떤 섭외적 생활관계에 국제사법을 적용하여 준거법을 지정하기 위해 해야 할 첫 번째 과제는 그 법률관계가 어떤 성질의 것인가를 결정하여야 한다. 이것은 문제되는 법률관계의 성질이 예를 들면 물권관계이냐 채권관계이냐에 따라서 준거법이 달라질 수 있기 때문이다. 이렇게 문제되는 법률관계의 성질결정은 국제사법자체에서 구한다는 것이 일반적 견해이다.

2. 연결점

「연결점」이라 함은 섭외적 법률관계에 국제사법을 적용하여 준거법을 지정할 때에 당해 법률관계와 실질법인 준거법을 연결하여 주는 요소를 말한다. 연결점은 문제된 법률관계의 종류에 따라 달라서, 목적물의 소재지 · 법정지와 같이 단순한 사실관계일 수도 있고 국적 · 주소 · 불법행위지 · 행위지와 같은 법률개념일 수도 있다.

연결점의 결정은 연결개념의 결정과 연결점의 저촉에 관한 것이 중요한 문제인데, 연결개념의 결정은 국적주소 등의 개념을 어느 나라의 법률로 해석해야 할 것인가에 관한 문제이고 연결점의 저촉은 이중국적자나 무국적자의 경우 그 본국법은 어느 나라 법이냐에 관한 문제이다.

Ⅲ. 국제사법의 저촉

나라마다 국제사법 규정의 내용이 달라서 동일한 법률관계라 할지라도 법정지에 따라서 그 준거법이 달라지는 경우가 많다. 예를 들면 甲(갑)국의 국제사법에 의하면 갑국법이 적용되지만 乙(을)국의 국제사법에 의하면 을국법이 적용되는 경우(국제사법의 적극적 저촉), 그리고 갑국의 국제사법에 의하면 을국법이 적용되지만 을국의 국제사법에 의하면 갑국법 또는 양국법이 적용되는 경우(국제사법의 소극적 저촉) 등이 있는데, 이를 「국제사법의 저촉」이라고 한다. 국제사법의 적극적 저촉의 경우에는 각국의 국제사법의 통일에 의해서만 해결될 수 있으나 국제사법의 소극적 저촉의 경우에는 反定(반정)에 의해 해결할 수 있다.

1. 반정의 의의

「反定(반정, renvoi, Ruckverweisung)」이란 법정지의 국제사법 규정이 어떤 법률관계에 관해서 외국법을 적용할 것을 규정하고 있는 경우에 그 외국의 국제사법 규정에 의하면 동일한 법률관계에 관해서 법정지법 또는 제3국법을 적용할 것을 규정하고 있을 때에 그 외국의 국제사법규정을 존중하여 법정지법 또는 제3국법을 적용하는 것을 말하며, 이러한 반정을 인정하는 입법주의를 「반정주의」라 한다. 우리의 섭외사법도 이러한 반정을 허용하고 있다.

2. 반정의 종류

1) 직접반정

「직접반정」은 갑국의 국제사법에 의하면 을국의 신질법이 지정되나 을국의 국제사법에 의하면 갑국의 실질법이 지정되므로 갑국의 법원에서 갑국의 실질법을 적용한 경우를 말하며, 좁은 의미의 반정은 바로 직접 반정을 말한다. 우리 섭외사법에서는 원칙적으로 좁은 의미의 반정만을 인정하고 있다(국제사법 제4조).

2) 전정

「전정」은 갑국의 국제사법에 의하면 을국의 실질법이 지정되나, 을국의 국제사법에 의하면 양국의 실질법이 지정되므로 갑국의 법원에서 양국의 실질법을 적용한 경우이다.

3) 간접반정

「간접반정」은 갑국의 국제사법에 의하면 을국의 실질법이 지정되고 을국의 국제사법에 의하면 양국의 실질법이 지정되고 양국의 국제사법에 의하면 다시 갑국의 실질법이 지정되는 경우 갑국의 법원이 갑국의 실질법을 지정하는 것을 말한다.

4) 이중반정

「이중반정」은 갑국의 국제사법에 의하면 을국의 실질법이 지정되고 을국의 국제사법에 의하면 갑국의 실질법이 지정되는데, 을국의 국제사법에 반정을 인정하는 규정이 있어서 갑국의 법원이 이를 고려하여 을국법을 지정하는 경우이다.

Ⅳ. 준거법의 적용

1. 준거법의 의의

「準據法(준거법, proper law, massgebendes Recht)」이라 함은 섭외적 생활관계의 법률효과를 확정하기 위하여 지정되는 내외국의 법실체를 발하며 이것을 「효과법」이라고도 한다. 즉, 국제사법규정에 의하여 법률관계의 성질과 연결점이 결정되면 섭외적 사법관계에 실제로 적용되는 어떤 나라의 실질사법을 그 법률관계의 준거법이라고 한다.

대부분의 경우 준거법은 연결점을 기준으로 하여 정하여지기 때문에 연결점의 종류에 따라서 준거법도 본국법 · 주소지법 · 거소지법 · 소재지법 · 행위지법 · 계약지법 · 거행지법 · 사실발생지법 · 법정지법 · 발생지법 · 지급지법 등이 있다.

2. 준거법의 적용문제

준거법으로서 외국법이 지정되어서 외국법을 적용하는 경우 외국법은 국내법과 동일한 체계 · 내용을 가지고 있지 않기 때문에 몇 가지 문제가 발생한다.

1) 외국법의 적용

외국법의 성격에 대해서는 외국법도 하나의 법률로 보는 것이 일반적 견해이다. 따라서 외국법이 국제법상의 승인을 받거나 혹은 사실상의 승인을 받고 있는 경우에는 당해 외국법원의 입장에서 해석 · 적용하여야 할 것이다.

문제는 당사자나 법원의 조사에도 불구하고 외국법을 알 수 없는 경우에는 어떻게 할 것인가인데 이에 대해서도 국내법을 적용할 것이 아니라 당해 외국법체계에 따라 논리해석을 통하여 조리에 의해 재판해야 한다는 것이 일반적 견해이다.

2) 법률의 회피

「법률의 회피」란 원래 적용될 내국법률의 적용을 면탈하기 위하여 국적 · 주소 따위의 연결점을 고의로 변경하여 이로 인해서 새로운 외국법률에 따라 법률행위를 하는 경우를 말하는데, 이러한 경우 외국법을 적용해서 그 행위의 효력을 인정할 것이냐에 대해서는 프랑스와 같이 무효설을 지지하는 나라도 있으나 대부분의 국가는 유효설을 지지하고 있다.

3) 유보조항

외국법이 준거법으로 지정되어 그 법을 적용한다면 자국법질서의 불가침적 부분을 침해하는 경우에는 그 외국법은 배제되어야 한다. 우리 섭외사법 제5조도 「외국법에 의하여야 할 경우에 있어서 그 규정이 선량한 풍속 기타 사회질서에 위반하는 사항을 내용으로 하는 것인 때에는 이를 적용하지 아니한다」라고 공서(order public, public policy)를 규정하고 있는데, 이것을 「배척조항」 또는 「유보조항」이라고 한다. 이것은 내국의 실질사법적 정의가 국제사법적 정의에 우선하여야 한다고 여겨질 때 공서조항이 적용되어, 본래는 적용되어야 했을 외국법의 적용이 배척되게 된다.

이렇게 외국법의 적용이 배제되는 결과 발생한 갭을 어떤 원리에 의해 해결해야 하느냐에 대해서는 아직 정설이 없지만 「가능한 한 적게 외국법에 간섭하는 것」이라는 지침에 따라서 해결해야 된다고 보고 있다.

제8장 소송법

제1절 개설

「訴訟法(소송법)」은 소송의 주체 및 절차를 규율하는 법규범의 총체를 말한다. 다시 말하면 법원의 조직, 권한, 당사자능력 등의 소송주체와 법원에 의하여 법률상태를 구체적으로 확정하거나 확정된 법률상태에 대응하는 사실상태를 강제적으로 실현하는 일련의 소송절차에 관한 법이라고 할 수 있다.

근대입헌주의국가에 있어서는 국민의 자유와 권리를 확보하기 위하여 法治主義(법치주의)와 權力分立(권력분립)의 원칙에 따라서 국가권력을 행사하게 된다. 입법부의 법제정에 의해 확인 · 형성된 국민의 자유와 권리가 통치권자나 사인에 의하여 침해되었을 때에는 司法府(사법부)인 법원이 독립하여 재판을 행하고 권리자의 법익을 강제적으로 확보하려고 한다. 소송법은 바로 실체법상의 권리 · 의무가 침해되었을 때 이를 구제하기 위한 절차를 규정한 법이며, 일명 「節次法(절차법)」이라고도 한다.

소송법에는 민사사건의 절차를 규정하고 있는 「民事訴訟法(민사소송법)」, 형사사건의 절차를 규정하고 있는 「刑事訴訟法(형사소송법)」을 위시하여, 행정사건의 절차에 관한 「行政訴訟法(행정소송법)」 등이 있으나, 여기서는 대표적인 양소송법, 즉 민사소송법과 형사소송법만을 살펴보기로 한다.

제2절 민사소송법

Ⅰ. 개념

1. 의의

「民事訴訟(민사소송)」은 개인 상호간의 생활관계에서 발생하는 법률상의 분쟁과 이해의 충돌에 관하여 국가의 사법기관인 법원이 사법상의 권리 또는 법률관계의 존부를 확정하여 다툼을 해소시키고 필요한 경우에는 국가 통치권에 의거하여 강제적으로 이를 실현시키는 절차이다. 즉 재산권과 신분권의 발생 · 변경 · 소멸의 법률관계에 관한 소송이라고 말할 수 있는데, 이러한 민사소송절차와 민사소송관계를 규율하는 법을 총칭하여 「민사소송법」이라 한다.

민사소송의 이념은 재판의 적정 · 공평 · 신속 · 경제이다. 재판의 적정은 사실인정과 법률적용에 있어서 정확성을 기함으로써 실체적 진실을 발견하고 타당한 법률적용을 통해서 권리 있는 자는 반드시 승소하고 권리 없이 부당하게 다투는 자는 반드시 패소한다는 결과를 확보하자는 것을 말한다. 재판의 공평은 상호 대립하는 소송당사자의 어느 한쪽에 치우침이 없이 동등하게 대우하고 기회균등을 보장하여 줌으로써 재판의 적정성을 기하고 재판에 대한 일반적 신뢰감을 부여하자는 것이다. 또 재판의 신속은 재판이 아무리 적정 · 공평하다 하더라도 권리의 실현이 늦어지면 실효성이 없어져 권리를 부정한 것과 다름없는 결과로 되므로 되도록 빨리 재판을 끝내자는 것을 말한다. 그리고 재판의 경제는 소송관계인들이 소송을 수행함에 있어서 들이는 비용과 노력을 최소한도에 그치게 함을 목적으로 하는 이상으로서 무자력자도 소송을 할 수 있어야 마땅할 것이고 소송에 의한 해결로써 얻는 이익보다 이에 필요한 비용부담이 더 커지는 경우에는 소송제도가 아무런 의미를 갖지 못할 것이기 때문에 경제적인 소송수행이 필요한 것이다. 이러한 민사소송의 4대 이념은 상호간에 갈등을 현출시키는 경우도 많지만 서로 조화를 이룰 수 있도록 입법기관과 법원이 노력하여야 할 것이다.

2. 민사소송절차의 종류

1) 보통절차

「보통절차」에는 사법법규를 적용하여 사법상 법률관계를 확정하는 절차인 판결절차와 사법상 의무의 내용을 실현하는 절차인 강제집행절차가 있다. 「판결절차」에는 민사소송법에 규정된 통상소송의 판결절차와 특수 민사사건에 한하여 이용되는 특별소송의 판결절차가 있는데, 특별소송의 판결절차의 예로는 소액사건 심판절차와 가사소송절차를 들 수 있다.

그리고 판결절차나 강제집행절차의 기능을 충분히 살리기 위한 부수절차가 있는데, 이에는 판결절차의 부수절차로서 소송비용액 확정절차와 증거보전절차가 있으며 강제집행의 부수절차로는 집행교부여절차와 집행보전절차로서의 가압류 · 가처분절차가 있다.

2) 특별절차

「특별절차」는 일반민사소송법 이외에 특별법에 의해 그 절차가 진행되는 것을 말하며, 이에는 제소 후 화해절차 · 독촉절차 · 파산절차 · 화의절차 · 회사정리절차 등이 있다.

Ⅱ. 주체

1. 법원

1) 의의

「넓은 의미의 법원」은 민사재판권을 행사하는 국가기관을 총칭하며, 여기에는 좁은 의미의 법원 뿐만 아니라 이사관, 법원서기관, 법원서기, 법원서기보, 통역관, 통역사, 집행관 등 기타 법원직원(법원조직법 제53조)을 포함한 복합적 관서를 말한다.

「좁은 의미의 법원」이라 함은 법관으로서 구성되는 재판기관, 즉 합의부와 단독판사를 말하며, 법선에서 소송법상의 용어로서 법원이라 할 때에는 대개 좁은 의미의 법원을 의미한다.

2) 구성

현재 우리 나라의 민사법원에는 대법원, 고등법원, 특허법원, 지방법원, 행정법원 및 가정법원 등이 있으며, 지방법원 및 가정법원 사무의 일부를 처리하게 하기 위하여 그 관할구역 내에 지원(支院), 소년부지원, 시 · 군법원과 등기소를 둘 수 있다(법원조직법 제3조).

재판기관에는 합의제와 단독제가 있다. 즉 대법원의 심판권은 대법원판사 전원의 2/3 이상의 합의체에서 이를 행하는 것이 원칙이다. 그러나 대법원판사 3인 이상으로써 구성된 부에서 먼저 사건을 심리하여 의견이 일치한 때에 한하여 일정한 경우를 제외하고 재판할 수 있다(법원조직법 제7조 제1항). 고등법원의 심판권은 판사 3인으로써 구성된 합의부에서 행한다(법원조직법 제7조 제2항). 가정법원을 포함한 지방법원과 지방법원지원의 심판권은 원칙으로 단독판사가 행하지만,

합의심판을 요할 때에는 판사 3인으로써 구성된 합의부에서 행한다(법원조직법 제7조 제3항 · 제4항 · 제5항).

우리 나라는 민사사건에 대하여 3심제를 채택하고 있다. 즉, ① 제1심사건은 지방법원 또는 지방법원지원이 심판하며, ② 항소사건에 대하여는 그 판결이 단독판사에 의한 경우에는 지방법원 본원합의부가 심판하며, 지방법원합의부에 의한 경우에는 고등법원이 제2심으로서 심판한다. 그리고 ③ 상고사건에 대하여는 대법원이 제3심으로서 심판한다.

3) 관할

「管轄(관할)」이라 함은 재판권을 행사하는 여러 법원 사이에서 어떤 법원이 어떤 사건을 담당 처리하느냐의 재판권의 분장관계를 정해 놓은 것을 말한다.

관할은 분류표준에 따라 여러 가지로 나눌 수 있는데, 관할의 결정근거를 표준으로 법정관할 · 재정관할 · 당사자의 거동에 의한 관할로 나눌 수 있고, 또 소송법상의 효과의 차이에 따라 전속관할 · 임의관할로 나눌 수 있다.

2. 당사자

1) 의의

민사소송에 있어서 「당사자」라 함은 자기의 이름으로 국가의 권리보호를 요구하거나 또는 요구받는 자를 말한다. 당사자의 칭호는 각 절차에 따라 다른데 판결절차 중 제1심절차에서는 원고 · 피고, 항소심절차에서는 항소인 · 피항소인, 상고심절차에서는 상고인 · 피상고인이라 하며, 재심에서는 재심원고 · 재심피고라고 부른다.

민사소송에 있어서는 재판의 적정 · 공평을 기하기 위하여 이해관계가 대립하는 두 당사자를 참여시켜서 심리하는 것을 원칙으로 하는데 이를 「2당사자주의」라고 한다.

2) 당사자능력

「當事者能力(당사자능력)」이라 함은 일반적으로 민사소송의 당사자가 될 수 있는 능력을 말한다. 판결절차에 있어서는 민법상의 권리능력을 가지는 자(자연인, 법인)는 모두 당사자능력을 가지며(민사소송법 제47조), 또한 법인격이 없는 사단이나 재단은 민법상으로 權利能力(권리능력)은 없으나 대표자 또는 관리인이 있으면 당사자의 능력을 인정받는다(민사소송법 제52조).

3) 소송능력

「訴訟能力(소송능력)」이라 함은 민사소송의 당사자로서 자기가 소송을 수행하는 데 필요한 능력, 즉 소송에 관하여 유효하게 소송행위를 하고 또 이를 받을 수 있는 능력으로서 소송법상의 행위능력을 말한다. 민사소송법은 소송능력의 유무를 민법상의 행위능력에 준거하고 있으므로(민사소송법 제51조), 민법상의 行爲能力者(행위능력자)는 원칙적으로 소송능력자라고 할 수 있다.

4) 변론능력

「辯論能力(변론능력)」이라 함은 소송당사자가 현실적으로 법원에 대하여 적법한 민사소송행위를 하기 위하여 요구되는 능력을 말한다. 변론능력은 본인을 위한 제도라기보다는 민사소송절차를 신속 · 확실하게 진행시키려는 공익상 요구를 위하여 인정되는 제도이다.

3. 대리인

1) 의의

「소송법상 대리인」이라 함은 당사자를 위하여 본인의 이름으로 자기의 의사로써 소송행위를 하고 또 상대자와 법원으로부터 자기를 상대로 하는 소송행위를 받는 제3자를 말한다.

2) 법정대리인

「法定代理人(법정대리인)」이라 함은 본인의 의사와는 상관없이 대리인이 되는 경우를 말한다. 이에는 실체법상의 법정대리인(친권자나 후견인 등) · 소송상의 특별대리인 · 법인 등 단체의 대표자가 있다.

3) 임의대리인

「任意代理人(임의대리인)」이라 함은 본인의 의사로 대리인이 된 경우를 말하는데 이를 소송대리인이라고도 한다. 임의대리인 즉 소송대리인은 법령상의 소송대리인(상법상의 지배인 · 선장 · 선박관리인 등)과 소송위임에 의한 소송대리인이 있다. 소송위임에 의한 소송대리인은 변호사인 자연인이나 법무법인(변호사법 제39조)일 것을 원칙으로 하나, 예외적으로 비변호사가 될 수 있는 경우도 있다.

우리 민사소송법은 변호사대리의 원칙을 채택하고 있다. 즉, 원칙으로 법령상의 소송대리인을 제외하고 소송대리인은 변호사가 아니면 안되도록 하고 있는데(민사소송법 제87조 제1항 본문), 이는 우리 법에서는 변호사강제주의를 채택하고 있지 않기 때문에 본인 스스로 소송을 할 수 있으나, 대리인을 세우는 이상 법률사무의 전문가로서 공인된 변호사에 한정함으로써 소송절차가 원할 · 효율적으로 진행되고 승소할 사건이 승소되어 본인의 이익이 제대로 보호될 수 있도록 하기 위함이다.

Ⅲ. 판결절차

1. 제1심 소송절차

1) 소의 의의와 종류

(1) 소의 의의

「訴(소, Klage)」라 함은 법원에 대하여 일정한 내용의 판결을 해 달라는 당사자의 신청이다. 다시 말하면 원고가 피고를 상대방으로 하여 일정한 법원에 대하여 특정의 청구(소송물)의 당부에 관해 심판을 요구하는 소송행위이다.

(2) 소의 종류

민사소송법상 소는 그 분류기준에 따라서 여러 가지로 분류할 수 있다.

① 청구의 성질 · 내용에 따라서 이행의 소, 확인의 소, 형성의 소로 나눌 수 있다. 「이행의 소」란 이행청구권의 확정과 피고에 대한 이행명령을 요구하는 소송이고, 「확인의 소」란 권리 또는 법률관계의 존재 · 부존재의 확정을 요구하는 소송이며, 「형성의 소」란 법률관계의 변동을 요구하는 소송을 말한다.

② 제소의 형태에 따라서 「단일의 소」와 「병합의 소」로 나누어진다.

단일의 소가 1인의 원고가 1인의 피고를 상대방으로 하여 1개의 청구를 하는 것임에 대하여 병합의 소는 단일의 소가 물적 또는 인적으로 수개가 결합된 것으로, 이에는 소의 객관적 병합(청구의 병합)과 소의 주관적 병합(공동소송)이 있다.

③ 제소의 시기에 따라서 독립의 소와 소송중의 소로 나누어진다. 「독립의 소」라 함은 다른 소송절차와 관계없이 그 제기에 의하여 비로소 새로 판결절차를 개시시키는 소이다. 이에 대해 「소송중의 소」란 이미 계속중인 소송절차를 이용하여 그 당사자나 제3자가 이와 병합심리를 구하려 제기하는 소인데, 당사자가 제기하는 것으로는 청구의 변경(민사소송법 제262조) · 중간확인의소(민사소송법 제264조) · 반소(민사소송법 제269조) · 소송인수(민사소송법 제82조) · 공동소송인의 추가(민사소송법 제63조)가 있고, 제3자가 제기하는 것으로는 독립당사자참가(민사소송법 제79조) · 공동소송참가(민사소송법 제83조) · 참가승계(민사소송법 제81조) 등이 있다.

2) 소의 제기

민사소송은 일반적으로 소장의 제출 → 소장의 심사 → 소장의 송달 → 변론준비절차 → 변론 → 증거조사 → 판결이라는 절차를 거친다. 제1심에의 소의 제기는 소장을 법원에 제출함으로써 이루어진다.

(1) 소장의 제출

제1심의 소송절차는 원고가 소장을 관할지방법원에 제출함으로써 개시된다(민사소송법 제248조). 이것을 소장제출주의라고 하는데 소장에는 소정사항을 기재하여 원고와 대리인이 기명날인 또는 서명하고 소정의 인지를 붙여야 하며, 피고에게 송달하기 위하여 피고인의 수만큼 소장부본도 제출하여야 한다.

소장의 기재사항으로는 필요적 기재사항과 임의적 기재사항이 있다. 필요적 기재사항으로는 당사자, 법정대리인, 청구의 취지와 원인(민사소송법 제249조 제1항)이 있는데, 이 사항을 기재하지 않으면 재판장은 소장각하명령을 할 수 있다(민사소송법 제254조). 임의적 기재사항으로는 준비서면기재요건(민사소송법 제274조, 제275조)이 있는데, 이는 소장이 준비서면으로서의 구실을 수행하도록 하기 위해서이다(민사소송법 제249조 제2항).

(2) 예외

소장제출주의는 소액심판법상의 예외가 있다. 즉 소가 2,000만원 이하의 소액사건에 있어서는 구술에 의한 소의 제기가 인정되어 있고(소액심판법 제4조), 또 양당사자가 법원에 임의출석하여 변론함으로써 간편하게 제소할 수 있는 임의출석제가 인정되어 있다(소액심판법 제5조).

3) 심리

소가 제기되면 법원은 심리하지 않으면 안된다. 소송의 심리는 소에 대하여 판결하기 위하여 그 기초가 될 소송자료를 수집하는 절차로서 민사소송의 가장 핵심적인 부분이 된다. 그것은 원고의 권리주장을 놓고 벌이는 양당사자의 공격방어는 물론, 법원에 의한 신속·적정·경제적인 소송운영·당사자의 신청을 놓고 행하는 중간적 재판이나 사실인정을 가리킨다. 심리의 방법으로는 구술심리와 서면심리가 있지만 우리 민사소송법은 구술심리를 원칙으로 하고 서면주의를 병행하고 있다(민사소송법 제134조, 제280조). 이러한 심리절차에서 가장 중요한 것이 변론과 증거이다.

(1) 변론

「辯論(변론)」이라 함은 기일에 수소법원의 공개법정에서 당사자 쌍방이 구술에 의하여 판결의 기초가 될 소송자료, 즉 사실과 증거를 제출하는 방법으로 소송을 심리하는 절차이다.

변론의 종류에는 필요적 변론과 임의적 변론이 있다. 필요적 변론이라 함은 재판을 행함에 있어 반드시 변론이 그 전제가 되어야 하며, 변론에서 행한 구술진술만이 재판의 자료로서 참작되는 경우를 말한다. 판결절차에서는 원칙적으로 필요적 변론에 의하지 않으면 안된다(민사소송법 제134조 제1항). 이 경우에는 변론에 있어서 당사자의 구술진술만이 판결의 기초로 되며, 서면상의 진술은 특별한 규정이 없는 한(민사소송법 제137조), 그것만으로 곧바로 판결의 기초로 할 수 없다. 임의적 변론이라 함은 반드시 변론을 열 것을 요하지 않는 경우에 법원의 재량에 의하여 임의적으로 열 수 있는 변론을 말한다. 결정으로 완결될 사건은 이에 의한다(민사소송법 제134조 제1항 단서). 변론을 열지 않는 경우에 소송기록에 의한 서면심리만으로 재판할 수 있으나, 법원은 당사자, 이해관계인 기타 참고인을 심문할 수도 있다(민사소송법 제134조 제2항).

민사소송이 목적하는 소송의 적정, 공평 그리고 신속, 경제의 요청에 맞는 심리를 실현하기 위해서는 다음과 같은 제원칙에 따라 심리를 진행해야 한다. 즉 소송의 심리 및 재판을 일반인이 방청할 수 있는 상태에서 행하여야 한다는 공개주의, 소송심리의 적정 · 공평을 위해서 당사자 양쪽에게 소송자료를 제출할 기회를 평등하게 주어야 한다는 쌍방심리주의, 변론의 청취나 증거조사를 그 소송사건에 관하여 재판을 담당한 법원의 법관이 직접 한다는 직접심리주의, 청구의 신청 · 소송자료의 제출 · 신문 등 당사자와 법원의 행위를 모두 구술로 한다는 구술주의, 소송의 개시 · 심판의 대상과 범위 · 소송의 종결을 당사자의 의사에 맡기자는 당사자 처분권주의, 재판의 기초가 되는 사실자료와 증거자료인 소송자료의 수집을 당사자에게 일임하는 변론주의, 한편 민사소송법 개정에서 공격방어 방법을 변론 종결시까지 수시로 제출할 수 있다는 수시제출주의를 버리고 당사자는 소송의 정도에 따라 적절한 시기에 공격방어 방법을 제출하여야 한다는 적시제출주의를 채택하었나(민사소송법 제146조, 제149조). 법원이 증거를 조사함에 있어 증거방법과 증거력에 관하여 법률의 간섭적 규정을 두지 않고 법관으로 하여금 적법한 증거조사의 결과와 변론의 전취지를 참작하여 사회정의와 형평의 이념에 입각하여 논리와 경험법칙에 따라 자유로이 사실을 인정하자는 자유심증주의 등에 입각해서 심리를 진행해야 할 것이다.

2002년 개정된 민사소송법에 따른 새로운 소송절차는 집중심리에 중점을 두고 있다. 소장이 피고에게 송달되면 피고는 원고의 청구를 다투는 때에는 공시송달의 경우를 제외하고는 답변서를 제출하여야 하는데(민사소송법 제256조 제1항), 만약 답변서를 제출하지 않을 경우에는 법원은 피고가 원고의 주장사실을 자백한 것으로 보고 변론 없이 판결할 수 있도록 하였다(민사소송법 제257조 제1항). 재판장은 변론 없이 판결하는 경우 외에는 소송사건에 관하여 변론준비절차를 열어 다사자가 준비서면 등의 서류를 제출하거나 당사자 사이에 이를 교환하게 하고 증거를 신청하도록 함으로써(민사소송법 제280조 제1항)

당사자의 주장과 증거를 정리한다. 또 경우에 따라서는 증인과 당사자 신문을 제외한 증거조사도 할 수 있으며(민사소송법 제290조), 필요하면 변론준비기일을 열어 당사자를 출석시킬 수도 있다(민사소송법 제282조 제1항). 변론준비절차가 끝나면 재판장은 변론기일을 지정하여 당사자를 소환한다.

변론은 보통 ① 먼저 원고가 소장에 기하여 본안의 신청을 진술함으로써 개시되면, ② 이에 대응하여 피고가 소각하나 청구기각의 신청 등 반대신청을 하고, ③ 이어서 각 당사자가 각기 공격방어방법을 제출하는 경과를 거친다. 변론기일에는 증인신문, 당사자 신문을 집중적으로 행하도록 하고 있다(민사소송법 제293조). 법원은 변론준비절차를 마친 경우에는 되도록 첫 변론기일을 마친 뒤 심리를 종결할 수 있도록 하고(민사소송법 제287조 제1항), 첫 기일에 변론을 종결하기 어려우면 재판장은 속행기일의 지정으로 심리를 속행하여야 한다. 소송에서 심리가 성숙되면 사실관계를 확정하여 법원은 확정한 사실관계에 실체법을 적용하여 판결의 내용을 결정하고 판결서를 작성하여 판결을 선고한다.

(2) 증거

「證據(증거, Beweis)」라 함은 법원이 판결의 기초가 되는 사실을 인정하기 위한 자료를 말한다. 민사소송법상 증거라는 말은 증거방법(Beweismittel) · 증거자료(Beweisstoff) · 증거원인(Beweisgrund) 등 다의적으로 쓰이고 있다.

재판은 구체적 사실에 법규를 적용하여 권리관계의 존부를 판단하는 것이므로, 법규의 존부 및 해석과 더불어 사실관계의 확정이 필요하다. 그런데 사실관계에 관하여 당사자간에 다툼이 있는 경우에는 법원이 그 존부를 확정하여야 하는 바, 이때 당해 법원은 자의가 아니라 객관적 · 합리적인 것으로 널리 승인될 수 있는 것에 의하여 재판하지 않는다면 그 재판의 대국민적 신뢰는 유지될 수 없을 것이다. 따라서 객관성 · 합리성의 보장을 위하여 사실인정의 자료로서 증거가 요구되며 또한 그 조사절차가 문제되는 것이다.

증거가 사실인정에 기여하기 위해서는 증거능력과 증거력이 있어야 한다. 「證據能力(증거능력)」이라 함은 유형물이 증거방법으로서 증거조사의 대상이 될 자격을 말한다. 우리 민사소송법에서는, 몇 개의 예외를 제외하고는, 자유심증주의를 채택하고 있으므로 원칙적으로 증거능력의 제한은 없다. 증거력이란 증거자료가 요증사실의 인정에 기여하는 정도를 말하는데, 법관은 이를 논리칙과 경험칙에 입각하여 자유롭게 판단하도록 되어 있다(민사소송법 제202조).

증거의 종류는 직접증거와 간접증거, 본증과 반증 등으로 나누어 질 수 있다. 「직접증거」란 주요사실의 존부를 직접 증명하는 증거를 말하고, 「간접증거」란 간접사실이나 보조사실을 증명하기 위한 증거를 말하며, 주요사실의 증명에 간접적으로 이바지한다. 그리고 「본증」이란 당사자가 자기에게 입증책임 있는 사실을 증명하기 위하여 제출하는 증거를 말하며, 「반증」이란 상대방이 입증책임을 지는 사실을 부정하기 위해 제출하는 증거를 말한다.

4) 판결

(1) 소송종료사유

소의 제기에 의하여 개시된 소송은 당사자의 행위나 특수한 사유에 의해서 종료되는 경우와 법원의 종국판결에 의하여 종료되는 경우가 있다. 민사소송은 사적 자치의 원칙이 지배하는 사인간의 분쟁을 대상으로 하므로 당사자의 행위에 의하여 소송을 종료할 수 있도록 허용하고 있는데, 소의 취하 · 재판상의 화해청구의 포기 또는 認諾(인낙)이 이에 해당한다. 이 밖에 승계가 인정되지 않는 소송에 있어서 소송당사자가 사망한 경우, 원 · 피고의 지위가 혼동된 경우처럼 당해 소송을 더 이상 존속시킬 수 없는 특수한 사태가 발생하여도 소송은 종료된다. 그렇지만 소송법이 예정하고 있는 보통의 소송종료원인은 역시 종국판결이다.

(2) 판결

「判決(판결)」이라 함은 법원이 소송사건에 종국적 또는 중간적인 판단을 표시하기 위하여 원칙적으로 변론을 거쳐서 행하는 재판을 말한다. 판결에는 중간판결과 종국판결이 있는데, 「중간판결」이라 함은 종국판결을 하는 준비로서 실체법상 또는 소송법상의 부분적인 쟁의에 관하여 내리는 판단을 말하며, 「종국판결」이란 소송사건의 전부 또는 일부에 대하여 그 심급을 완결시키는 판결을 말한다.

판결의 성립절차는 법원이 ① 먼저 어떠한 내용의 판결을 할 것인가를 확정하고, ② 이어 그 내용을 표시하는 판결서(판결원본)를 작성하고, ③ 마지막으로 그 판결서에 기해 선고를 하는 순으로 진행이 된다. 선고에 의하여 성립이 된 판결은 그 정본을 만들어 당사자에게 송달된다.

그리고 판결이 선고되면 그와 동시에 판결법원에 대한 관계에서 생기는 羈束力(기속력), 판결의 확정에 의하여 당사자에 대한 관계에서 생기는 형식적 확정력, 법원 및 당사자에 대한 관계에서 생기는 실질적 확정력(기판력) 이외에, 집행력, 형성력 및 그 밖의 효력이 따른다.

2. 상소심의 소송절차

1) 상소의 의의

「上訴(상소)」라 함은 재판으로 불이익을 받은 당사자가 그 재판이 확정되기 전에 그 위법임을 이유로 그 재판을 취소 또는 변경하도록 주장하면서 자기주장의 당부에 대한 심판을 요구하는 소송행위를 말하며, 이것에 의하여 상소심절차는 개시된다.

상소제도는 재판의 적정과 공평을 기하고 법령해석의 통일을 기하기 위하여 인정된 제도이다. 소송법이 재판의 적정을 기하기 위하여 여러 가지 제도를 마련하였지만 그 재판에 있어서 사실인정과 법률적 판단에 과오가 없다고 보장할 수는 없으므로 그 과오를 시정할 수 있는 기회가 주어져야 재판의 적정을 기할 수 있는 것이다. 이에 우리 민사소송법은 상소로써 항소 · 상고 · 항고 등을 인정하고 있다.

2) 항소

「抗訴(항소)」라 함은 지방법원단독판사 또는 지방법원합의부가 한 제1심의 종국판결에 대하여 불만을 가진 당사자가 다시 유리한 판결을 구하기 위하여 그 직근의 상급법원에 새로운 판결을 구하는 불복신청이다(민사소송법 제390조). 그 신청인을 抗訴人(항소인), 상대방을 被抗訴人(피항소인)이라 한다.

불복신청의 이유는 제한이 없으므로 사실인정의 부당뿐만 아니라 법령위반도 항소이유로 할 수 있다. 사실인정의 부당도 항소이유로 된다는 점에서 상소심은 「法律審(법률심)」이라 하고, 항소심을 제2의

「事實審(사실심)」이라 한다. 이런 연유로 항소심의 목적은 오판으로부터 당사자의 보호, 즉 권리실현의 적정을 확보하는 데 중점을 둔다고 말할 수 있다.

항소를 제기하려면 판결이 송달된 날로부터 2주일 이내에 항소장을 원심법원에 제출하여야 한다. 항소심의 소송절차에는 특별한 규정이 없으면 제1심의 소송절차에 관한 규정이 준용된다(민사소송법 제408조).

3) 상고

「上告(상고)」라 함은 항소심당사자가 상고법원에 원심법원이 한 종국판결에 대하여 그 법령적용의 당부를 심사하고 원판결이 위법일 때에는 그 원판결의 파기 또는 변경을 요구하는 上訴(상소)를 말한다. 즉, 상고는 고등법원이 선고한 종국판결과 지방법원합의부가 제2심으로서 선고한 종국판결에 대하여 할 수 있으며, 불항소합의가 있을 때에는 제1심의 종국판결에 대하여 비약적 상고를 할 수 있다(민사소송법 제422조).

「상고제도」는 구체적 사건의 구제와 함께 법령의 해석 · 적용의 통일을 도모함을 목적으로 하므로, 제1심 및 항소심을 사실심이라고 함에 대하여 「법률심」이라고 한다.

상고심절차는 상고의 제기에 의하여 개시된다. 상고심절차에는 항소심의 소송절차와 제1심의 소송절차에 관한 규정이 준용된다(민사소송법 제425조, 제408조).

4) 항고

「抗告(항고)」라 함은 판결 이외의 재판인 결정 · 명령에 대한 독립의 간이한 상소이다. 항고는 상급법원에 원재판의 당부의 판단을 구하는 점에서 항소 · 상고와 같지만, 간이 · 신속한 결정절차에 의하는 점과 이에 의하여 원법원이 원결정을 변경할 기회를 갖게 되는 점에서 크게 차이가 있다. 항고는 모든 결정 · 명령에 대해 허용되는 것이 아니고, 법률이 특히 인정한 경우에 한한다.

항고의 종류는 그 분류기준에 따라 통상항고와 즉시항고, 최초항고와 재항고, 그리고 특별항고와 일반항고로 나눌 수 있다. ① 통상항고와 즉시항고는 항고제기기간의 제한 유무에 따른 분류로서, 통상항고는 항고제기기간의 제한이 없어 항고의 이익이 있는 한 어느 때나 제기할 수 있지만, 즉시항고는 신속한 해결의 필요상 1주일의 불변기간 내에 제기할 것을 요한다(민사소송법 제444조). 통상항고가 원칙이며 즉시항고는 법률에 명문이 있는 경우에 예외적으로 허용된다. ② 최초항고와 재항고는 항고심급에 따른 분류인데, 최초항고는 원심법원의 결정 · 명령에 대한 상소이고 재항고는 최초항고에 대한 항고법원의 결정과 고등법원 또는 항소법원의 결정 · 명령에 대한 항고이다. ③ 「특별항고」란 불복신청을 할 수 없는 결정 · 명령에 대하여 비상구제책으로 대법원에 하는 항고이며(민사소송법 제449조), 그 외의 항고를 「일반항고」라 한다.

3. 재심

「再審(재심)」이라 함은 확정된 종국판결에 재심사유에 해당하는 중대한 하자가 있는 경우에 그 판결의 취소와 이미 종결되었던 사건의 재심판을 구하는 비상의 불복신청방법이다.

재심제도는 당사자의 권리구제를 위하여 확정된 재판을 번복하여 구체적 정의를 실현시키기 위하여 인정된 것이다. 즉 판결이 확정되면 기판력이 생기고 법적 안정성이 확보되지만, 판결에 중대한 절차상의 하자나 판결의 기초에 잘못이 있는 경우에도 법적 안정성에만 집착한다면 재판의 적정과 위신을 지킬 수 없을 뿐더러 구체적 정의에도 반한다. 그리하여 법적 안정성과 구체적 정의에 상반하는 경우에 이를 조화시키기 위하여 마련된 것이 재심제도이다.

재심의 소는 당사자가 판결확정 후 재심의 사유를 안 날로부터 30일 내에 제기하여야 하며, 판결확정 후 5년을 경과한 때에는 재심의 소를 제기하지 못한다(민사소송법 제456조).

Ⅳ. 강제집행절차

1. 의의

민사소송의 판결절차를 통하여 당사자 사이에 권리 · 의무관계가 확인 · 형성되었다 하더라도 의무자가 그의 의무를 현실적으로 이행하지 않으면 권리자의 권리는 현실화될 수 없다. 여기에서 의무자의 의무이행을 강제하는 수단을 법적으로 따로 마련할 필요가 있기에, 이에 따라 「民事執行法(민사집행법)」에서 강제집행절차를 규정하고 있다. 다시 말하면 강제집행절차란 의무자에게 국가통치권에 의한 강제력을 가하여 급부청구권을 실현시켜서 私法上(사법상) 권리자의 권리를 확보해 주려는 민사집행절차이다.

2. 강제집행기관

우리 민사집행법상 강제집행기관으로는 수소법원 · 집행법원 · 집행관의 세 가지가 있다. 집행관과 집행법원이 원칙적인 집행기관이고 수소법원은 예외적인 집행기관이다.

「執行官(집행관)」은 소송에 관한 서류를 송달하고 재판을 집행하는 직분을 가진 단독제의 독립기관을 말한다.

「執行法院(집행법원)」은 강제집행의 실시나 감독에 관하여 관할권을 가지는 법원이다. 원칙적으로 강제집행의 실시는 집행관에 의해서 행하여지도록 되어 있지만, 집행행위를 함에 있어서 법률상 판단이 필요할 때에는 법원이 집행기관이 되며 지방법원단독판사가 집행사무를 담당하게 된다.

「受訴法院(수소법원)」은 강제집행의 기초를 이루는 청구권을 확정하는 판결을 내린 법원이다. 집달관이나 집행법원이 원칙적으로 집행절차를 수행하도록 되어 있으나 때로는 예외적으로 수소법원이 직접 스스로 집행기관의 임무를 수행하는 경우가 있다(민사집행법 제293조 제2항, 제296조 제2항).

3. 강제집행방법

1) 직접강제

「直接强制(직접강제)」이란 권리의 내용을 의무자의 협력 없이 집행기관의 집행행위만에 의하여 직접 실현시키는 집행방법이다. 직접강제는 引渡債務(인도채무)의 집행방법으로서 허용되는데, 금전채무 및 유체물 인도채무, 즉 동산의 인도를 목적으로 하는 채권의 집행(민사집행법 제257조)이나 부동산의 인도 또는 명도를 목적으로 하는 채권의 집행방법(민사집행법 제258조)으로서 적당하다.

2) 대체집행

「代替執行(대체집행)」이란 채권자나 제3자로 하여금 대신 급부내용을 실현하게 용인하고 그의 비용을 금전으로 채무자에게 추심할 수 있도록 하는 집행방법이다(민사집행법 제260조, 제262조). 채무의 성질이 직접강제를 허용하지 않는 경우로서(민법 제389조 제1항) 채무자의 일신에 전속하지 아니한 作爲(작위)를 목적으로 하는 경우(민법 제389조 제2항), 또는 채무자가 不作爲債務(부작위채무)에 위반한 경우(민법 제389조 제3항) 등의 제한된 범위의 행위채무에 대체집행이 허용된다.

3) 간접강제

「間接强制(간접강제)」란 채무자에게 불이익을 예고하거나 부과하여 심리적 압박을 줌으로써 채무자 자신이 채무를 이행하도록 하는 집행방법이다(민사집행법 제261조). 채무자 본인의 기술이나 학식이 채무이행에 있어서 중요한 요소가 되어 있기 때문에 제3자의 채무이행으로서 채무 본래의 내용의 실현이 불가능한 不代替的(불대체적) 작위청구권(민사집행법 제261조, 제262조)이나 불대체적 부작위청구권(민법 제389조 제3항 · 제4항)에 대해서는 간접강제의 방법에 의한다. 그러나 이행행위에 외부적인 장애가 있는 경우, 채무자의 자유의사에 반하여 강제하는 것이 사회관념상 용인되기 어렵거나 만족스러운 결과를 기대하기 어려운 경우 등에는 간접강제도 허용될 수 없다고 보아야 할 것이다.

제3절 형사소송법

Ⅰ. 개념

1. 의의

「刑事訴訟法(형사소송법)」이라 함은 형사절차를 규정하는 국가적 법률체계, 즉 刑法(형법)을 적용하고 실현하기 위한 절차를 규정하는 법률체계를 말한다.

형법은 犯罪(범죄)와 刑罰(형벌) 및 保安處分(보안처분)에 관한 법규범의 총체라고 할 수 있다. 형법은 어떤 행위가 범죄로 되고 그 범죄에 어떤 법률효과를 과할 수 있는가를 규정하고 있다. 형법에 규정된 범죄를 범한 때에는 국가형벌권이 발생하게 되는데, 이러한 형벌권을 구체적으로 실행하기 위해서는 국민의 자유와 권리를 확보하기 위하여 일정한 법적 절차에 따를 것이 요구된다. 이러한 형사절차를 규정한 법률체계가 바로 형사소송법이다. 형법이 형벌권의 발생요건을 규정하는 법률이라면, 형사소송법은 형벌권을 실현하기 위한 법률인 것이다. 이런 의미에서 형사소송법 없는 형법은 있을 수 없다고 해야 한다.

헌법상 인정된 국민의 기본적 인권은 형사소송법에 의한 국가형벌권의 실행에 있어서 필연적으로 침해당하지 않을 수 없게 된다. 따라서 형벌권을 실현하는 절차에서 발생할지도 모르는 과잉침해로부터 개인의 자유와 권리를 보호하기 위하여 형사절차를 법률에 의하여 규정할 것이 요구되는데 이를 「刑事節次法定主義(형사절차법정주의)」라 한다. 우리 헌법도 제12조 제1항에서 형사절차법정주의를 선언하고 있다.

2. 형사소송의 이념과 구조

1) 형사소송의 이념

형사소송은 형법의 구체적 실현을 위한 절차를 규정한 법률이다. 따라서 형사소송의 최고이념은 죄 있는 자와 죄 없는 자를 구별하여 죄 있는 자를 처벌하고 죄 없는 자를 벌하지 않음으로써 판결의 실질적 정당성을 확보하자는 실체진실주의라 할 수 있다. 그러나 자유민주주의의 원리 하에서는 인간의 존엄과 가치를 존중하고 기본적 인권을 보장하여 법치주의를 실현하여야 한다는 점에서 적정절차의 원칙과 신속한 재판의 원칙도 형사절차의 이념에서 벗어날 수 없다. 그러므로 실체진실주의는 적정절차와 신속한 재판의 원칙에 의하여 제한되어 형사소송의 진정한 목적은 적정절차에 의한 신속한 실체진실의 발견이라고 할 수 있는 것이다.

2) 형사소송의 기본구조

형사절차에서 소송의 주체가 누구이고 소송주체 사이의 관계를 어떻게 설정할 것인가에 대한 이론을 「소송구조론」이라 한다. 실체진실주의와 적정절차 및 신속한 재판의 원칙이라는 형사소송의 지도이념을 어떻게 달성할 수 있을까 하는 것이 소송구조론이 풀어야 할 과제이다.

(1) 규문주의와 탄핵주의

「糾問主義(규문주의)」란 법원이 스스로 절차를 개시하여 심리 · 재판하는 주의를 말하고, 「彈劾主義(탄핵주의)」란 재판기관과 소추기관을 분리하여 소추기관의 공소제기에 의하여 법원이 절차를 개시하는 주의를 말한다. 즉, 규문주의는 심리개시와 재판의 권한이 법관에 집중되어 피고인은 단지 조사와 심리의 객체에 지나지 않게 되지만 탄핵주의에 의하면 법원은 공소제기된 사건에 대하여만 심판할 수 있다는 不告不理(불고불리)의 원칙이 적용되고 피고인도 소송의 주체로서 절차에 관여하게 된다. 탄핵주의는 다시 누가 소추기관이 되느냐에 따라 검사가 담당하는 「국가소추주의」, 피해자 또는 그 친족이 담당하는 「피해자소추주의」, 일반공중이 담당하는 「공중소추주의」로 나누어진다.

(2) 당사자주의와 직권주의

탄핵주의 소송구조는 소송의 주도적 지위를 누가 담당하는가에 따라 다시 영미의 당사자주의와 대륙의 직권주의로 나누어진다.

「當事者主義(당사자주의)」란 당사자, 즉 검사와 피고인에게 소송의 주도적 지위를 인정하여 당사자 사이의 공격과 방어에 의하여 심리가 진행되고 법원은 제3자의 입장에서 당사자의 주장과 입증을 판단하는 소송구조를 말하고, 「職權主義(직권주의」)란 소송에서의 주도적 지위를 법원에게 인정하는 소송구조를 말한다. 당사자주의에서는 소송의 개시와 진행이 당사자의 주도 아래 이루어질 뿐만 아니라 소송물에 대하여도 당사자의 처분을 허용하게 되어 이는 특히 피고인의 인간으로서의 존엄과 기본적 인권을 보호하는 데 보다 적합한 구조라고 이해되고 있다. 직권주의에서는 법원이 직권으로 증거를 수집 · 조사해야 하고 소송물도 법원의 지배 아래 놓여 직권으로 사건을 심리할 것이 요구되어 이는 특히 실체적 진실의 발견에 적합한 구조라고 이해되고 있다.

(3) 형사소송법의 기본구조

근대이후 대부분의 국가는 탄핵주의 소송구조를 취하고 있으며, 우리 형사소송법도 공소는 검사가 제기하여 수행한다는 규정을 두어(형사소송법 제246조) 국가소추주의에 의한 탄핵주의 소송구조를 채택하고 있다는 점은 다른 견해가 있을 수 없다. 그러나 당사자주의와 직권주의 중 어느 것을 채택하고 있는가에 대해서는 의견이 일치되어 있지 않다. 사실 구형사소송법은 직권주의를 기본구조로 하고 있었음에 반해 현행 형사소송법은 미국의 당사자주의를 대폭 도입한 점에 특색이 있다. 그렇지만 아직까지 형사소송법에는 직권에 의한 증거조사가 인정되고, 당사자의 소송물에 대한 처분을 인정하지 않는 등 직권주의적 요소가 많이 남아 있으므로 현행 형사소송법은 당사자주의와 직권주의를 조화·배합한 절충적·혼혈적 구조를 취하고 있다는 것이 일반적 견해이다.

Ⅱ. 주체

1. 법원

1) 의의와 종류

「法院(법원)」이라 함은 司法權(사법권)을 행사하는 국가기관을 말한다. 법률상의 爭訟(쟁송)에 관하여 심리·재판하는 권한과 이에 부수하는 권한을 사법권이라고 한다. 우리 헌법은 사법권은 법관으로 구성된 법원에 속한다고 규정함(헌법 제101조 제1항)으로써 사법권의 독립을 확인하고 있다.

「형사소송법상의 법원」이란 재판기관으로서의 법원을 말한다. 즉, 개개의 소송사건에 관하여 재판권을 행사하는 법원으로서 합의부 또는 단독판사를 소송법상 의미의 법원이라고 한다.

현행법상 법원의 종류로는 최고법원인 대법원과 하급법원인 고등법원과 지방법원 · 가정법원이 있다(헌법 제101조 제2항, 법원조직법 제3조). 최고법원인 대법원은 서울특별시에 두며, 대법원장과 대법관으로 구성된다. 고등법원과 지방법원은 고등법원장 또는 지방법원장과 법률로 정한 수의 판사로 구성되며, 고등법원장과 지방법원장도 판사로써 보한다. 그리고 지방법원과 가정법원의 사무의 일부를 처리하기 위하여 그 관할구역 내에 支院(지원)과 소년부지원, 순회심판소 및 등기소를 둘 수 있다.

2) 구성

(1) 단독제와 합의제

소송법상 의미의 법원을 구성하는 방법에는 1인의 법관으로 구성되는 단독제와 2인 이상의 법관으로 구성되는 합의제가 있다. 단독제는 소송절차의 신속한 진행과 법관의 책임감 고양을 가져올 수 있음에 반히어 합의제는 사건심리의 신중과 공정을 가져올 수 있다.

형사소송에 있어서 제1심법원에는 단독제와 합의제를 병용하여 단독제를 원칙으로 하고 있으나, 상소심은 사건 심리의 신중과 공정을 기하기 위하여 모두 합의제로 구성되어 있다. 즉 고등법원은 항상 판사 3인으로 구성된 합의부에서 심판하며, 대법원은 원칙적으로 대법관 2/3 이상의 합의체에서 대법원장이 재판장이 되어 심판한다.

(2) 재판장 · 수명법관 · 수탁판사 · 수임판사

법원이 합의체인 경우 그 구성원 중의 1인이 재판장이 된다. 재판장은 합의체의 기관으로서는 공판기일지정권(형사소송법 제267조) · 소송지휘권(형사소송법 제279조) · 법정경찰권(형사소송법 제281조 제2항) 등의 권한을 가지며, 독립하여서는 급속을 요하는 경우에 피고인을 소환 · 구속할 수 있는 권한(형사소송법 제80조)을 가진다. 재판장 이외의 법관을 「합의부원」 또는 「배석판사」라고 한다.

「受命法官(수명법관)」이란 합의체의 법원이 그 구성원인 법관에게 특정한 소송행위를 하도록 명하였을 때에 그 법관을 말한다(형사소송법 제37조, 제136조).

「受託判事(수탁판사)」란 하나의 법원이 다른 법원의 법관에게 일정한 소송행위를 하도록 촉탁한 경우에 그 촉탁을 받은 법관을 말한다(형사소송법 제37조, 제136조).

「受任判事(수임판사)」란 수소법원과는 독립하여 소송법상의 권한을 행사할 수 있는 개개의 법관을 말한다. 예컨대 수사기관에 대하여 각종의 영장을 발부하는 판사(형사소송법 제201조), 증거보전절차를 행하는 판사(형사소송법 제184조), 수사상의 증인심문을 행하는 판사(형사소송법 제221조의 2) 등이 이에 해당한다.

3) 공평한 법원

형사절차는 실체적 진실의 발견을 최고의 목적으로 하는 절차이다. 실체적 진실의 발견은 공정한 재판을 통해서만 달성된다고 할 수 있다. 재판의 공정성은 공평한 법원의 구성이 그 전제가 되어야 한다. 공평한 법원의 구성을 위해서는 법원의 독립이라는 일반적 원칙의 보장 이외에 구체적 사건에 관계있는 법관을 그 재판에서 배제하는 것이 필요하다. 만약 재판의 대상이 된 구체적 사건에 개인적으로 관련 있는 법관이 심판에 관여한다면 공정한 재판을 기대하기 어려울 것이다. 여기에서 공평한 법원의 구성을 구체적으로 보장하기 위하여 마련된 제도가 바로 「除斥(제척) · 忌避(기피) · 回避制度(회피제도)」이다.

즉 제척 · 기피 · 회피제도는 구체적 사건에서 불공정한 재판을 할 염려가 있는 법관을 법원의 구성에서 배제함으로써 한편으로는 공정한 재판을 보장하고, 또 한편으로는 재판에 대한 국민의 신뢰를 보장하는 기능도 가지게 된다.

2. 검사

「檢事(검사)」라 함은 검찰권을 행사하는 국가기관을 말한다. 검사는 수사절차에서는 수사의 주재자로서 사법경찰관리를 지휘 · 감독하며, 수사의 결과 공소제기여부를 독점적으로 결정하고, 공판절차에서는 피고인에 대립되는 당사자로서 법원에 대하여 법령의 정당한 적용을 청구하고, 재판이 확정된 때에는 형의 집행을 지휘 · 감독하는 등의 모든 형사절차에 관여하여 광범위한 권한을 행사하는 국가기관이다.

검사가 행사하는 검찰권은 행정권에 속하고 검사는 법무부에 소속된 행정기관이지만 범죄수사와 공소제기 · 유지 및 재판의 집행을 내용으로 하는 검찰권은 그 내용에 있어서 사법권과 밀접한 관계를 맺고 있다고 하지 않을 수 없다. 특히 검사의 불기소처분을 통하여 형사사법의 운용에도 중대한 영향을 끼치기 때문에 검사의 지위는 행정기관이면서도 동시에 사법기관인 이중적 성격을 가진 기관으로 이해되고 있다.

3. 피고인

「被告人(피고인)」이라 함은 검사에 의하여 형사책임을 져야 할 자로 공소가 제기된 자, 또는 공소가 제기된 자로 취급되어 있는 자를 말한다.

형사소송법은 직권주의의 소송구조를 기반으로 하면서도 당사자주의를 대폭 도입한 절충적 소송구조를 취하고 있다. 이러한 소송구조하에서 우리 형사소송법상 피고인의 지위는 크게 3가지로 파악될 수 있다. ① 피고인은 당사자로서의 지위를 가진다. 피고인은 검사에 대립하는 당사자로서 검사와 대등한 지위에서 공격 · 방어를 할 수 있도록 형사소송법은 피고인에게 방어권과 소송참여권을 보장하고 있다. ② 피고인은 증거방법으로서의 지위를 가진다. 피고인의 임의의 진술은 피고인에게 이익이 되거나 불이익한 증거로 될 수(인적 증거방법으로서의 지위) 있고, 피고인의 신체가 검증의 대상이 될 수(물적 증거방법으로서의 지위) 있기 때문이다. ③ 피고인은 절차의 대상으로서의 지위를 가진다. 피고인은 소환 · 구속 · 압수 · 수색 등의 강제처분의 대상이 된다. 따라서 피고인은 적법한 소환 · 구속에 응해야 하며(형사소송법 제68조, 제69조), 신체 또는 물건에 대한 압수 · 수색을 거부할 수 없다.

Ⅲ. 소송절차

「형사소송」은 과거에 실재하였던 범죄사실을 발견 · 확인하고, 이에 실체법인 형법을 적용하고 형의 양정을 행하여 국가형벌권의 실현을 궁극의 목적으로 하는 절차이다. 즉 형사소송은 형사실체법의 실현을 목적으로 하는 절차과정이라고 할 수 있다. 「넓은 의미의 형사절차」는 범죄의 수사절차, 공판절차, 재판의 집행절차를 포함하나, 좁은 의미의 형사소송은 검사의 공소제기에서부터 재판의 확정에 이르기까지의 일련의 절차, 즉 공판절차를 말한다.

1. 수사와 공소

1) 수사

「搜査(수사)」란 형사사건에 관하여 공소를 제기하고 이를 유지 · 수행하기 위한 준비로서 범죄사실을 조사하고 범인 및 증거를 발견하고 모집하는 수사기관의 활동을 말한다. 수사의 주체로서는 검사와 司法警察官吏(사법경찰관리)가 있으나, 수사를 주재하는 원칙적인 국가기관은 검사이고(형사소송법 제195조), 사법경찰관리는 다만 검사의 지휘를 받아 수사를 하도록 하고 있다(형사소송법 제196조).

수사개시의 단서로서 형사소송법은 현행범, 고소, 고발, 자수, 변사자의 검시 등을 규정하고 있으나, 이에 한정될 필요는 없고 직무질문, 수사기관의 인지 등 그 원인을 불문한다.

수사의 방법으로서는 임의수사와 강제수사가 있다. 임의수사는 수사를 받는 상대방의 동의 · 승낙을 전제로 하는 수사이고, 강제수사는 상대방의 의사여하를 불문하고 강제적으로 실시하는 수사이다. 우리 형사소송법은 '수사에 관하여는 그 목적을 달성하기 위하여 필요한 조사를 할 수 있다. 단, 강제처분은 이 법률에 특별한 규정이 없으면 하지 못한다(형사소송법 제199조 제1항)' 고 규정하여 임의수사의 원칙과 강제처분법정주의를 선언하고 있다.

2) 공소

「公訴(공소)」란 검사가 특정의 범죄에 관한 존부 및 그 범위를 확정하는 것을 목적으로 하여 법원에 대하여 그 심판을 구하는 의사표시를 말한다. 우리 형사소송법은 「공소는 검사가 제기하여 수행한다. 검사는 형법 제51조의 사항을 참작하여 공소를 제기하지 아니할 수 있다(형사소송법 제246조, 제247조)」고 규정하여, 공소권의 행사를 검사에게 일임하는 國家訴追主義(국가소추주의) · 起訴獨占主義(기소독점주의)를 채택함과 아울러 검사에게 起訴(기소) · 不起訴(불기소)에 관한 재량의 여지를 인정하는 起訴便宜主義(기소편의주의)를 채택하고 있다. 공소를 제기함에는 공소장을 관할법원에 제출하여야 한다(형사소송법 제254조 제1항).

2. 공판

1) 의의

「公判(공판)」 또는 「공판절차」란 넓은 의미로 보면 공소가 제기되어 사건이 공판법정에 계속된 이후부터 소송절차가 종료될 때까지의 전 절차, 즉 법원이 피고사건에 관하여 심판을 행하고 또 당사자가 사건에 관하여 변론을 행하는 절차단계를 말하나, 좁은 의미로 보면 이러한 절차 중 특히 공판기일에서의 절차만을 가리키는 경우도 있다.

공판절차는 주로 양당사자의 공격 · 방어를 중심으로 하여 전개되는 당사자주의적 소송구조를 가지며 구두변론주의, 직접주의, 공개주의 등의 제원칙에 따라 행해져야 한다. 여기서 「구두변론주의」란 법원이 당사자의 구술에 의한 공격 · 방어에 기하여 심판을 하여야 한다는 것이고, 「직접주의」란 공판정에서 직접 조사한 증거에 한하여 재판의 기초로 할 수 있다는 원칙이며, 「공개주의」란 재판의 공정을 보장하고 국민의 재판에 대한 신뢰를 유지하기 위하여 일반국민에게 심판의 방청을 허용하여야 한다는 원칙을 말한다.

2) 공판준비절차

「공판준비절차」란 공판기일에서의 심리를 준비하기 위하여 수소법원에 의하여 행하여지는 절차를 말한다. 공판절차의 중점은 공판기일의 심리에 있다. 공판준비는 바로 공판기일의 심리를 신속하고 능률적으로 하기 위한 준비절차이다.

공판기일 전의 절차에는 공소장부본의 송달(형사소송법 제266조), 공판기일의 지정 · 변경(형사소송법 제267조, 제270조)처럼 사건의 실체심리와 관계없는 절차적인 것과 공판기일 전의 증거조사(형사소송법 제272조, 제273조)처럼 실체심리와 밀접한 관계가 있는 것이 포함된다.

3) 공판기일절차

공판기일의 절차, 즉 제1심의 공판절차는 冒頭節次(모두절차)와 사실심리절차 및 판결선고절차로 나눌 수 있다. 「모두절차」는 인정신문에서 시작하여 검사의 모두진술, 진술거부권의 고지, 피고인의 모두진술의 순서로 진행된다. 「사실심리절차」는 피고인신문과 증거조사 및 소송관계인의 의견진술(변론)이라는 3단계로 구분될 수 있는데, 공판기일의 절차에 있어서 가장 핵심적인 절차라고 할 수 있다. 「판결절차」는 사실심리절차가 종료한 후에 수소법원에 의하여 선고의 형식으로 행해지는 최종절차이다.

3. 상소

1) 의의

「上訴(상소)」란 미확정의 재판에 대하여 상급법원에 불복신청을 하여 구제를 구하는 절차를 말한다. 상소는 미확정의 재판에 대한 불복신청제도란 점에서 확정재판에 대한 불복신청제도인 재심이나 비상상고와는 다르다.

상소는 원판결의 잘못을 시정하여 이에 의하여 불이익을 받는 당사자를 구제하고, 법령해석의 통일을 기하기 위하여 인정된 제도이다. 법관도 불완전한 인간인 이상 오판을 피할 수 없으며, 재판의 권위와 법적 안정성만을 강조하여 오판을 유지케 한다면 사법제도가 추구하는 구체적 타당성을 확보할 수 없을 것이다. 그리고 법원 사이에 법령해석이 다를 때에는 상급법원의 해석에 의하여 이를 통일하는 것이 법적 안정성과 국민 개개인에 대한 사법권의 형평성을 유지케 하는 일이기 때문에 법령해석의 통일도 상소의 목적이 되는 것이다. 상소가 가지는 당사자의 구제와 법령해석의 통일이라는 두 가지의 목적 중 전자에 주로 이바지하는 것이 항소이고 후자에 이바지하는 것이 상고라 할 수 있다.

2) 종류

상소에는 항소, 상고 및 항고의 세 종류가 있다. 「항소 및 상고」는 판결에 대한 상소방법이고, 「항고」는 결정에 대한 상소방법이다. 그리고 항소는 항상 제1심 판결에 대한 상소방법(형사소송법 제357조)인데 대해, 상고는 원칙적으로 제2심 판결에 대한 상소방법(형사소송법 제371조)이다.

(1) 항소

「抗訴(항소)」란 제1심 판결에 대한 제2심법원에의 上訴(상소)를 말한다. 항소는 오판으로 인하여 불이익을 받은 당사자를 구제하는 것을 주된 목적으로 하는 상소이다.

항소를 함에는 7일의 항소제기기간 이내에 항소장을 원심법원에 제출하여야 한다(형사소송법 제358조, 제359조). 항소법원은 제1심법원이 지방법원 단독판사인 때에는 지방법원본원 합의부, 지방법원합의부인 때에는 고등법원이지만(형사소송법 제357조), 항소장은 원심법원에 제출하여야 한다. 항소장에는 항소를 한다는 취지와 항소의 대상인 판결을 기재하면 족하며 항소이유를 반드시 기재하여야 하는 것은 아니다.

(2) 상고

「上告(상고)」란 판결에 대한 대법원에의 상소를 말한다. 상고는 원칙적으로 제2심 판결에 대해 허용되지만(형사소송법 제371조), 예외적으로 제1심 판결에 대해 상고가 인정되는 경우도 있으며(형사소송법 제372조) 이를 「飛躍的(비약적) 상고」라 한다. 상고도 상소의 일종이므로 당사자의 구제를 목적으로 하는 것이나, 특히 하급법원의 법령의 해석 · 적용의 오류를 시정함으로써 법령의 해석을 통일시키는 것이 상고심의 중요한 사명이다.

상고를 할 때에는 상고기간 내에 상고장을 원심법원에 제출하여야 한다(형사소송법 제375조). 상고법원은 대법원이며(형사소송법 제371조), 상고기간은 7일이다(형사소송법 제374조).

(3) 항고

「抗告(항고)」란 결정에 대한 상소를 말한다. 항소 또는 상고는 가장 중요한 종국재판인 판결에 대한 상소인 데 반하여 항고는 원칙적으로 판결에 이르는 과정에 있어서의 절차상의 사항에 관한 종국전의 재판이므로 법이 특히 필요하다고 인정한 경우에 한하여 인정되고 그 절차도 간이화되어 있다.

항고의 종류로는 일반항고와 특별항고(재항고)가 있다. 일반항고는 다시 보통항고와 즉시항고로 나누어지는데, 이 중 「즉시항고」는 상소제기기간이 3일로 제한되어 있고 명문의 규정이 있는 때에만 허용된다. 「특별항고」란 항고법원 또는 고등법원의 결정에 대한 항고를 말하며 「재항고」라고도 한다. 형사소송법상 항고법원 또는 고등법원의 결정에 대하여는 항고할 수 없는 것이 원칙이고, 다만 재판에 영향을 미친 헌법 · 법률 · 명령 또는 규칙의 위반이 있음을 이유로 하는 때에 한하여 대법원에 즉시항고를 할 수 있을 뿐이다(형사소송법 제415조).

항고는 항고장을 원심법원에 제출하여야 한다(형사소송법 제406조). 즉시항고의 제기기간은 3일이다(형사소송법 제405조). 보통항고에는 기간의 제한이 없으므로 상소이익이 있는 한 언제든지 할 수 있다.

4. 비상구제절차

1) 재심

「再審(재심)」이라 함은 유죄의 확정판결에 대하여 중대한 사실오인이나 그 오인의 의심이 있는 경우에 판결을 받은 자의 이익을 위하여 판결의 부당함을 시정하기 위한 비상구제절차이다. 一事不再理(일사부재리)의 원칙상 피고인의 이익을 위한 재심만이 허용되고 피고인에 불이익한 재심은 허용되지 아니한다.

재심은 형사소송에 있어서 법적 안정성과 정의의 이념이 상호 충돌하는 경우에 실질적 정당성을 갖지 못한 판결의 확정력을 깨트리고 실질적 정의를 실현하고자 인정된 제도이다.

2) 비상상고

「非常上告(비상상고)」라 함은 확정판결에 대해 그 심판의 법령위반을 이유로 허용되는 비상구제절차를 말한다. 비상상고는 사실인정의 오인을 이유로 하는 재심과는 달리 오로지 법령해석의 통일을 목적으로 하고 피고인의 구제는 제2차적 · 부수적으로 고려되는 데 불과하다. 따라서 비상상고는 재심과는 달리 신청권자가 검찰총장에 제한되고 관할법원은 대법원이며, 판결의 효력은 원칙적으로 피고인에게 미치지 않는다(형사소송법 제447조).

Ⅳ. 특별절차

1. 약식절차

「略式節次(약식절차)」란 지방법원의 관할사건에 대하여 검사의 청구가 있는 때에 공판절차를 경유하지 않고 검사가 제출한 자료만을 조사하여 약식명령으로 피고인에게 벌금 · 과료 또는 몰수의 형을 과하는 간이한 재판절차를 말한다. 약식절차에 의하여 형을 선고하는 재판을 「약식명령」이라고 한다.

약식절차는 벌금 또는 과료에 처할 경미한 사건에 대하여도 공판을 개정하여 피고인을 출석케 하여 심리를 하는 것은 무익한 절차와 시간을 소비할 뿐이라는 소송경제의 이념에 근거하고 있다.

법원은 약식명령의 청구가 있는 경우에 그 사건이 약식명령으로 할 수 없거나 약식명령으로 하는 것이 적당하지 아니하다고 인정한 때에는 공판절차에 의하여 심판하여야 한다(형사소송법 제450조). 또한 약식명령의 고지를 받은 날로부터 7일 이내에 검사와 피고인은 정식재판의 청구를 할 수 있고, 이러한 청구에 잘못이 없는 한 법원은 공판절차에 의하여 심판해야 한다(형사소송법 제455조 제3항).

2. 즉결심판절차

「卽決審判節次(즉결심판절차)」란 지방법원, 지원 또는 시 · 군법원의 판사가 20만원 이하의 벌금 · 구류 또는 과료에 처할 경미한 범죄에 대하여 공판절차에 의하지 아니하고 즉결하는 심판절차를 말한다. 즉결심판절차는 즉결심판에 관한 절차법에 의하며, 이는 실질적으로 경범죄처벌법에 대한 절차법으로서의 의미를 가진다고 할 수 있다.

즉결심판절차는 경미한 형사사건의 신속 · 적절한 처리를 통하여 소송경제를 도모하려는 데 주된 목적이 있는 제도이다. 경미한 사건의 신속한 처리를 위한 간이절차로는 형사소송법에 의한 약식절차가 있지만, 그 청구권자가 약식절차는 검사인데 반하여 즉결심판절차는 경찰서장이며, 약식명령에 의해서는 불가능한 구류를 즉결심판절차로는 부과할 수 있다는 점에서 구별된다.

약식절차의 경우와 마찬가지로 즉결심판을 받은 당사자는 선고 또는 고지된 날로부터 7일 이내에 정식재판을 청구할 수 있다(형사소송법 제453조 제1항).

3. 배상명령절차

「賠償命令節次(배상명령절차)란」 법원이 직권 또는 피해자의 신청에 의하여 피고인에게 피고사건의 범죄행위로 인하여 발생한 민사상 손해의 배상을 명하는 절차를 말하며, 이는 「부대소송」 또는 「부대사소」라고도 한다.

배상명령절차의 주된 취지는 범죄행위로 인하여 발생한 損害賠償(손해배상)에 대해서는 형사절차에서 판단함으로써 民事訴訟(민사소송)에 의한 번잡과 위험을 회피하여 피해자에게는 신속한 피해변상을 가져오게 하고, 법원에게는 소송경제와 판결의 모순방지를 기하려는 데 있다. 그러나 배상명령제도는 인정되는 범위가 한정되기 때문에 일반적으로 형사사건으로 인한 직접적인 손해를 간편한 절차를 통해 전보받을 수 있을 뿐이다.

부록

大 韓 民 國 憲 法

1948年 7月 12日 制定
1948年 7月 17일 公布

改正	1952. 07. 07	1954. 11. 29	1960. 06. 15
	1960. 11. 29	1962. 12. 26	1969. 10. 21
	1972. 12. 27	1980. 10. 27	1987. 10. 29

[前 文]

悠久한 歷史와 傳統에 빛나는 우리 大韓國民은 3. 1運動으로 建立된 大韓民國 臨時政府의 法統과 不義에 抗拒한 4. 19民主理念을 계승하고, 祖國의 民主改革과 平和的 統一의 使命에 입각하여 正義 · 人道와 同胞愛로서 民族의 團結을 공고히 하고, 모든 社會的 弊習과 不義를 타파하며, 自律과 調和를 바탕으로 自由民主的 基本秩序를 더욱 확고히 하여 政治 · 經濟 · 社會 · 文化의 모든 領域에 있어서 各人의 機會를 균등히 하고, 能力을 最高度로 발휘하게 하며, 自由와 權利에 따르는 責任과 義務를 완수하게 하여, 안으로는 國民生活의 균등한 향상을 기하고 밖으로는 항구적인 世界平和와 人類共榮에 이바지함으로써 우리들과 우리들의 子孫의 安全과 自由와 幸福을 영원히 확보할 것을 다짐하면서 1948年 7月 12日에 制定되고 8次에 걸쳐 改正된 憲法을 이제 國會의 議決을 거쳐 國民投票에 의하여 改正한다.

1987年 10月 29日

第1章 總綱

第1條〔國號, 政體, 國體, 國民主權〕① 大韓民國은 民主共和國이다.

② 大韓民國의 主權은 國民에게 있고, 모든 權力은 國民으로부터 나온다.

第2條〔國民의 要件, 在外國民保護〕① 大韓民國의 國民이 되는 요건은 法律로 정한다.

② 國家는 法律이 정하는 바에 의하여 在外國民을 보호할 義務를 진다.

第3條〔領土〕大韓民國의 領土는 韓半島와 그 附屬島嶼로 한다.

第4條〔平和統一政策〕大韓民國은 統一을 指向하며, 自由民主的 基本秩序에 입각한 平和的 統一政策을 수립하고 이를 추진한다.

第5條〔侵略戰爭의 否認·國軍의 使命과 政治的 中立性〕① 大韓民國은 國際平和의 유지에 노력하고 侵略的 戰爭을 否認한다.

② 國軍은 國家의 安全保障과 國土防衛의 神聖한 義務를 수행함을 使命으로 하며, 그 政治的 中立性은 준수된다.

第6條〔條約과 國際法規의 效力, 外國人의 法的 地位〕① 憲法에 의하여 체결·公布된 條約과 一般的으로 승인된 國際法規는 國內法과 같은 效力을 가진다.

② 外國人은 國際法과 條約이 정하는 바에 의하여 그 地位가 보장된다.

第7條〔公務員의 地位·責任·身分·政治的 中立性〕① 公務員은 國民全體에 대한 奉仕者이며, 國民에 대하여 責任을 진다.

② 公務員의 身分과 政治的 中立性은 法律이 정하는 바에 의하여 보장된다.

第8條〔政黨〕① 政黨의 設立은 自由이며, 複數政黨制는 보장된다.

② 政黨은 그 目的·組織과 活動이 民主的이어야 하며, 國民의 政治的 意思形成에 참여하는데 필요한 組織을 가져야 한다.

③ 政黨은 法律이 정하는 바에 의하여 國家의 보호를 받으며, 國家는 法律이 정하는 바에 의하여 政黨運營에 필요한 資金을 補助할 수 있다.

④ 政黨의 目的이나 活動이 民主的 基本秩序에 違背될 때에는 政府는 憲法裁判所에 그 解散을 提訴할 수 있고, 政黨은 憲法裁判所의 審判에 의하여 解散된다.

第9條〔文化의 繼承·發展·暢達〕國家는 傳統文化의 繼承·發展과 民族文化의 暢達에 노력하여야 한다.

第2章 國民의 權利와 義務

第10條〔基本的 人權의 保障〕모든 國民은 人間으로서의 尊嚴과 價

値를 가지며, 幸福을 追求할 權利를 가진다. 國家는 개인이 가지는 不可侵의 基本的 人權을 확인하고 이를 보장할 義務를 진다.

第11條〔平等權, 特殊階級制度의 否認, 榮典의 效力〕① 모든 國民은 法앞에 平等하다. 누구든지 性別·宗敎 또는 社會的 身分에 의하여 政治的·經濟的·社會的·文化的 生活의 모든 領域에 있어서 차별을 받지 아니한다.

② 社會的 特殊階級의 制度는 인정되지 아니하며, 어떠한 形態로도 이를 創設할 수 없다.

③ 勳章등의 榮典은 이를 받은 者에게만 效力이 있고, 어떠한 特權도 이에 따르지 아니한다.

第12條〔身體의 自由, 自白의 證據能力〕① 모든 國民은 身體의 自由를 가진다. 누구든지 法律에 의하지 아니하고는 逮捕·拘束·押收·搜索 또는 審問을 받지 아니하며, 法律과 適法한 節次에 의하지 아니하고는 處罰·保安處分 또는 强制勞役을 받지 아니한다.

② 모든 國民은 拷問을 받지 아니하며, 刑事上 자기에게 不利한 陳述을 强要당하지 아니한다.

③ 逮捕·拘束·押收 또는 搜索을 할 때에는 適法한 節次에 따라 檢事의 申請에 의하여 法官이 발부한 令狀을 제시하여야 한다. 다만, 現行犯人인 경우와 長期 3년이상의 刑에 해당하는 罪를 犯하고 逃避 또는 證據湮滅의 염려가 있을 때에는 事後에 令狀을 請求할 수 있다.

④ 누구든지 逮捕 또는 拘束을 당한 때에는 즉시 辯護人의 助力을 받을 權利를 가진다. 다만, 刑事被告人이 스스로 辯護人을 구할 수 없을 때에는 法律이 정하는 바에 의하여 國家가 辯護人을 붙인다.

⑤ 누구든지 逮捕 또는 拘束의 이유와 辯護人의 助力을 받을 權利가 있음을 告知받지 아니하고는 逮捕 또는 拘束을 당하지 아니한다. 逮捕 또는 拘束을 당한 者의 家族등 法律이 정하는 者에게는 그 이유와 日時·場所가 지체없이 통지되어야 한다.

⑥ 누구든지 逮捕 또는 拘束을 당한 때에는 適否의 審査를 法院에 請求할 權利를 가진다.

⑦ 被告人의 自白이 拷問·暴行·脅迫·拘束의 부당한 長期化 또는 欺罔 기타의 방법에 의하여 自意로 陳述된 것이 아니라고 인정될 때 또는 定式裁判에 있어서 被告人의 自白이 그에게 不利한 유일한 증거일 때에는 이를 有罪의 증거로 삼거나 이를 이유로 處罰할 수 없다.

第13條〔刑罰 不遡及, 一事不再理의 原則, 遡及立法의 禁止, 連坐制禁止〕① 모든 國民은 行爲時의 法律에 의하여 犯罪를 구성하지 아니하는 행위로 訴追되지 아니하며, 동일한 犯罪에 대하여 거듭 處罰받지 아니한다.

② 모든 國民은 遡及立法에 의하여 參政權의 제한을 받거나 財産權을 剝奪당하지 아니한다.

③ 모든 國民은 자기의 행위가 아닌 親族의 행위로 인하여 불이익한 處遇를 받지 아니한다.

第14條〔居住 移轉의 自由〕모든 國民은 居住·移轉의 自由를 가진다.

第15條〔職業選擇의 自由〕모든 國民은 職業選擇의 自由를 가진다.

第16條〔住居의 自由〕모든 國民은 住居의 自由를 침해받지 아니한다. 住居에 대한 押收나 搜索을 할 때에는 檢事의 申請에 의하여

法官이 발부한 令狀을 제시하여야 한다.

第17條〔私生活의 自由〕모든 國民은 私生活의 秘密과 自由를 침해받지 아니한다.

第18條〔通信의 自由〕모든 國民은 通信의 秘密을 침해받지 아니한다.

第19條〔良心의 自由〕모든 國民은 良心의 自由를 가진다.

第20條〔宗敎의 自由〕① 모든 國民은 宗敎의 自由를 가진다.

② 國敎는 인정되지 아니하며, 宗敎와 政治는 分離된다.

第21條〔言論·出版·集會·結社의 自由〕① 모든 國民은 言論·出版의 自由와 集會·結社의 自由를 가진다.

② 言論·出版에 대한 許可나 檢閱과 集會·結社에 대한 許可는 인정되지 아니한다.

③ 通信·放送의 施設基準과 新聞의 機能을 보장하기 위하여 필요한 사항은 法律로 정한다.

④ 言論·出版은 他人의 名譽나 權利 또는 公衆道德이나 社會倫理를 침해하여서는 아니된다. 言論·出版이 他人의 名譽나 權利를 침해한 때에는 被害者는 이에 대한 被害의 賠償을 請求할 수 있다.

第22條〔學問과 藝術의 自由〕① 모든 國民은 學文과 藝術의 自由를 가진다.

② 著作者·發明家·科學技術者와 藝術家의 權利는 法律로써 보호한다.

第23條〔財産權의 保障과 制限〕① 모든 國民의 財産權은 保障된다. 그 내용과 限界는 法律로 정한다.

② 財産權의 행사는 公共福利에 적합하도록 하여야 한다.

③ 公共必要에 의한 財産權의 收用·使用 또는 制限 및 그에 대한 補償은 法律로써 하되, 正當한 補償을 支給하여야 한다.

第24條〔選擧權〕모든 國民은 法律이 정하는 바에 의하여 選擧權을 가진다.

第25條〔公務擔任權〕모든 國民은 法律이 정하는 바에 의하여 公務擔任權을 가진다.

第26條〔請願權〕① 모든 國民은 法律이 정하는 바에 의하여 國家기관에 文書로 請願할 權利를 가진다.

② 國家는 請願에 대하여 심사할 義務를 진다.

第27條〔裁判을 받을 權利, 無罪推定, 陳述權〕① 모든 國民은 憲法과 法律이 정한 法官에 의하여 法律에 의한 裁判을 받을 權利를 가진다.

② 軍人 또는 軍務員이 아닌 國民은 大韓民國의 領域 안에서는 중대한 軍事上 機密·哨兵·哨所·有毒飮食物供給·捕虜·軍用物에 관한 罪중 法律이 정한 경우와 非常戒嚴이 宣布된 경우를 제외하고는 軍事法院의 裁判을 받지 아니한다.

③ 모든 國民은 신속한 裁判을 받을 權利를 가진다. 刑事被告人은 상당한 이유가 없는 한 지체없이 公開裁判을 받을 權利를 가진다.

④ 刑事被告人은 有罪의 判決이 확정될 때까지는 無罪로 推定된다.

⑤ 刑事被害者는 法律이 정하는 바에 의하여 당해 事件의 裁判節次에서 陳述할 수 있다.

第28條〔刑事補償〕刑事被疑者 또는 刑事被告人으로서 拘禁되었던 者가 法律이 정하는 不起訴處 分을 받거나 無罪判決을 받은 때에는

法律이 정하는 바에 의하여 國家에 정당한 補償을 請求할 수 있다.

第29條〔國家·公共團體의 賠償責任〕① 公務員의 職務上 不法行爲로 損害를 받은 國民은 法律이 정하는 바에 의하여 國家 또는 公共團體에 정당한 賠償을 請求할 수 있다. 이 경우 公務員 자신의 責任은 免除되지 아니한다.

② 軍人·軍務員·警察公務員 기타 法律이 정하는 者가 戰鬪·訓練등 職務執行과 관련하여 받은 損害에 대하여는 法律이 정하는 報償외에 國家 또는 公共團體에 公務員의 職務上 不法行爲로 인한 賠償은 請求할 수 없다.

第30條〔救助를 받을 權利〕他人의 犯罪行爲로 인하여 生命·身體에 대한 被害를 받은 國民은 法律이 정하는 바에 의하여 國家로부터 救助를 받을 수 있다.

第31條〔敎育을 받을 權利·義務·平生敎育의 振興〕① 모든 國民은 能力에 따라 균등하게 敎育을 받을 權利를 가진다.

② 모든 國民은 그 보호하는 子女에게 적어도 初等敎育과 法律이 정하는 敎育을 받게 할 義務를 진다.

③ 義務敎育은 無償으로 한다.

④ 敎育의 自主性·專門性·政治的 中立性 및 大學의 自律性은 法律이 정하는 바에 의하여 보장된다.

⑤ 國家는 平生敎育을 振興하여야 한다.

⑥ 學校敎育 및 平生敎育을 포함한 敎育制度와 그 운영, 敎育財政 및 敎員의 地位에 관한 基本的인 사항은 法律로 정한다.

第32條〔勤勞의 權利·義務, 最低賃金制, 女子와 年少者의 保護, 國家有功者 등에 대한 機會優先〕① 모든 國民은 勤勞의 權利를 가

진다. 國家는 社會的·經濟的 방법으로 勤勞者의 雇傭의 增進과 適正賃金의 보장에 노력하여야 하며, 法律이 정하는 바에 의하여 最低賃金制를 施行하여야 한다.

② 모든 國民은 勤勞의 義務를 진다. 國家는 勤勞의 義務의 내용과 조건을 民主主義原則에 따라 法律로 정한다.

③ 勤勞條件의 基準은 人間의 尊嚴性을 보장하도록 法律로 정한다.

④ 女子의 勤勞는 특별한 보호를 받으며, 雇傭·賃金 및 勤勞條件에 있어서 부당한 차별을 받지 아니한다.

⑤ 年少者의 勤勞는 특별한 보호를 받는다.

⑥ 國家有功者·傷痍軍警 및 戰歿軍警의 遺家族은 法律이 정하는 바에 의하여 優先的으로 勤勞의 機會를 부여받는다.

第33條〔勤勞者의 團結權〕① 勤勞者는 勤勞條件의 향상을 위하여 自主的인 團結權·團體交涉權 및 團體行動權을 가진다.

② 公務員인 勤勞者는 法律이 정하는 者에 한하여 團結權·團體交涉權 및 團體行動權을 가진다.

③ 法律이 정하는 主要防衛産業體에 종사하는 勤勞者의 團體交涉權은 法律이 정하는 바에 의하여 이를 제한하거나 인정하지 아니할 수 있다.

第34條〔社會保障〕① 모든 國民은 人間다운 생활을 할 權利를 가진다.

② 國家는 社會保障·社會福祉의 增進에 노력할 義務를 진다.

③ 國家는 女子의 福祉와 權益의 향상을 위하여 노력하여야 한다.

④ 國家는 老人과 青少年의 福祉向上을 위한 政策을 실시할 義務를 진다.

⑤ 身體障碍者 및 疾病,老齡 기타의 사유로 生活能力이 없는 國民은 法律이 정하는 바에 의하여 國家의 보호를 받는다.

⑥ 國家는 災害를 豫防하고 그 위험으로부터 國民을 보호하기 위하여 노력하여야 한다.

第35條〔環境權, 住宅開發政策〕① 모든 國民은 건강하고 쾌적한 環境에서 生活할 權利를 가지며,國家와 國民은 環境保全을 위하여 노력하여야 한다.

② 環境權의 내용과 행사에 관하여는 法律로 정한다.

③ 國家는 住宅開發政策등을 통하여 모든 國民이 快適한 住居生活을 할 수 있도록 노력하여야 한다.

第36條〔婚姻과 家族生活, 母性과 國民保健의 保護〕① 婚姻과 家族生活은 개인의 尊嚴과 兩性의 平等을 기초로 成立되고 유지되어야 하며, 國家는 이를 보장한다.

② 國家는 母性의 保護를 위하여 노력하여야 한다.

③ 모든 國民은 保健에 관하여 國家의 보호를 받는다.

第37條〔國民의 自由와 權利의 尊重, 制限〕① 國民의 自由와 權利는 憲法에 열거되지 아니한 이유로 輕視되지 아니한다.

② 國民의 모든 自由와 權利는 國家安全保障 · 秩序維持 또는 公共福利를 위하여 필요한 경우에 한하여 法律로써 제한할 수 있으며, 제한하는 경우에도 自由와 權利의 本質的인 내용을 침해할 수 없다.

第38條〔納稅의 義務〕모든 國民은 法律이 정하는 바에 의하여 納稅의 義務를 진다

第39條〔國防의 義務〕① 모든 國民은 法律이 정하는 바에 의하여 國

防의 義務를 진다.

② 누구든지 兵役義務의 이행으로 인하여 불이익한 處遇를 받지 아니한다.

第3章 國 會

第40條〔立法權〕立法權은 國會에 속한다.

第41條〔國會의 構成〕① 國會는 國民의 普通·平等·直接·秘密選擧에 의하여 選出된 國會議員으로 構成한다.

② 國會議員의 數는 法律로 정하되, 200人이상으로 한다.

③ 國會議員의 選擧區와 比例代表制 기타 選擧에 관한 사항은 法律로 정한다.

第42條〔議員의 任期〕國會議員의 任期는 4年으로 한다.

第43條〔議員의 兼職制限〕國會議員은 法律이 정하는 직을 겸할 수 없다.

第44條〔議員의 不逮捕特權〕① 國會議員은 現行犯人인 경우를 제외하고는 會期중 國會의 同意없이 逮捕 또는 拘禁되지 아니한다.

② 國會議員이 會期 전에 逮捕 또는 拘禁된 때에는 現行犯人이 아닌한 國會의 요구가 있으면 會期中 釋放된다.

第45條〔議員의 發言·表決의 免責特權〕國會議員은 國會에서 職務上 행한 發言과 表決에 관하여 國會외에서 責任을 지지 아니한다.

第46條〔議員의 職務, 地位의 濫用禁止〕① 國會議員은 淸廉의 義務가 있다.

② 國會議員은 國家利益을 우선하여 良心에 따라 職務를 행한다.

③ 國會議員은 그 地位를 濫用하여 國家·公共團體 또는 企業體와의 契約이나 그 處分에 의하여 財産上의 權利·이익 또는 職位를 취득하거나 他人을 위하여 그 취득을 알선할 수 없다.

第47條〔定期會, 臨時會〕① 國會의 定期會는 法律이 정하는 바에 의하여 매년 1回 集會되며, 國會의 臨時會는 大統領 또는 國會在籍議員 4分의 1이상의 요구에 의하여 集會된다.

② 定期會의 회기는 100日을, 臨時會의 회기는 30日을 초과할 수 없다.

③ 大統領이 臨時會의 集會를 요구할 때에는 期間과 集會要求의 이유를 명시하여야 한다.

第48條〔議長, 副議長〕國會는 議長 1人과 副議長 2人을 選出한다.

第49條〔議決定足數와 議決方法〕國會는 憲法 또는 法律에 특별한 規定이 없는 한 在籍議員 過半數의 출석과 出席議員 過半數의 贊成으로 議決한다. 可否同數인 때에는 否決된 것으로 본다.

第50條〔議事公開의 原則〕① 國會의 會議는 公開한다. 다만, 出席議員 過半數의 贊成이 있거나 議長이 國家의 安全保障을 위하여 필요하다고 인정할 때에는 公開하지 아니할 수 있다.

② 公開하지 아니한 會議內容의 公表에 관하여는 法律이 정하는 바에 의한다.

第51條〔議案의 次會期 繼續〕國會에 제출된 法律案 기타의 議案은 會期중에 議決되지 못한 이유로 폐기되지 아니한다. 다만, 國會議員의 任期가 만료된 때에는 그러하지 아니하다.

第52條〔法律案 提出權〕國會議員과 政府는 法律案을 제출할 수 있다.

第53條〔法律의 公布, 大統領의 拒否權, 法律案의 發效〕① 國會에서 議決된 法律案은 政府에 移送되어 15日 이내에 大統領이 公布한다.

② 法律案에 異議가 있을 때에는 大統領은 第1項의 期間내에 異議書를 붙여 國會로 還付하고, 그 再議를 요구할 수 있다. 國會의 閉會중에도 또한 같다.

③ 大統領은 法律案의 일부에 대하여 또는 法律案을 修正하여 再議를 요구할 수 없 다.

④ 再議의 요구가 있을 때에는 國會는 再議에 붙이고, 在籍議員 過半數의 출석과 出席議員 3分의 2이상의 贊成으로 前과 같은 議決을 하면 그 法律案은 法律로서 확정된다.

⑤ 大統領이 第1項의 期間내에 公布나 再議의 요구를 하지 아니한 때에도 그 法律案은 法律로서 확정된다.

⑥ 大統領은 第4項과 第5項의 規定에 의하여 확정된 法律을 지체없이 公布하여야 한다. 第5項에 의하여 法律이 확정된 후 또는 第4項에 의한 確定法律이 政府에 移送된 후 5日이내에 大統領이 公布하지 아니할 때에는 國會議長이 이를 公布한다.

⑦ 法律은 특별한 規定이 없는 한 公布한 날로부터 20日을 경과함으로써 效力을 발생한다.

第54條〔豫算案의 審議·確定權, 準豫算〕① 國會는 國家의 豫算案을 審議·確定한다.

② 政府는 會計年度마다 豫算案을 編成하여 會期年度 開始 90日전까지 國會에 제출하고, 國會는 會計年度 開始 30日전까지 이를 議決하여야 한다.

③ 새로운 會計年度가 開始될 때까지 豫算案이 議決되지 못한 때에는 政府는 國會에서 豫算案이議決될 때까지 다음의 目的을 위한 經費는 前年度 豫算에 準하여 執行할 수 있다.

1. 憲法이나 法律에 의하여 設置된 機關 또는 施設의 유지 · 운영
2. 法律上 支出義務의 이행
3. 이미 豫算으로 승인된 事業의 계속

第55條〔繼續費 · 豫備費〕① 한 會計年度를 넘어 계속하여 支出할 필요가 있을 때에는 政府는 年限을 정하여 繼續費로서 國會의 議決을 얻어야 한다.

② 豫備費는 總額으로 國會의 議決을 얻어야 한다. 豫備費의 支出은 次期國會의 승인을 얻어야 한다.

第56條〔追加更正豫算〕政府는 豫算에 變更을 加할 필요가 있을 때에는 追加更正豫算案을 編成하여 國會에 제출할 수 있다.

第57條〔支出豫算 各項 增額과 새 費目設置禁止〕國會는 同意없이 政府가 제출한 支出豫算 各項의 金額을 增加하거나 새 費目을 設置할 수 없다.

第58條〔國債募集 등에 대한 議決權〕國債를 募集하거나 豫算외에 國家의 부담이 될 契約을 체결하려 할 때에는 政府는 미리 國會의 議決을 얻어야 한다.

第59條〔租稅의 種目과 稅率〕租稅의 種目과 稅率은 法律로 정하다.

第60條〔條約締結 · 批准과 宣戰布告의 同意權〕① 國會는 相互援助 또는 安全保障에 관한 條約, 중요한 國際組織에 관한 條約, 友好通商航海條約, 主權의 制約에 관한 條約, 講和條約, 國家나 國民에게 중대한 財政的 부담을 지우는 條約 또는 立法事項에 관한 條約의

체결 · 批准에 대한 同意權을 가진다.

② 國會는 宣戰布告, 國軍의 外國에의 派遣 또는 外國軍隊의 大韓民國 領域안에서의 駐留에 대한 同意權을 가진다.

第61條〔國政監査權 및 調査權〕① 國會는 國政을 監査하거나 특정한 國政事案에 대하여 調査할 수 있으며, 이에 필요한 書類의 提出 또는 證人의 출석과 證言이나 의견의 陳述을 요구할 수 있다.

② 國政監査 및 調査에 관한 節次 기타 필요한 사항은 法律로 정한다.

第62條〔國務委員 등의 出席 · 答辯의 義務〕① 國務總理 · 國務委員 또는 政府委員은 國會나 그 委員會에 出席하여 國政處理狀況을 보고하거나 의견을 陳述하고 質問에 응답할 수 있다.

② 國會나 그 委員會의 요구가 있을 때에는 國務總理 · 國務委員 또는 政府委員은 출석 · 답변하여야 하며, 國務總理 또는 國務委員이 출석요구를 받은 때에는 國務委員 또는 政府委員으로 하여금 출석 · 답변하게 할 수 있다.

第63條〔國務總理 · 國務委員의 解任建議權〕① 國會는 國務總理 또는 國務委員의 解任을 大統領에게 건의할 수 있다.

② 第1項의 解任建議는 國會在籍議員 3分의 1 이상의 發議에 의하여 國會在籍議員 過半數의 贊成이 있어야 한다.

第64條〔國會의 自律權〕① 國會는 法律에 저촉되지 아니하는 범위안에서 議事와 內部規律에 관한 規則을 制定할 수 있다.

② 國會는 議員의 資格을 審査하며, 議員을 懲戒할 수 있다.

③ 議員을 除名하려면 國會在籍議員 3分의 2이상의 贊成이 있어야 한다.

④ 第2項과 第3項의 處分에 대하여는 法院에 提訴할 수 없다.

第65條〔彈劾訴追議決權 · 彈劾決定의 效力〕 ① 大統領 · 國務總理 · 國務委員 · 行政各部의 長 · 憲法裁判所 裁判官 · 法官 · 中央選擧管理委員會 委員 · 監査院長 · 監査委員 기타 法律이 정한 公務員이 그 職務執行에 있어서 憲法이나 法律을 違背한 때에는 國會는 彈劾의 訴追를 議決할 수 있다.

② 第1項의 彈劾訴追는 國會在籍議員 3分의 1이상의 發議가 있어야 하며, 그 議決은 國會在籍議員過半數의 贊成이 있어야 한다. 다만, 大統領에 대한 彈劾訴追는 國會在籍議員 過半數의 發議와 國會在籍議員 3分의 2이상의 贊成이 있어야 한다.

③ 彈劾訴追의 議決을 받은 者는 彈劾審判이 있을 때까지 그 權限行使가 정지된다.

④ 彈劾決定은 公職으로부터 罷免함에 그친다. 그러나, 이에 의하여 民事上이나 刑事上의 責任이 免除되지는 아니한다.

第4章 政 府

第1節 大統領

第66條〔大統領의 地位 · 責務〕 ① 大統領은 國家의 元首이며, 外國에 대하여 國家를 代表한다.

② 大統領은 國家의 獨立 · 領土의 保全 · 國家의 繼續性과 憲法을 守護할 責務를 진다.

③ 大統領은 祖國의 平和的 統一을 위한 성실한 義務를 진다.

④ 行政權은 大統領을 首班으로 하는 政府에 속한다.

第67條〔大統領의 選擧〕① 大統領은 國民의 普通·平等·直接·秘密選擧에 의하여 選出한다.

② 第1項의 選擧에 있어서 最高得票者가 2人 이상인 때에는 國會의 在籍議員 過半數가 출석한 公開會議에서 多數票를 얻은 者를 當選者로 한다.

③ 大統領候補者가 1人일 때에는 그 得票數가 選擧權者 總數의 3分의 1이상이 아니면 大統領으로 當選될 수 없다.

④ 大統領으로 選擧될 수 있는 者는 國會議員의 被選擧權이 있고 選擧日 현재 40歲에 達하여야 한다.

⑤ 大統領의 選擧에 관한 사항은 法律로 정한다.

第68條〔大統領의 選擧時期·補闕選擧〕① 大統領의 任期가 만료되는 때에는 任期滿了 70日 내지 40日 전에 後任者를 選擧한다.

② 大統領이 闕位된 때 또는 大統領 當選者가 死亡하거나 判決 기타의 사유로 그 資格을 喪失한때에는 60日이내에 後任者를 選擧한다.

第69條〔大統領의 就任宣誓〕大統領은 就任에 즈음하여 다음의 宣誓를 한다. "나는 憲法을 준수하고 國家를 保衛하며 祖國의 平和的 統一과 國民의 自由와 福利의 增進 및 民族文化의 暢達에 노력하여 大統領으로서의 職責을 성실히 수행할 것을 國民 앞에 엄숙히 宣誓합니다."

第70條〔大統領의 任期〕大統領의 任期는 5年으로 하며, 重任할 수 없다.

第71條〔大統領의 權限代行〕大統領이 闕位되거나 事故로 인하여 職

務를 수행할 수 없을 때에는 國務總理, 法律이 정한 國務委員의 順序로 그 權限을 代行한다.

第72條〔重要政策의 國民投票〕大統領은 필요하다고 인정할 때에는 外交·國防·統一 기타 國家安危에 관한 重要政策을 國民投票에 붙일 수 있다.

第73條〔外交에 관한 大統領의 權限〕大統領은 條約을 체결·批准하고, 外交使節을 信任·접수 또는 派遣하며, 宣戰布告와 講和를 한다.

第74條〔國軍의 統帥·組織과 編成〕① 大統領은 憲法과 法律이 정하는 바에 의하여 國軍을 통수한다.

② 國軍의 組織과 編成은 法律로 정한다.

第75條〔大統領〕大統領은 法律에 구체적으로 범위를 정하여 委任받은 사항과 法律을 執行하기 위하여 필요한 사항에 관하여 大統領令을 발할 수 있다.

第76條〔緊急處分·命令權〕① 大統領은 內憂·外患·天災·地變 또는 중대한 財政·經濟上의 危機에 있어서 國家의 安全保障 또는 公共의 安寧秩序를 유지하기 위하여 긴급한 措置가 필요하고 國會의 集會를 기다릴 여유가 없을 때에 한하여 최소한으로 필요한 財政·經濟上의 處分을 하거나 이에 관하여 法律의 效力을 가지는 命令을 발할 수 있다.

② 大統領은 國家의 安危에 관계되는 중대한 交戰狀態에 있어서 國家를 保衛하기 위하여 긴급한 措置가 필요하고 國會의 集會가 불가능한 때에 한하여 法律의 效力을 가지는 命令을 발할 수 있다.

③ 大統領은 第1項과 第2項의 處分 또는 命令을 한 때에는 지체없

이 國會에 보고하여 그 승인을 얻어야 한다.

④ 第3項의 승인을 얻지 못한 때에는 그 處分 또는 命令은 그때부터 效力을 喪失한다. 이 경우 그 命令에 의하여 改正 또는 廢止되었던 法律은 그 命令이 승인을 얻지 못한 때부터 당연히 效力을 회복한다.

⑤ 大統領은 第3項과 第4項의 사유를 지체없이 公布하여야 한다.

第77條〔戒嚴〕① 大統領은 戰時·事變 또는 이에 準하는 國家非常事態에 있어서 兵力으로써 事實上軍의 필요에 응하거나 公共의 安寧秩序를 유지할 필요가 있을 때에는 法律이 정하는 바에 의하여 戒嚴을 宣布할 수 있다.

② 戒嚴은 非常戒嚴과 警備戒嚴으로 한다.

③ 非常戒嚴이 宣布된 때에는 法律이 정하는 바에 의하여 令狀制度·言論·出版·集會·結社의 自由, 政府나 法院의 權限에 관하여 특별한 措置를 할 수 있다.

④ 戒嚴을 宣布한 때에는 大統領은 지체없이 國會에 통고하여야 한다.

⑤ 國會가 在籍議員 過半數의 贊成으로 戒嚴의 解除를 요구한 때에는 大統領은 이를 解除하여야 한다.

第78條〔公務員任免權〕大統領은 憲法과 法律이 정하는 바에 의하여 公務員을 任免한다.

第79條〔赦免·減刑·復權〕① 大統領은 法律이 정하는 바에 의하여 赦免·減刑 또는 復權을 命할 수 있다.

② 一般赦免을 命하려면 國會의 同意를 얻어야 한다.

③ 赦免·減刑 및 復權에 관한 사항은 法律로 정한다.

第80條〔榮轉授與權〕大統領은 法律이 정하는 바에 의하여 勳章 기타의 榮典을 수여한다.

第81條〔大統領의 國會에 대한 意見表示〕大統領은 國會에 출석하여 發言하거나 書翰으로 의견을 표시할 수 있다.

第82條〔大統領의 國法上 行爲 및 副署〕大統領의 國法上 행위는 文書로써 하며, 이 文書에는 國務總理와 관계 國務委員이 副署한다. 軍事에 관한 것도 또한 같다.

第83條〔大統領의 兼職禁止〕大統領은 國務總理·國務委員·行政各部의 長 기타 法律이 정하는 公私의 職을 겸할 수 없다.

第84條〔大統領의 刑事上 特權〕大統領은 內亂 또는 外患의 罪를 범한 경우를 제외하고는 在職중 刑事上의 訴追를 받지 아니한다.

第85條〔前職大統領의 身分과 禮遇〕前職大統領의 身分과 禮遇에 관하여는 法律로 정한다.

第2節 行政府

第1款 國務總理와 國務委員

第86條〔國務總理〕① 國務總理는 國會의 同意를 얻어 大統領이 任命한다.

② 國務總理는 大統領을 補佐하며, 行政에 관하여 大統領의 命을 받아 行政各部를 統轄한다.

③ 軍人은 現役을 免한 후가 아니면 國務總理로 任命될 수 없다.

第87條〔國務委員〕① 國務委員은 國務總理의 提請으로 大統領이 任

命한다.

② 國務委員은 國政에 관하여 大統領을 補佐하며, 國務會議의 構成員으로서 國政을 審議한다.

③ 國務總理는 國務委員의 解任을 大統領에게 建議할 수 있다.

④ 軍人은 現役을 免한 후가 아니면 國務委員으로 任命될 수 없다.

第2款 國務會議

第88條〔國務會議의 權限·構成〕① 國務會議는 政府의 權限에 속하는 중요한 政策을 深意한다.

② 國務會議는 大統領.國務總理와 15人이상 30人이하의 國務委員으로 구성한다.

③ 大統領은 國務會議의 議長이 되고, 國務總理는 副議長이 된다.

第89條〔國務會議의 審議事項〕다음 사항은 國務會議의 審議를 거쳐야 한다.

1. 國政의 基本計劃과 政府의 一般政策
2. 宣戰·講和 기타 중요한 對外政策
3. 憲法改正案·國民投票案·條約案·法律案 및 大統領令案
4. 豫算案·決算·國有財産處分의 基本計劃·國家의 부담이 될 契約 기타 財政에 관한 중요사항
5. 大統領의 緊急命令·緊急財政經濟處分 및 命令 또는 戒嚴과 그 解除
6. 軍事에 관한 중요사항
7. 國會의 臨時會 集會의 요구

8. 榮典授與
9. 赦免 · 減刑과 復權
10. 行政各部間의 權限의 劃定
11. 政府안의 權限의 委任 또는 配定에 관한 基本計劃
12. 國政處理狀況의 評價 · 分析
13. 行政各部의 중요한 政策의 수립과 調整
14. 政黨解散의 提訴
15. 政府에 제출 또는 회부된 政府의 政策에 관계되는 請願의 審査
16. 檢察廳長 · 合同參謀議長 · 各軍參謀總長 · 國立大學校總長 · 大使 기타 法律이 정한 公務員과 國營企業體管理者의 任命
17. 기타 大統領 · 國務總理 또는 國務委員이 제출한 사항

第90條〔國家元老諮問會議〕① 國政의 중요한 사항에 관한 大統領의 諮問에 응하기 위하여 國家元老로 구성되는 國家元老諮問會議를 둘 수 있다.

② 國家元老諮問會議의 議長은 直前大統領이 된다. 다만, 直前大統領이 없을 때에는 大統領이 指名한다.

③ 國家元老諮問會議의 組織 · 職務範圍 기타 필요한 사항은 法律로 정한다.

第91條〔國家安全保障會議〕① 國家安全保障에 관련되는 對外政策 · 軍事政策과 國內政策의 수립에 관하여 國務會議의 審議에 앞서 大統領의 諮問에 응하기 위하여 國家安全保障會議를 둔다.

② 國家安全保障會議는 大統領이 主宰한다.

③ 國家安全保障會議의 組織 · 職務範圍 기타 필요한 사항은 法律로 정한다.

第92條〔民主平和統一諮問會議〕① 平和統一政策의 수립에 관한 大統領의 諮問에 응하기 위하여 民主平和統一 諮問會議를 둘 수 있다.

② 民主平和統一諮問會議의 組織·職務範圍 기타 필요한 사항은 法律로 정한다.

第93條〔國民經濟諮問會議〕① 國民經濟의 發展을 위한 重要政策의 수립에 관하여 大統領의 諮問에 응하기 위하여 國民經濟諮問會議를 둘 수 있다.

② 國民經濟諮問會議의 諸職·職務範圍 기타 필요한 사항은 法律로 정한다.

第3款 行政各部

第94條〔行政各部의 長〕行政各部의 長은 國務委員 중에서 國務總理의 提請으로 大統領이 任命한다.

第95條〔總理令과 部令〕國務總理 또는 行政各部의 長은 所管事務에 관하여 法律이나 大統領令의 委任 또는 職權으로 總理命 또는 部令을 발할 수 있다.

第96條〔行政各部의 設置·組織·職務範圍〕行政各部의 設置.組織과 職務範圍는 法律로 정한다.

第4款 監査院

第97條〔監査院의 職務·所屬〕國家의 歲入·歲出의 決算, 國家 및 法律이 정한 團體의 會計監査와 行政機關 및 公務員의 職務에 관한 監察을 하기 위하여 大統領所屬下에 監査院을 둔다.

第98條〔監査院의 構成, 院長 및 監査委員의 任命·任期〕 ① 監査院은 院長을 포함한 5人이상 11人 이하의 監査委員으로 구성한다.

② 院長은 國會의 同意를 얻어 大統領이 任命하고, 그 任期는 4年으로 하며, 1次에 한하여 重任 할 수 있다.

③ 監査委員은 院長의 提請으로 大統領이 任命하고, 그 任期는 4年으로 하며, 1次 에 한하여 重任할 수 있다.

第99條〔決算監査·報告〕 監査院은 歲入·歲出의 決算을 매년 檢査하여 大統領과 次年度國會에 그 결과를 보고하여야 한다.

第100條〔監査院의 組織·職務範圍〕 監査院의 組織·職務範圍·監査委員의 資格·監査對象公務員의 범위 기타 필요한 사항은 法律로 정한다.

第5章 法院

第101條〔司法權과 法院〕 ① 司法權은 法官으로 구성된 法院에 속한다.

② 法院은 最高法院인 大法院과 各級法院으로 組織된다.

③ 法官의 資格은 法律로 정한다.

第102條〔大法院의 組織〕 ① 大法院에 部를 둘 수 있다.

② 大法院에 大法官을 둔다. 다만, 法律이 정하는 바에 의하여 大法官이 아닌 法官을 둘 수 있다.

③ 大法院과 各級法院의 組織은 法律로 정한다.

第103條〔法官의 獨立〕 法官은 憲法과 法律에 의하여 그 良心에 따라 獨立하여 審判한다.

第104條〔大法院長·大法官의 任命〕① 大法院長은 國會의 同意를 얻어 大統領이 任命한다.

② 大法官은 大法院長의 提請으로 國會의 同意를 얻어 大統領이 任命한다.

③ 大法院長과 大法官이 아닌 法官은 大法官會議의 동의를 얻어 大法院長이 任命한다.

第105條〔大法院長·大法官의 任期·法官의 停年〕① 大法院長의 任期는 6年으로 하며, 重任할 수 없다.

② 大法官의 任期는 6年으로 하며, 法律이 정하는 바에 의하여 連任할 수 있다.

③ 大法院長과 大法官이 아닌 法官의 任期는 10年으로 하며, 法律이 정하는 바에 의하여 連任할 수 있다.

④ 法官의 停年은 法律로 정한다.

第106條〔法官의 身分保障〕① 法官은 彈劾 또는 禁錮이상의 刑의 宣告에 의하지 아니하고는 罷免되지 아니하며, 懲戒處分에 의하지 아니하고는 停職·減俸 기타 不利한 處分을 받지 아니한다.

② 法官이 중대한 心身上의 障害로 職務를 수행할 수 없을 때에는 法律이 정하는 바에 의하여 退職하게 할 수 있다.

第107條〔法院과 憲法裁判所, 大法院의 命令등 審査權, 行政審判의 節次〕① 法律이 憲法에 위반되는 여부가 裁判의 前提가 된 경우에는 法院은 憲法裁判所에 提請하여 그 審判에 의하여 裁判한다.

② 命令·規則 또는 處分이 憲法이나 法律에 위반되는 여부가 裁判의 前提가 된 경우에는 大法院은 이를 最終的으로 審査할 權限을 가진다.

③ 裁判의 前審節次로서 行政審判을 할 수 있다. 行政審判의 節次는 法律로 정하되, 司法節次가 準用되어야 한다.

第 108 條 〔自律權〕 大法院은 法律에 저촉되지 아니하는 범위안에서 訴訟에 관한 節次, 法院의 內部規律과 事務處理에 관한 규칙을 制定할 수 있다.

第 109 條 〔裁判公開의 原則〕 裁判의 審理와 判決은 公開한다. 다만, 審理는 國家의 安全保障 또는 安寧秩序를 방해하거나 善良한 風俗을 해할 염려가 있을 때에는 法院의 결정으로 公開하지 아니할 수 있다.

第 110 條 〔軍事法院의 組織·權限 등〕 ① 軍事裁判을 관할하기 위하여 特別法院으로서 軍事法院을 둘 수 있다.

② 軍事法院의 上告審은 大法院에서 관할한다.

③ 軍事法院의 組織·權限 및 裁判官의 資格은 法律로 정한다.

④ 非常戒嚴下의 軍事裁判은 軍人·軍務員의 犯罪나 軍事에 관한 間諜罪의 경우와 哨兵·哨所·有毒飮食物供給·捕虜에 관한 罪 중 法律이 정한 경우에 한하여 單審으로 할 수 있다. 다만, 死刑을 宣告한 경우에는 그러하지 아니하다.

第6章 憲法裁判所

第 111 條 〔憲法裁判所의 權限·構成〕 ① 憲法裁判所는 다음 사항을 管掌한다.

1. 法院의 提請에 의한 法律의 違憲與否 審判
2. 彈劾의 審判

3. 政黨의 解散 審判

4. 國家機關 相互間, 國家機關과 地方自治團體間 및 地方自治團體 相互間의 權限爭議에 관한 審判

5. 法律이 정하는 憲法訴願에 관한 審判

② 憲法裁判所는 法官의 資格을 가진 9人의 裁判官으로 구성하며, 裁判官은 大統領이 任命한다.

③ 第2項의 裁判官 중 3人은 國會에서 選出하는 者를, 3人은 大法院長이 指名하는 者를 任命한다.

④ 憲法裁判所의 長은 國會의 同意를 얻어 裁判官중에서 大統領이 任命한다.

第112條〔裁判官의 任期, 政治關與禁止, 身分保障〕① 憲法裁判所 裁判官의 任期는 6年으로 하며, 法律이 정하는 바에 의하여 連任할 수 있다.

② 憲法裁判所 裁判官은 政黨에 加入하거나 政治에 관여할 수 없다.

③ 憲法裁判所 裁判官은 彈劾 또는 禁錮이상의 刑의 宣告에 의하지 아니하고는 罷免되지 아니한다.

第113條〔違憲決定등의 節次, 憲法裁判所의 組織과 運營〕① 憲法裁判所에서 法律의 違憲決定, 彈劾의 決定, 政黨解散의 決定 또는 憲法訴願에 관한 認容決定을 할 때에는 裁判官 6人이상의 贊成이 있어야 한다.

② 憲法裁判所는 法律에 저촉되지 아니하는 범위안에서 審判에 관한 節次, 內部規律과 事務處理에 관한 規則을 制定할 수 있다.

③ 憲法裁判所의 組織과 운영 기타 필요한 사항은 法律로 정한다.

第7章 選擧管理

第114條〔選擧管理委員會〕① 選擧와 國民投票의 공정한 管理 및 政黨에 관한 事務를 처리하기 위하여 選擧管理委員會를 둔다.

② 中央選擧管理委員會는 大統領이 任命하는 3人, 國會에서 選出하는 3人과 大法院長이 指名하는 3人의 委員으로 구성한다. 委員長은 委員 중에서 互選한다.

③ 委員의 任期는 6年으로 한다.

④ 委員은 政黨에 加入하거나 政治에 관여할 수 없다.

⑤ 委員은 彈劾 또는 禁錮이상의 刑의 宣告에 의하지 아니하고는 罷免되지 아니한다.

⑥ 中央選擧管理委員會는 法令의 범위안에서 選擧管理·國民投票管理 또는 政黨事務에 관한 規則을 制定할 수 있으며, 法律에 저촉되지 아니하는 범위안에서 內部規律에 관한 規則을 制定할 수 있다.

⑦ 各級 選擧管理委員會의 組織·職務範圍 기타 필요한 사항은 法律로 정한다.

第115條〔選擧管理委員會의 權限〕① 各級 選擧管理委員會는 選擧人名簿의 작성등 選擧事務와 國民投票事務에 관하여 관계 行政機關에 필요한 指示를 할 수 있다.

② 第1項의 指示를 받은 당해 行政機關은 이에 응하여야 한다.

第116條〔選擧運動·選擧費用〕① 選擧運動은 各級 選擧管理委員會의 관리하에 法律이 정하는 범위안에서 하되, 균등한 기회가 보장되어야 한다.

② 選擧에 관한 經費는 法律이 정하는 경우를 제외하고는 政黨 또는 候補者에게 부담시킬 수 없다.

第8章 地方自治

第117條〔地方自治團體의 自治權, 그 種類〕① 地方自治團體는 住民의 福利에 관한 사무를 처리하고 財産을 관리하며, 法令의 범위안에서 自治에 관한 규정을 制定할 수 있다.

② 地方自治團體의 종류는 法律로 정한다.

第118條〔地方議會의 組織과 運營〕① 地方自治團體에 의회를 둔다.

② 地方議會의 組織·權限·議員選擧와 地方自治團體의 長의 選任方法 기타 地方自治團體의 組織과 운영에 관한 사항은 法律로 정한다.

第9章 經濟

第119條〔經濟秩序의 基本, 規制와 調整〕① 大韓民國의 經濟秩序는 개인과 기업의 經濟上의 自由와 創意를 존중함을 기본으로 한다.

② 國家는 균형있는 國民經濟의 성장 및 안정과 적정한 所得의 分配를 유지하고, 市場의 支配와 經濟力의 濫用을 방지하며, 經濟主體間의 調和를 통한 經濟의 民主化를 위하여 經濟에 관한 規制와 調整을 할 수 있다.

第120條〔自然資源등의 採取·開發·利用의 特許〕① 鑛物 기타 중요한 地下資源·水産資源·水力과 經濟上 이용할 수 있는 自然力

은 法律이 정하는 바에 의하여 일정한 기간 그 採取·開發 또는 이용을 特許할 수 있다.

② 國土와 資源은 國家의 보호를 받으며, 國家는 그 균형있는 개발과 이용을 위하여 필요한 계획을 수립한다.

第121條〔農地小作制度의 禁止, 賃貸借 및 委託經營〕① 國家는 農地에 관하여 耕者有田의 원칙이 달성될 수 있도록 노력하여야 하며, 農地의 小作制度는 금지된다.

② 農業生産性의 提高와 農地의 합리적인 이용을 위하거나 불가피한 사정으로 발생하는 農地의 賃貸借와 委託經營은 法律이 정하는 바에 의하여 인정된다.

第122條〔國土의 利用등의 制限과 義務〕國家는 國民 모두의 생산 및 생활의 기반이 되는 國土의 효율적이고 균형있는 이용·개발과 보전을 위하여 法律이 정하는 바에 의하여 그에 관한 필요한 制限과 義務를 과할 수 있다.

第123條〔農·漁村 綜合開發, 農·漁民의 利益保護〕① 國家는 농업 및 어업을 보호·육성하기 위하여 農·漁村綜合開發과 그 지원 등 필요한 계획을 수립·시행하여야 한다.

② 國家는 지역간의 균형있는 發展을 위하여 地域經濟를 육성할 義務를 진다.

③ 國家는 중소기업을 보호·육성하여야 한다.

④ 國家는 농수산물의 需給均衡과 流通構造의 개선에 노력하여 價格安定을 도모함으로써 農·漁民의 이익을 보호한다.

⑤ 國家는 農·漁民과 중소기업의 自助組織을 육성하여야 하며, 그 자율적 活動과 發展을 보장한다.

第124條〔消費者保護運動의 保障〕國家는 건전한 소비행위를 계도하고 생산품의 품질향상을 촉구하기 위한 消費者保護運動을 法律이 정하는 바에 의하여 보장한다.

第125條〔對外貿易의 育成·規制·調整〕國家는 對外貿易을 육성하며, 이를 規制·調整할 수 있다.

第126條〔私營企業의 國·公有化, 經營의 統制·管理〕국방상 또는 國民經濟上 緊切한 필요로 인하여 法律이 정하는 경우를 제외하고는, 私營企業을 國有 또는 公有로 이전하거나 그 경영을 統制 또는 관리할 수 없다.

第127條〔科學技術의 革新 및 人力의 開發과 標準制度의 確立〕① 國家는 과학기술의 혁신과 정보 및 인력의 개발을 통하여 國民經濟의 발전에 노력하여야 한다.

② 國家는 國家標準制度를 확립한다.

③ 大統領은 第1項의 目的을 달성하기 위하여 필요한 諮問機構를 둘 수 있다.

第10章 憲法改正

第128條〔憲法改正의 提案, 改正에 대한 效力〕① 憲法改正은 國會在籍 議員 過半數 또는 大統領의 發議로 제안된다.

② 大統領의 임기연장 또는 중임변경을 위한 憲法改正은 그 憲法改正 提案당시의 大統領에 대하여는 效力이 없다.

第129條〔憲法改正案의 公告〕제안된 憲法改正案은 大統領이 20일이상의 기간 이를 公告하여야 한다.

第130條〔憲法改正案의 議決〕① 國會는 憲法改正案이 공고된 날로부터 60일이내에 의결하여야 하며, 國會의 議決은 在籍議員 3분의 2이상의 찬성을 얻어야 한다.

② 憲法改正案은 國會가 의결한 후 30일이내에 國民投票에 붙여 國會議員選擧權者 과반수의 투표와 投票者 과반수의 찬성을 얻어야 한다.

③ 憲法改正案이 第2項의 찬성을 얻은 때에는 憲法改正은 확정되며, 大統領은 즉시 이를 공포하여야 한다.

[附 則]

第1條〔施行日〕이 憲法은 1988년 2월 25일부터 시행한다. 다만, 이 憲法을 시행하기 위하여 필요한 法律의 制定·改正과 이 憲法에 의한 大統領 및 國會議員의 선거 기타 이 憲法施行에 관한 준비는 이 憲法施行前에 할 수 있다.

第2條〔最初의 大統領 選擧時期와 任期開始〕① 이 憲法에 의한 최초의 大統領選擧는 이 憲法施行일 40일전까지 실시한다

② 이 憲法에 의한 최초의 大統領의 임기는 이 憲法施行日로부터 개시한다.

第3條〔最初의 國會議員 選擧時期와 任期開始 및 이 憲法 公布 당시의 國會議員의 任期〕① 이 憲法에 의한 최초의 國會議員選擧는 이 憲法공포일로부터 6월이내에 실시하며, 이 憲法에 의하여 선출

된 최초의 國會議員의 任期는 國會議員選擧後 이 憲法에 의한 國會의 최초의 集會日로부터 개시한다.

② 이 憲法公布 당시의 國會議員의 임기는 第1項에 의한 國會의 최초의 集會日前日까지로 한다.

第4條〔이 法施行 당시의 公務員등의 지위〕 ① 이 憲法施行 당시의 公務員과 政府가 임명한 기업체의 임원은 이 憲法에 의하여 임명된 것으로 본다. 다만, 이 憲法에 의하여 선거방법이나 任命權者가 변경된 公務員과 大法院長 및 監査院長은 이 憲法에 의하여 後任者가 선임될 때까지 그 직무를 행하며, 이 경우 前任者인 公務員의 임기는 後任者가 선임되는 전일까지로 한다.

② 이 憲法施行 당시의 大法院長과 大法院判事가 아닌 法官은 第1項 단서의 규정에 불구하고 이 憲法에 의하여 임명된 것으로 본다.

③ 이 憲法중 公務員의 임기 또는 重任制限에 관한 규정은 이 憲法에 의하여 그 공무원이 최초로 선출 또는 임명된 때로부터 적용한다.

第5條〔이 法施行 당시의 法令과 條約의 效力〕 이 憲法施行 당시의 法令과 條約은 이 憲法에 위배되지 아니하는 한 그 效力을 지속한다.

第6條〔이 法施行前 설치된 機關의 地位〕 이 憲法施行 당시에 이 憲法에 의하여 새로 설치될 기관의 權限에 속하는 직무를 행하고 있는 기관은 이 憲法에 의하여 새로운 기관이 설치될 때까지 존속하며 그 직무를 행한다.

찾아보기

【ㄴ】

【ㄷ】

【ㄹ】

【ㅁ】

【ㅂ】

【ㅇ】

【ㅈ】

【ㅊ】

【ㅌ】

【ㅍ】

【ㅎ】

【인명】

저자소개

단국대학교 법학과 졸업

명지대학교 대학원 법학과 수료 법학석사, 법학박사

공증인가 동방종합법무법인 사무국장 역임

동양대학교, 진주산업대학교, 명지대학교, 밀양대학교 등 강사 역임

서울특별시 고급공무원시험 출제위원

현 사단법인 한민족미래연구소 부소장

현 한국브랜드마케팅협회 부회장

현 한국브랜드학회 상임이사

현 경북전문대학 경찰경호행정계열 · 법행정학과 교수

◎ 저서 및 논문

생활법률, 상법(Ⅰ), 상법, 법과 생활(공), 법무의 이론과 실무(공), 법학의 기초이론과 실무(공), 가정과 법률, 법학개론, 상표관리론 등 다수

「팩터링(Factoring)契約의 法的 問題點에 관한 硏究」, 「國際物品賣買契約上의 危險移轉」, 「지적소유권의 국제적 보호에 관한 연구」, 「상표권의 침해와 그 보호에 관한 연구」, 「인터넷상의 저작권보호에 관한 연구」, 「인터넷상의 저작권보호의 범위와 그 한계」, 「상법상 주식회사의 이사의 의무와 미국법상의 충실의무」, 「브랜드경영 및 상표권」 등 외 다수

법학개론 ———————

2006년 2월 20일 초판 발행
2010년 6월 10일 재판 발행
2012년 2월 25일 재판 2쇄

저 자 / 조 성 종
발행인 / 한 점 덕
발행처 / **학 연 사**

서울시 영등포구 문래1가 39번지
센터플러스 814호
전화 02) 2164-3311
팩스 02) 2164-3314
등록 1976년 12월 23일 제12-6호
E-mail hypub@chol.com

ISBN 978-89-8060-121-9 93360

값 22,000 원